北京物资学院学术专著出版资助项

父母教养方式
与管理者领导力发展实证研究

FUMU JIAOYANG FANGSHI
YU GUANLIZHE LINGDAOLI FAZHAN SHIZHENG YANJIU

李代珩 著

首都经济贸易大学出版社
Capital University of Economics and Business Press
·北 京·

图书在版编目(CIP)数据

父母教养方式与管理者领导力发展实证研究/李代珩著.
--北京:首都经济贸易大学出版社,2023.9
ISBN 978-7-5633-3541-6

Ⅰ.①父… Ⅱ.①李… Ⅲ.①家庭教育②领导能力-
能力培养 Ⅳ.①G78②C933

中国国家版本馆 CIP 数据核字(2023)第 115369 号

父母教养方式与管理者领导力发展实证研究
李代珩　著

责任编辑	佟周红　王　猛	
封面设计	风得信·阿东 FondesyDesign	
出版发行	首都经济贸易大学出版社	
地　　址	北京市朝阳区红庙(邮编100026)	
电　　话	(010)65976483　65065761　65071505(传真)	
网　　址	http://www.sjmcb.com	
E-mail	publish@cueb.edu.cn	
经　　销	全国新华书店	
照　　排	北京砚祥志远激光照排技术有限公司	
印　　刷	北京建宏印刷有限公司	
成品尺寸	170 毫米×240 毫米　1/16	
字　　数	247 千字	
印　　张	18	
版　　次	2023 年 9 月第 1 版　2023 年 9 月第 1 次印刷	
书　　号	ISBN 978-7-5638-3541-6	
定　　价	69.00 元	

前　言

　　企业为了提升市场竞争力,争相招聘具有高效领导力的管理人才,因而培养管理者的领导力一直是学术界与企业界共同关注的领域。起初,领导力发展的研究方向主要是对企业员工领导能力的开发与培训。随着研究走向深入,有学者发现企业所组织的领导力培训效果较为有限。许多参与了领导力培训的管理者认为,如果能够在更早的时期开展领导能力的提升培训,成效会更加显著。一些学者也指出,员工在进入企业之前的青少年时期就已经获得了基础性的领导力发展,这些发展经历对于成年阶段的管理工作十分关键。由于个体领导力在早期主要是在家庭环境中发展的,因而父母对管理者早期的领导力培养十分重要。为了突破当前管理研究和实践所遇到的瓶颈,本书通过探析父母教养方式与管理者领导力发展的关系,来揭示管理者早期家庭环境对领导力的持续性影响,以填补现有领导力发展研究的空白,并为相关实践提供理论性的指导。

　　基于现有的研究成果,本书以人生领导力发展周期、社会学习和初级社会化理论为基础,根据"父母教养方式→人际关系处理的基本能力→管理者领导力→领导力有效性"的思路,建立了全书的概念模型。根据科学性和有效性的

原则,本书设计了研究的初始问卷,并在征求专家意见、访谈企业员工、小范围预测试以及小组讨论的基础上,将初始问卷完善为正式调研问卷。本研究在国内的两家大型公司开展了调研,并最终收集到 418 份有效的样本数据。笔者首先检验了数据的信度与效度,然后通过结构方程模型以及自助抽样对变量之间的直接效应、中介效应以及调节效应进行了检验。

实证的分析结果显示:权威型教养对自我调节与社会机敏性存在显著的正向作用;相反,专制型教养和放任型教养对自我调节与社会机敏性存在显著的负向作用。此外,父母教养方式通过自我调节和社会机敏性对领导角色效能产生显著影响。领导角色效能对领导力认可与团队绩效均存在显著的正向作用。父母认同感明显强化了权威型教养与自我调节和社会机敏性之间的正向关系,同时父母认同感显著强化了专制型教养与自我调节和社会机敏性之间的负向关系。此外,父母认同感显著地调节了父母教养方式对领导角色效能的间接作用。具体而言,父母认同感的水平越高,权威型教养对领导角色效能的间接正向作用就越大;同时父母认同感的水平越高,专制型教养和放任型教养对领导角色效能的间接负向作用也越大。

基于实证分析结果 本书得出下述结论:

其一,父母教养方式对管理者领导力有效性有至关重要的影响。父母教养方式会影响子女的人际关系处理能力,进而关系到组织管理工作中的领导角色效能,并最终影响其领导力有效性。权威型教养有利于子女在成长过程中的调节和社交领导基本能力的发展,他们在承担管理任务时相信自身能够成功发挥领导力,最终获得下属的认可并提升整个团队的绩效。与之相反,专制型教养和放任型教养的子女不断积累不利于领导基本能力发展的因素,导致他们缺乏执行领导角色的信心,从而不利于下属认可其领导力并降低整个团队的绩效。

其二,父母权威型教养是发展子女领导力的最佳教养方式。权威型教养父母的低水平控制,可以最大限度地增强子女对特定规范的内化,并帮助孩子在执行该规范时形成自我激励。而且,在子女的成长过程中,由于对尊重和自主性的需求提高,他们更容易接受父母的积极回应。权威型教养的父母通过其低水平的控制和高水平的回应,向子女提供行动背后的理由、肯定子女的行为、理解子女的感受,并为子女提供选择。权威型教养满足了孩子的成长需求并促进了其心理和行为的学习内化过程,进而提升他们的自我调节能力。此外,父母的权威型教养通过培养子女的积极情绪以及内化人际沟通能力帮助孩子发展了社会机敏性。这些基础性的领导力培养会对子女管理工作中的领导角色效能产生积极影响,并提升其领导力的有效性。

其三,高父母认同感的子女成为管理者后会放大其父母养育经历的影响。父母认同感反映了子女对父母价值观和行为的理解程度与态度,孩子在成长过程中往往会选择父母作为模仿对象,通过学习他们的情感和行为来获得人生经验。父母认同感高的孩子认为与父母的关系比与其他人员的关系更为重要,他们往往投入更多的精力学习父母的价值观,因而在情感和行为上更接近父母。因此,当孩子有较高的父母认同感时,他们会有意识或无意识不同程度地将父母的价值理念应用于他们自身的心理和行为,进而影响其在工作中完成管理任务的信心与能力。

其四,领导角色效能可以显著地提升领导力有效性。管理者作为组织中的关键节点,他们对自身领导能力的信心和判断,会对下属与团队产生重要影响。在组织中,领导扮演着指导、帮助团队及其成员的角色。效能感较高的领导者能够从容指导下属并适当沟通和分享,以激发员工的工作动力,最终获得来自下属的领导力认可。而且,管理者的领导角色效能较高时,他们更易于与下属建立彼此信任和相互尊重的高效工作关系,让团队成员之间坦诚相待,进而带动整个团队工作绩效的提升。

本书的创新点如下:

第一，本书从溯源性的视角分析了管理者领导力的发展。当前关于领导力发展过程的研究大多局限于企业组织之中，而针对儿童与青少年阶段领导力发展的相关研究却较少，没有系统考虑早期父母的影响。本书以人生领导力发展周期、社会学习和初级社会化理论为基础，融合管理学、心理学以及社会学等学科内容，探讨了子女成长阶段与父母的交互经历对其组织领导力的影响，以溯源性的视角突破了以往又局限于组织的领导力发展研究，并拓展运用了较为前沿的人生领导力发展周期的理论。

第二，本书揭示了父母教养方式对子女担任管理者的领导力有效性的影响机制。目前关于家庭成长环境影响领导力有效性机理的研究相对较少，本书以自我调节、社会机敏性和领导角色效能为中介变量，建立了父母教养方式对领导力有效性的影响机制。本书通过中介机制的建立及检验揭示了父母教养方式影响子女领导力有效性的"黑箱"，加深了对家庭成长环境与领导力有效性内在逻辑机理的认识，从而有助于理解父母教养方式为何会对子女作为管理者的领导力有效性产生正向或负向的结果，填补了该领域研究的不足。

第三，本书探讨了领导力发展的间接因素，即自我调节与社会机敏性的中介作用。本研究支持了从管理者早期家庭因素中去探索领导力发展间接因素的观点，验证了自我调节和社会机敏性在父母教养方式与领导角色效能之间扮演着承上启下的作用。因此，本书有助于弥补管理者早期领导力的发展因素影响其领导角色效能方面研究的不足，深化对领导力发展效果的理解，并丰富自我调节与社会机敏性作为间接因素的有关研究。

第四，本书分析了领导力发展的边界条件，即父母认同感的调节作用。研究响应了探索个体早期领导力发展因素与领导力发展结果之间边界条件的呼吁，也验证了当孩子有较高的父母认同感时，他们会更多地将父母的价值理念应用于自身的心理和行为，进而影响其在工作中完成管理任务的信心与能力，这填补了先前研究的不足。由此，本书完善了领导力发展的相关研究，深化了对父母教养方式作用效果的理解，也丰富了父母认同感作为边界条件的实证研究。

本研究项目负责人为北京物资学院教师李代珩。项目组其他成员包括：北京物资学院教师陈晓春、北京工商大学教师张晓燕、北京安全生产工程技术研究院博士后刘攀。本书是项目组全体成员共同努力的结果，是全体成员集体智慧的结晶。本书由李代珩撰写，陈晓春、张晓燕、刘攀参与了调查问卷的设计、调查、收集与整理等。

本书的出版得益于北京交通大学张明玉教授、邬文兵教授、武文副教授的热心帮助，得到了首都经济贸易大学出版社的大力支持，在此表示衷心的感谢。

本书撰写过程中参阅了大量国内外文献资料，我们都尽可能地在书后的参考文献中予以列出，但百密一疏，可能个别文献资料有所疏漏，在此我们表示由衷的歉意。

本书撰写过程中虽然我们付出了很多的努力，但由于能力和水平所限，书中仍有值得商榷之处，恳请各位读者批评指正！

本书获得北京物资学院学术专著出版项目的资助，非常感谢学院的大力支持。

目　录

1 导　　论

　　本章从现实与理论两个层面介绍领导力研究的背景，基于此背景导出研究问题及研究意义，根据需要解决的问题确定研究内容，并对研究所采用的方法、具体的研究流程进行了说明。

1.1　研　究　背　景

1.1.1　现实背景

　　在中国进行产业结构调整与国内企业开拓海外市场的背景下，具有高效领导力的管理人才成为各企业争相招聘的对象。若要赢得长期的市场竞争，培养管理者的领导力对于企业来说十分重要。有效的领导需要管理者向下属成员传递自身的想法，做出符合企业需要的决策，鼓励员工积极行动，尽力避免战略失误等[1-2]。企业在进行领导力培训时，往往会从思维方式优化、情绪管理、团队管理的技巧等一些方面来提升管理者的领导力，以期达到提升组织运行效率的目的[3]。然而，多项调查研究结果显示，尽管企业的领导力培训计划可以帮助管理者更好地发挥领导作用，让管理者们使用新的方式去思考与行动，但是总的来说，这些培训的效果依然较为有限[4-5]。因此，在管理理论研究和实践中，必须打破当前的瓶颈与阻碍，从更深层次去探索如何培养高效的组织领导力。

领导力发展是指个体在遗传因素的基础上领导能力逐步增强的系统化、连续化过程，它包含了早期（0至18岁）成长经历与成年后的工作管理经验等[6-7]。领导力发展的相关研究源自对企业中员工领导能力的开发与培训。但是，相当多的管理者都认为，相较于企业中所组织的领导力培训，如果在更早的时间节点开展领导能力的提升工作，其成效会更加显著[8]。企业员工有可能在进入工作组织之前就已拥有基础性的领导力发展经验，而这些经验对于成年阶段的管理工作是非常关键的[7]。"全球青年领袖计划（Young Global Leadership Program）"是一项旨在为培养高中生以及大学生领导能力而设计的培训项目。它持续跟踪的结果表明，该项目已经培养出了一批具备高效领导力的管理者。基于以上原因，本研究认为将关注点放在青少年阶段的早期领导力培养上意义重大。

由于孩子在生命早期阶段主要是在家庭中成长的，管理者的父母对孩子早期的领导力发展具有举足轻重的作用。个体会受到情感心理、亲子关系等方面的影响。父母教养方式是指父母在养育孩子过程中所使用的基本策略[9]。父母在养育孩子过程中所采用的教养方式对子女的未来表现十分关键，尤其是在中国人重视家庭的背景下，父母作为子女主要的社会代理人，对孩子的领导力发展有着至关重要的作用[10]。一方面，父母帮助子女培养必要的技能，学习各种规范，以及树立价值观，使孩子融入家庭与社会。另一方面，父母也是满足子女各种需求的主要代理人，如孩子的情感需求与经济需求。很多知名企业家在剖析自己为何能取得辉煌的事业成就时，往往把这归功于他们早年间所受到的父母的影响。例如，华为公司的创建者任正非写的《我的父亲母亲》一文中提到，父母在他的成长过程中为他提供了很多的生活经验与学习机会，从小他就养成了自立自强和敢于承担责任的品格。因而，研究源自父母影响的领导力具有重要的意义。

1.1.2　理论背景

长期以来，由于管理者在企业中所扮演的关键角色，其领导力的相关研究一直吸引着学术界的注意力。虽然许多研究已经调查分析了领导力有效性的影响因素[11-13]，但是，目前关于领导力发展的研究多集中在组织内的管理者，而忽视了管理者领导力的早期潜在发展[14]。目前很少有研究探讨管理者的早期家庭环境（儿童期、青少年期等）对他们领导力的影响。由于管理者的早期生活围绕着家庭，因而父母不同的教养方式成为影响他们在这一时期社会化的主要因素[15]。父母的养育行为可能会影响领导的认知、情感、社会技能以及他们与他人之间的关系等[16-17]。此外，现有文献证实，领导力的发展是一个可以跨越整个人生周期的过程[14,18]。一些研究者也指出，个体早期成长过程中的负面经历（如贫困）不利于他们未来成为组织管理者[7,19]。

在学者们的呼吁下[7,20-21]，近年来有关遗传基因、家庭环境、亲子依恋等方面的领导力长周期研究逐步展开，这显示管理者的成长轨迹正在引起领导力发展研究者的关注[22-24]。实证研究表明，父母对个体的领导力发展起着关键的作用。扎卡拉托斯等（Zacharatos et al.，2000）调查研究了青少年如何看待家长所表现出来的变革型领导行为，以及他们如何将学习到的变革型领导经验运用于提升自身在学校集体活动中的领导能力上[25]。刘争光等（2019）的研究显示，父母的过度养育对青少年的领导力有着消极的影响，并指出应进一步探讨父母养育行为与青少年领导力发展之间的关系[24]。

墨菲与约翰逊（Murphy and Johnson，2011）在分析领导力发展前因后果的基础上，从多个视角对与其相关的"种子"进行了研究，"种子"包含了

家庭相关因素、早期的个体因素以及学习经历，它们在管理者成年之前的各个时期扎根并萌芽[7]。他们还认为，在管理者的成长过程中，尤其是其与父母有关的养育经历，会对他们的调节能力与社会意识的形成和发展产生深远的影响，进而作用于他们未来领导工作中的效能感水平和有效性[7]。在墨菲与约翰逊（2011）这两位学者提出该观点后，至今还没有得到实证研究的充分检验。而且，当前关于领导力的早期发展因素对领导力有效性的作用机理尚处于探索阶段。另外，有关领导力发展的研究大多是在国外背景下进行的。

一些领导力发展的相关研究者也呼吁关注管理者的早期成长环境[20-21,26]。因此，为了填补现有文献研究的这些空白点，本研究以人生领导力发展周期、社会学习和初级社会化理论为基础，结合近年来我国父母养育孩子的方式仍处于传统思维与现代观念相结合的状态，提出管理者成长过程中所接受的父母教养方式对其领导力有效性存有一定的影响，并从核心概念自我调节、社会机敏性以及领导角色效能出发，建立起两者关系的中介机制，进而探讨该机制的边界条件父母认同感，以此揭示领导力发展的"黑箱"，从而了解在早期阶段培养领导力的特征和规律，为领导力的培训与开发提供科学的依据。

1.2 研 究 问 题

本研究融合管理学、心理学、社会学的相关理论观点，旨在分析管理者的父母教养方式对其领导力发展的影响过程与作用机理，以期加强下属对领导的认可程度，增进整个团队的工作绩效，进而帮助管理者提升领导力有效性。因而，本研究力图从家庭成长环境的视角来探析父母教养方式对领导力有效性的影响与作用机理，并重点解答下述问题：

（1）父母教养方式会对领导力的有效性产生怎样的影响

作为孩子早期心理健康发展的关键因素，父母教养方式能够深刻影响子女的认知和社会行为[17,27]。孩子需要与他们的主要照顾者发展关系，以实现健康的情感与社会技能发展[28]。因而，在子女早期成长过程中，父母所采用的教养方式是理解孩子心理与身体健康的重要途径。例如，一些研究表明，父母采用消极教养方式所养育的孩子更有可能经历社会心理功能的破坏，特别是在情绪处理和社会能力方面[17,21,29]。在生理学研究中，消极的教养方式会破坏生物的应激反应调节系统[30]，并导致其产生破坏性的行为，如药物滥用和危险的性行为[31-32]。因此，父母教养的质量对子女人际关系处理的基本能力至关重要，它影响着孩子心理和行为模式的产生和发展。

管理者对下属所展现的高效领导行为，与其家庭中父母对他们的关怀相类似。这主要体现在三个方面：第一，领导应与下属保持近距离的关系，尤其是下属处于任务压力下或有情感需要的时候。第二，领导通过为团队成员提供指导、鼓励和支持，能够为下属提供工作上的避风港。第三，在安全感增加的基础上，领导能够进一步激发下属的工作热情。若管理者将曾经与父母积极互动掌握的经验应用到组织工作中来，就会改变下属对管理者行为的看法。比如，管理者把和谐亲子关系建立的方式转移到与下属的人际关系之中，下属会对他们感到满意，也能够激发下属对工作的热情。因此，作为早期领导力发展的关键性因素，管理者成长期间与父母互动所培养的基础性领导能力可能会影响他们在工作中领导力的逐步深化。管理者父母的教养方式对其领导力有效性有何影响，父母在其中发挥着怎样的作用，这是本研究关注的首要问题。

（2）父母教养方式是如何影响领导力有效性的

阐释父母教养方式影响管理者领导力有效性的内在机制是本研究的重要内容。从理论的角度来说，父母教养方式影响着子女的关联感、自主性、效能感等心理需求，也关系亲子互动中孩子沟通交流技能的培养。这些人际关系处理的基本能力的发展，会在他们成年后承担管理工作时，增强自身掌控组织环境能力的信心和执行领导行为能力的信念。现有的研究证实，父母教养方式能够影响子女的自我调节能力、自我效能感以及自我意识，也能够影响子女对人际沟通的信心和长期的社交经验学习[10,33]。因而，本研究需要深入探析父母教养方式是通过何种机制影响管理者的领导力有效性的。领导力的发展是一个自我强化的过程。当子女的领导力在父母养育的过程中得到初步发展后，人际关系处理的基本能力的提升将会增强子女对自我领导力评价的信心，他们在成年后的工作中也相信自身能够承担领导的职责[34]。这种情况类似滚雪球效应，是一个自我强化的过程[35]。进而，此类管理者能够高效地指导团队以及激发员工的工作动力，获得下属对管理者领导力的认可，并提高团队的工作绩效。因而，本研究以人生领导力发展周期、社会学习和初级社会化理论为基础，将管理者的自我调节、社会机敏性和领导角色效能作为中介机制，以期阐明管理者早期所接受的良好教养能够为成年后领导力的有效性提供持续的动力。

（3）父母认同感是如何通过父母教养方式作用于领导力成效的

父母教养方式通常被认为对子女的成长起着十分重要的作用。父母帮助他们的孩子学习必要的技能、规范，以及建立起自身的价值观，使他们逐步融入社会。此外，父母也是满足子女情感需求、经济需求等各项需求的主要代理人。根据社会学习理论，个体会选择他们所认为的具有更强的能力、更高的权威或更大的权力的人员作为模仿对象，通过学习他们的情感和行为来获得人生经验[36]。然而，在管理者的成长过程中，来自家庭范围中的父母，学校范围中的老师、朋友和同学，以及社会范围中的模范等人员都可能成为他们学习的典型人员。那么，父母教养方式的积极或消极影响在何种情况下会得到增强呢？有研究证实，部分子女认为其与父母的关系比与其他人员的关系更为重要，他们往往会投入大量的时间精力学习父母的价值观和行为，在情感上也更亲近父母[37]。因而，本研究认为，高父母认同感的子女成为管理者后可以增强父母教养方式所带来的影响。父母认同感是指孩子理解并接受父母行为和价值观的程度[38-39]。巴林等（Barling et al.，1998）的研究指出，父母认同感调节了父母教养方式与其子女自我管理和人际关系管理之间的关系[38]。孩子的父母认同感的水平越高，父母养育子女时所采用的行为方式对孩子的自我和人际关系管理能力的影响程度就越大。然而，对于父母的认同感能否为管理者的领导力发展带来切实的作用？本研究需要将父母认同感融入人生领导力发展周期的过程加以分析，从而更为深刻地阐释父母教养方式对管理者领导力的作用效果。

1.3　研　究　意　义

1.3.1　理论意义

领导力一直以来都是组织行为学研究的热点，以现有的相关研究为基础，本研究对于领导力发展和人生领导力发展周期等领域有着重要的理论意义。

（1）本研究拓展了领导力发展理论的领域

本研究以自我调节、社会机敏性和领导角色效能为中介变量，建立了父母教养方式对领导力有效性的影响机制，拓展了领导力发展理论的领域。目前关于家庭成长环境影响领导力有效性的研究相对较少。本研究响应了墨菲与约翰逊（2011）所作的呼吁[7]，揭示了父母教养方式对子女领导力发展的影响机制。本研究认为，父母教养方式会先影响子女的自我调节能力和社会机敏性，进而影响子女成为管理者后的领导角色效能，并最终影响其下属对其领导力的有效性评价。本研究通过早期领导力发展机制的建立及检验，揭示了父母教养方式影响子女领导力有效性的"黑箱"，深化了对家庭成长环境与领导力有效性内在逻辑的认识，从而有助于理解父母教养方式为何能对子女作为管理者的领导力有效性产生正向或负向的影响，填补了领导力发展研究的不足。

（2）本研究丰富了人生领导力发展周期的理论视角

本研究以人生领导力发展周期理论、社会学习理论和初级社会化理论为基础，融合了管理学、心理学、社会学等学科内容，探讨了子女在成长阶段与父母的互动经历对其组织领导力的影响，从溯源性的视角突破了以往仅局限于组织的领导力发展研究，并拓展运用了较为前沿的人生领导力发展周期的理论。当前有关领导力发展过程的研究大多局限于企业组织之中，而针对童年与青少年阶段领导力发展的相关研究却较少，没有系统地考虑早期父母的影响。此外，以往有关领导力发展的研究大多建立在依恋、内隐领导等理论之上[40-41]，而在学者们提出人生领导力发展周期理论之后，实证研究仍未对其进行充分的检验。因而，本研究填补了现有领导力发展研究的空白，并进一步推动了对人生领导力发展周期的探索。

（3）本研究深化了对领导力发展边界条件的理论探析

本研究以人生领导力发展周期、社会学习和初级社会化理论为基础，引入父母认同感作为调节变量，并分析了父母教养方式对自我调节、社会机敏性的影响，以及父母教养方式对领导角色效能的间接影响，以便更为全面地理解领导力发展的作用效果。以往的研究大多忽略了父母认同感的重要性，本研究响应了墨菲与约翰逊（2011）关于探析管理者早期相关因素和领导力发展关系间的调节因素的建议[7]。由此，本研究从父母认同感的角度入手，将父母认同感视为关键的影响因素纳入理论模型中。通过引入父母认同感为调节变量，本研究阐释了父母认同感可以显著增强父母认同感与领导角色效能之间的关系。换言之，研究证实了当子女有较高的父母认同感时，他们会更多地将父母的价值理念应用于自身的心理和行为[42]，进而影响其完成管理任务的信心与能力。因而，本研究借助父母认同感探析了影响领导力长周期发展的权变因素，也拓展了有关领导力发展边界条件的理论探索，并深化了父母教养方式的后效研究。

1.3.2　实践意义

（1）本研究为企业剖析与提升管理者的领导力提供了新思路

企业若要赢得长期的市场竞争，必须拥有具备优秀领导素质和良好领导能力的管理人才。目前学术界与企业界对于领导力的开发和培训仍是以在职的组织人员为重点。但是，相当多的管理者认为，相较于企业中所组织的领导力培训，如果在更早的时间节点开展领导能力的提升工作，其成效会更加显著[8]。因此，本研究有助于改变当前领导力可短期培训速成的观念。比如，企业可以增加投入儿童以及青少年领导力提升项目的资金，为领导者的早期培养奠定良好的基础。此外，本研究通过分析父母教养方式对管理者领导力有效性的影响作用机制，帮助企业认识到管理者的早期父母养育经历的重要性，有助于企业提供支持和帮助，找出导致管理者领导力有效性较低的早期养育因素，通过分析该问题的症结所在，找到解决问题的方法。

（2）本研究为管理者应对父母养育经历的影响提供了参考

本研究有助于增强管理者对领导力有效性来自成长过程中父母养育根源的理解。研究将管理者早期父母养育所塑造的人际关系处理的基本能力，即自我调节和社会机敏性作为关键因素纳入理论模型中，进而验证了父母教养方式在管理者领导力发展进程中的确发挥着十分关键的作用。因此，本研究有助于管理者消除来自父母的不良养育经历的影响，帮助管理者调整工作中的心理和行为，采取行动增强对自身承担领导角色的信心，并培养与下属的积极工作关系，进而有利于整个团队任务绩效的提升。例如，管理者可以花更多的时间与下属沟通，了解他们的工作状态，给予充分的指导和帮助，为他们提供良好的团队工作氛围。这样一来，即使管理者在缺乏关怀的家庭环境中成长，不良养育方式对其产生的负面影响也能在一定程度上得到缓解。

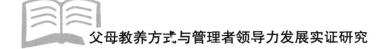

（3）本研究为父母培养子女基础性的领导力提供了指导

个体领导技能的发展在人的一生中并非匀速进行的，在青少年这些相对敏感时期[43-44]，领导力可以在父母适当的培养和干预下快速发展。本研究证实了父母为子女营造的良好家庭环境能够满足孩子基本的心理需求，而且有助于其人际关系处理的基本能力不断向更深层次发展，进而使孩子早期的领导力发展过程顺畅持续进行。因此，本研究有助于父母合理地把握子女领导力发展的敏感时期，帮助孩子获取提升领导力的宝贵经验。例如，父母应当以温暖的态度接纳孩子，给予他们足够的自由发展空间，尊重子女的情绪表达与个人意愿，增强亲子之间的交流互动。父母在子女成长的过程中，应积极引导他们去解决问题，为其领导力发展提供温馨且幸福的家庭环境。

1.4　研究内容与方法

1.4.1　研究内容

第一，本研究考察了管理者的父母教养方式对其领导力有效性的影响。研究认为管理者的父母采用的权威型教养、专制型教养和放任型教养方式可能对其下属的领导力认可和团队的绩效产生不同的影响效应。具体而言，权威型教养对领导力有效性有正向影响，专制型教养和放任型教养则对领导力有效性有负向影响。本研究采用问卷调查的实证数据进行检验。

第二，本研究重点分析了管理者的父母教养方式对其领导力有效性的作用机制。根据人生领导力发展周期理论、社会学习理论和初级社会化理论，研究导入中介变量自我调节、社会机敏性和领导角色效能，建立了双路径的链式模型，即父母教养方式→自我调节→领导角色效能→领导力有效性，父母教养方式→社会机敏性→领导角色效能→领导力有效性。本研究运用问卷调查以及实证分析对这两条中介路径进行了检验与讨论。

第三，本研究还关注了父母教养方式与管理者领导力有效性相关的边界条件，即父母认同感。研究假设，相比低父母认同感的管理者，父母教养方式对高父母认同感管理者的自我调节和社会机敏性的影响更大，进而会对领导角色效能产生影响。本研究采用问卷调查以及实证分析的方式对父母认同感的调节效应进行检验与讨论。

1.4.2　研究方法

本研究所使用的研究方法主要有以下五种：

（1）文献研究分析法

通过学校的图书馆和数字图书馆、馆际互借与文献传递等渠道收集、阅读并整理本研究所需的国内外相关文献资料，对父母教养方式、自我调节、社会机敏性、领导角色效能、领导力认可、团队绩效和父母认同感等变量从概念界定、前因变量、结果变量、文化因素等方面进行系统的梳理与归纳，以求把握现有研究的最新进展，总结和分析现有研究的不足之处，从而明晰本研究的目的与意义。具体研究包括，一是借助 EBSCO、Emerald、Elsevier、ProQuest、Springer、Sage、Wiley 等数据库，收集整理《管理学院学报》（*Academy of Management Journal*）、《人格与社会心理学杂志》（*Journal of Personality and Social Psychology*）、《管理评论》（*Academy of Management Review*）、《人事心理学》（*Personnel Psychology*）、《管理学报》（*Journal of Management*）、《组织行为学杂志》（*Journal of Organization Behavior*）、《领导力季刊》（*The Leadership Quarterly*）、《应用心理学》（*Journal of Applied Psychology*）等国际期刊上的相关英文文献，并对父母教养方式、自我调节、社会机敏性、领导角色效能、领导力认可、团队绩效、父母认同感等核心变量进行研究；二是利用知网、万方、维普等数据库收集《管理世界》《经济管理》《中国软科学》《心理学报》《管理评论》《南开管理评论》《心理与行为研究》等国内期刊上的相关文献，进而对这些文献进行总结与归纳。

（2）理论研究法

在文献收集和查阅的基础上，根据研究目的与研究问题，使用管理学、社会学以及心理学等相关基础理论，遵循父母教养方式影响领导力有效性的逻辑思路，构建了以自我调节、社会机敏性与领导角色效能为中介变量，父母认同感为调节变量的概念分析模型。在阐释各变量间的关系后，本研究提出了相关假设。然后，经过实证分析，对本研究的假设进行了解释与讨论。最终，本研究完成了研究构建、推导和验证的整个过程。

（3）访谈法

一方面，本研究通过与企业管理者和员工的结构化对话，即访谈者提出问题，被访谈者提供答案的一对一对话，来获取管理者的父母教养方式和其在组织中领导力的相关信息。这些信息为研究模型的建立提供了指导意义与现实依据，增强了本研究的重要性与合理性。另一方面，本研究通过对领域内专家的访谈保证了工具选用的规范性与模型思路的合理性，从而为进一步的实证分析提供了保障与依据。

（4）问卷调查法

该方法是管理学的定量研究中最为常见和广泛运用的科研方法，它可以帮助科研人员使用提前设计的问卷来测量研究问题，以获得研究所需的信息与数据。该方法的优势在于其投入低、效率高、时间短，而且通常有标准化的答案，后续数据的整理和分析科学规范。为了有效检验研究假设，本研究遵循实证研究的一般原则和方法，使用问卷调查法检验所构建的理论模型。具体实施过程分为三个步骤：首先，根据研究目的与研究问题，收集、翻译与修订调研所需要的量表，并对问卷完成初步的设计；然后，进行小样本预测试，以确保问卷的可靠性和有效性符合统计标准，并依据专家的意见，以及企业领导与员工的建议，调整和修正调查问卷中存在的问题，进一步增强问卷的可靠性与有效性；最后，进行大规模的正式样本问卷调查，并借助统计软件整理与分析收集到的数据，对研究假设进行检验。

（5）数据分析法

本研究采用 SPSS 26.0、Mplus 8.1 以及 Excel 等统计软件进行数据的整理与分析。具体而言，本研究通过描述性统计分析对样本和变量的特征进行描述，采用 Cronbach's α 值、探索性以及验证性因子分析检验测量量表的信度与效度，借助 Pearson 相关性系数来检验变量间的相关关系。然后，使用结构方程模型以及自助抽样来检验模型中变量间的直接效应、中介效应与调节效应。本研究通过上述这些方法，对所提出的假设进行检验和讨论。

1.5　研究流程与内容安排

1.5.1　研究流程

本研究遵循下述研究流程：首先，根据实际状况和已有的研究成果，本书围绕待解决的研究问题对相关文献进行了全面系统的梳理与总结。其次，本书评述了早期发展因素与领导力的关系、父母相关因素与领导力的关系，阐释了人生领导力发展周期理论、社会学习理论和初级社会化理论的相关内容，进而在此基础上建立理论模型并提出研究假设。然后，本书定义了核心变量的概念，选择了适用的测量量表，按照研究设计的原则，初步编制了研究所需的调查问卷。通过小样本的预测试，对初始问卷进行了改进，并编制出正式的调查问卷。接下来，在大样本的数据收集、录入与整理之后，借助多种统计软件与方法，本书对提出的假设进行了分析检验，进而讨论了研究所得出的实证结果。最后，本书整理并归纳数据后得出了结论，阐释了本研究具有的创新点，论述了研究的实践启示，并分析了研究局限以及研究展望。全书的研究流程如图 1-1 所示。

·介绍研究背景	·整理归纳文献	·界定变量概念	·整理问卷数据	·总结研究结论
·分析研究问题	·阐述理论基础	·收集测量量表	·信度效度检验	·创新点的阐释
·阐释研究意义	·构建概念模型	·设计调研问卷	·直接效应检验	·归纳实践启示
·明确研究内容	·提出研究假设	·小样本预测试	·中介效应检验	·指出研究局限
·确定研究方法	·建立实证模型	·开展正式调研	·调节效应检验	·进行未来展望

图 1-1　全书研究流程图

1.5.2　内容安排

本书内容分为下述六个部分。

第一部分，绪论。介绍了本研究的现实与理论背景、问题、理论与实践意义、内容与方法、流程与内容安排等。

第二部分，文献综述。本研究对现有文献进行了梳理：首先对父母教养方式进行了综述，主要包括定义、分类、特征、有效性研究以及跨文化研究；其次综述了自我调节和社会机敏性的概念、影响因素以及作用效果；接着对领导角色效能的概念、影响因素及作用效果等内容进行了整理，并对领导力认可和团队绩效的概念、影响因素及评估等内容进行了整理；然后对父母认同感的概念、内容、相关研究进行了梳理；最后评述了领导力早期发展因素的文献以及父母相关因素与领导力关系的文献。

第三部分，理论模型与研究假设。本研究首先阐释了研究的理论基础，接着建立了父母教养方式对领导力有效性的影响机制概念模型，最后探析了各个变量间的作用关系，并逐一提出研究假设。

第四部分，研究设计与方法。论述了研究设计、预测试与正式调研：首先定义了核心变量的概念并选择了适用的测量量表；其次按照研究设计的原则，初步编制了研究所使用的调查问卷；然后通过小样本的预测试，对初始问卷进行了改进；最后将编制的正式问卷进行大规模测试，并收集了后续研究需要的数据。

第五部分，问卷数据分析与检验。首先描述了样本数据的基本特征；其次检验了样本数据的信度与效度；接着检验了人口统计学变量对模型变量的影响程度；然后通过直接效应检验、中介效应检验以及调节效应检验等方式，对本研究提出的各个假设进行了检验；最后汇总分析并讨论了检验结果。

第六部分，结论与展望。依据实证结果，对研究的结论、创新点、实践启示及局限与未来展望进行了系统深入的总结、分析和说明。

全书内容安排的框架如图 1-2 所示：

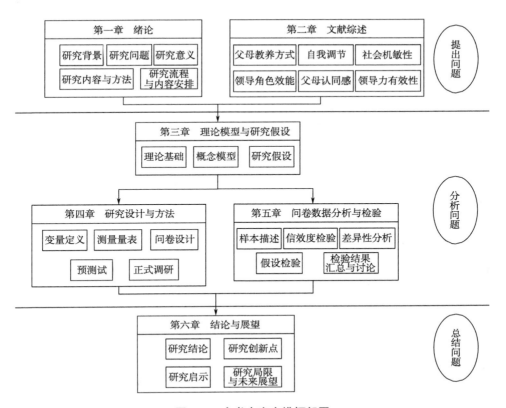

图 1-2　全书内容安排框架图

总结而言，本章首先介绍了全书的现实背景及理论背景；然后基于研究的背景，导出了框对应的研究问题，进一步阐释了解决该问题的实践意义及理论意义；最后，说明了研究的主要内容、采用的方法、具体流程以及内容安排。

2　文　献　综　述

本章采用下述步骤对与本研究相关的文献进行综述：首先对父母教养方式的定义、分类、特征、有效性研究及跨文化研究进行回顾整理；其次对自我调节和社会机敏性的概念、影响因素及其作用效果进行梳理；然后对领导角色效能的概念、影响因素及其作用效果等文献内容进行整理；接着对领导力认可与团队绩效的相关概念、影响因素及评估等内容进行整理；接下来对父母认同感的概念、内容、相关研究进行梳理；最后对与本研究相关的文献进行评述。

2.1　父母教养方式

2.1.1　父母教养方式的定义与分类

父母教养方式（Parenting Styles）被定义为父母在养育孩子过程中所使用的基本策略[45]。一种特定的父母教养方式是传达给子女态度的集合体，它能够产生一种情感氛围，在这种氛围中，父母的思维过程和行为被表达出

来[9,46]。父母教养方式是一种心理结构，父母选择以惩罚、爱护或满足孩子需求等形式来教养子女，这些方式随着时间的推移逐渐变得稳定[47]。父母是孩子的首任老师，中国历史典籍中许多内容都论及了父母教养，如"孟母三迁"的故事。此外，传统启蒙教材《三字经》中也有"养不教，父之过"的说法。北齐颜之推的《颜氏家训》中，亦有涉及父母教养的内容。

1930—1960 年的早期研究分析了亲子关系中的概念，如父母的态度、控制、拒绝、缺乏民主、过度保护等[48-50]。鲍姆林德（Baumrind，1966）对体罚、高要求、不信任、严格控制等父母惩罚子女的做法进行了分析，首次提出了三种父母养育子女的类型，即权威型的父母教养（Authoritative Parenting）、专制型的父母教养（Authoritarian Parenting）及放任型的父母教养（Permissive Parenting）[51]。此后，鲍姆林德（1967）通过调查父母对学前子女的教养方式，将自信、自立、自控、有活力和拥有归属感的儿童，脱离群体、主动退缩和不信任他人的儿童，以及不能自立、缺乏自控力并倾向于在生活中退缩的儿童做了比较研究[52]。研究发现：自信、自立、自控的儿童的父母对子女普遍是进行沟通、指定要求和充满爱意的；离群、退缩和不信任他人的儿童的父母对子女普遍是控制和疏远的；缺乏自控能力或无法自立的儿童的父母对子女普遍是不控制和不做要求的。根据鲍姆林德的观察，父母的教养方式与子女的社会化密切相关，子女在与父母互动时表现出三种不同类型的行为，这些行为与某种特定的教养方式相联系[52]。由此，鲍姆林德正式提出了父母教养方式的三种类型结构，即权威型、专制型以及放任型，这些至今仍是被广泛认可的父母教养方式类型结构。

在鲍姆林德的原始框架的基础上，洛克比与马丁（Maccoby and Martin，1983）增加了父母响应程度的概念，并提出了父母教养方式的四维度分类模型[53]。洛克比与马丁（1983）的教养方式划分是根据父母对孩子的要求程度和响应程度的高低来衡量的[53]。要求程度是指父母对孩子行为的控制程度。

响应程度是指父母对孩子情感发展需要的了解和接受程度。由此，他们在鲍姆林德建立的三种教养方式模型的基础上，根据响应程度的不同，将放任型教养方式分为两个类型，即放任型教养方式和忽视型教养方式。新的放任型教养方式体现了鲍姆林德对放任型教养方式的最初定义，即父母的低要求和高响应，而忽视型教养方式反映了父母对子女的低要求和低响应。采用忽视型教养方式的父母基本上既不参与孩子成长过程中的思想与行为的构建，也不对孩子的情感需求表现出接受性[53]。

父母可以根据子女养育的情况表现出不同的教养方式。也就是说，子女可能会经历不止一种教养方式。根据山普坦博等（September et al.，2016）的研究，大多数父母并不完全遵守一种特定的教养方式[54]。在多数情况下，这些教养方式中的一种会成为父母的首选养育方式。由于鲍姆林德的父母教养方式三维度划分是最为经典且成熟的研究分类方法[52,54]，本研究将详细说明鲍姆林德理论中所强调的三种父母教养方式（权威型、专制型以及放任型）各自的特征。

2.1.2 父母教养方式的特征

权威型、专制型与放任型这三种教养类型是被广泛使用的父母教养方式划分模型。本研究汇总并比较了权威型、专制型与放任型教养方式的特征，如表2-1所示。

表2-1 不同父母教养方式的特征

特征	权威型教养	专制型教养	放任型教养
要求程度	高	高	低
响应程度	高	低	高
教养方式	理性、以问题为导向	严格命令性、强烈惩罚	无原则的肯定或接受
具体教养行为	对待子女有明确的期望和标准，为子女提供支持，鼓励子女独立	对待子女冷酷，让子女服从父母的安排，并经常惩戒子女	对待子女充满爱意和温暖，但养育过程中往往过于宽松

（1）权威型教养的特征

根据鲍姆林德（1967）的研究，权威型父母以理性和问题为导向指导孩子的活动[52]。采用权威型教养方式的父母对孩子的要求程度和响应程度都较高。他们对孩子有明确的期望和标准，同时也为他们提供支持，鼓励子女独立。父母不会过度限制孩子，他们承认孩子的个人兴趣和独特性，子女的自主性和纪律性都会受到重视。权威型的父母在养育子女过程中反应灵敏且要求严格，他们多表现出支持性而非严厉的管教[55]。这些父母提倡言语互动，鼓励孩子培养沟通技巧，并传达规则背后的道理。权威型的父母与他们的孩子讨论问题，灵活地行使父母的权力，并使用一定技巧来强化并塑造子女的行动，直到他们达到行为目标。权威型父母会为孩子当前和未来的行为设定标准，使用权力、强化和塑造等机制来实现养育子女的目标，并且不会过度受到孩子的愿望或其他家庭决策的影响[56]。权威型教养代表了父母在对待子女强调纪律和适当惩罚的同时，也是温暖和热情的[57]。权威型的父母会在向孩子表达爱意和关心之外，适时对子女的不服从或不适当行为进行教育。

（2）专制型教养的特征

专制型父母对待孩子有严格的命令性要求，并可能伴有强烈的惩罚[58]。专制型教养方式的特征是父母要求程度高，响应程度低。专制型的父母对待子女有冷酷的特征，对孩子的反对行为不接受。他们倾向于让子女重视并服从父母的安排，并在不向孩子解释的情况下惩戒孩子。这类父母强调不受质疑的服从性和一致性，不向子女解释遵守规则的理由。在这种父母教养方式下成长的子女没有权威型教养中温暖的家庭成长环境[59]。根据胡沃等（Huver et al.，2017）的研究，这种类型父母的惩罚是冷酷的，孩子们可能会在他们的父母那里感到恐惧，同时无法感受到父母的支持或情感上的关怀[60]。此外，专制型的父母对子女表现出低水平的信任和情感参与，不鼓励公开交流，并进行非常严格的控制[61]。此种类型的父母通常会利用语言敌意和心理控制来养育子女，他们试图按照一套基于自身经验的绝对性行为标准来控制、塑造和评价孩子[59,62]。采用专制型教养方式的父母认可服从和秩序，并将孩子放在低于自己的不平等位置上。这类父母会限制孩子的自主权，不给予子女平等的发言权，而且认为他们自己的想法才是正确的。

（3）放任型教养的特征

放任型教养的父母对孩子的行为不加惩罚，没有原则地肯定或接受[63]。放任型教养方式的特征是父母响应程度高，要求程度低。这种类型的父母被认为对子女是充满爱意与温暖的，但是他们对孩子的教养过于宽松[64]。放任型的父母通常试图与他们的孩子交朋友，但是这对于成长中的青少年来说可能是关系错位的。父母通过给予物质上的奖励来宠爱他们的孩子，并且几乎没有任何训斥。放任型的父母一般不对子女进行惩罚，他们倾向于以肯定的方式接受孩子的思想和行动，并与子女协商家庭决策。此种类型的父母会告知孩子家庭中的规则和决定，并提供相应的解释，但是很少让子女执行要求以及承担责任。他们采取的方法是避免控制，尽可能让孩子调节自身的活动。此外，采用放任型教养方式的父母不执行特定的养育子女的规则，他们对待孩子的方式普遍是宽松和放纵的[65]。这种类型的父母一般不为子女制定行为规范，不鼓励孩子遵循外界环境定义的标准，经常避免孩子的行为控制，并设定较少的行为期望[59]。

2.1.3　父母教养方式的有效性研究

特定的父母教养方式可以改变亲子互动的性质，并影响子女对父母的开放程度和孩子的成长结果[9]。多项研究发现，父母教养方式或养育行为与子女的成长和发展相关，相关研究汇总如表2-2所示。

表 2-2　父母教养方式的有效性

教养方式	学者	年份	研究观点
权威型教养	索恩布什（Dornbusch）等	1987	子女具有良好的情绪调整能力、社会交往能力和学习成绩
	德加莫等	1999	有助于子女在学校和个人生活中取得成功
	弗莱彻（Fletcher）与杰弗里（Jefferies）	1999	促进了子女的积极心理与幸福感
	凯丽与姆利	2003	促进子女在成年后更好地适应社会
	西蒙斯与康格	2007	子女的负面情绪水平较低，学习投入程度较高
	米勒夫斯基（Milevsky）等	2008	子女的自尊、幸福感和生活满意度较高
	皮克与巴拉斯	2012	子女不易出现由环境压力引起的心理健康问题
	巴塞特等	2013	子女学业表现良好，拥有健康和谐的恋爱关系
专制型教养	欧诺拉与努日米	2005	子女一般不会参与反社会活动，如破坏行为或滥用药物行为
	拉乌与育恩	2008	子女焦虑、退缩、不快乐以及易受挫折
	米勒夫斯基等	2008	子女的社交能力差、自尊水平低、抑郁程度高
	威廉姆斯与瓦勒	2010	子女在学校表现不佳，难以有稳定的友谊关系
放任型教养	金斯伯格与布朗斯坦	1993	子女的自尊水平和外在动机取向较低
	阙尔多等	2002	子女存在药物滥用、学校行为不当和学业成绩不良的风险
	贝格等	2010	不利于子女分辨是非，也不利于情感的培养
	卢克斯（Luyckx）等	2011	容易增加子女的外化行为
	里纳尔迪（Rinaldi）与豪伊（Howe）	2012	子女的情绪调节能力差，对挑战性任务决心低，存在亲密关系攻击和反社会行为
	维舍特等	2016	对子女遇到的情感挑战产生负面影响，并阻碍情感间的联系和成熟

（1）权威型教养的有效性

权威型教养方式被认为是父母各种养育风格中最良性的教养方式[67]。有研究发现，权威型父母所养育的子女在儿童和青少年时期表现出更好的情绪

调整能力、更强的社会交往能力和更优异的学习成绩[68-69]。根据巴塞特等
（Bassett et al.，2013）的研究，在权威型家庭中成长的子女更可能在学业上
有优异的表现，以及建立健康和谐的恋爱关系[70]。父母的权威型教养促进了
孩子的积极心理与幸福感[71-73]。例如，权威型父母养育的青少年不太可能表
现出外化行为，也就是说，与专制型或放任型父母养育的青少年相比，他们
一般不会去尝试毒品[74]。这种对子女要求很高、迅速响应的父母养育风格在
保护孩子不滥用毒品方面十分有效。皮克与巴拉斯（Piko and Balázs，2012）
研究了子女出现由环境压力所引起的心理健康问题，并发现权威型教养在被
诊断存在精神疾病的青少年中最不常见[75]。

西蒙斯与康格（Simons and Conger，2007）的研究指出，如果父母双方都
采用权威型教养，这种养育子女方式下的父母积极影响就会被放大[76]。此类
孩子的负面情绪水平较低，对学习的投入程度也比其他孩子高。此外，与没
有权威型教养的父母相比，至少有一位权威型教养的父母也能够促进子女的
健康成长。具体来说，父母都是权威型的子女或只有父亲/母亲是权威型的子
女，比父母都不是权威型的子女有更高的自尊、幸福感和生活满意度[77]。与
此类似，勃朗特等（Bronte et al.，2006）的研究显示，在控制了与母亲相关
的变量后，父亲的权威型教养方式与孩子的积极成长结果正向相关[78]。这些
研究共同表明：无论是父亲还是母亲，只要有一位权威型教养的父母存在，
最终都会对子女的成长有益。在父母离婚后子女的成长方面，德加莫等
（DeGarmo et al.，1999）的研究分析了238位单身母亲并得出结论：权威型教
养相较于其他教养方式会使孩子在学校和个人生活中取得更大的成功[79]。与
此研究相类似，凯丽与姆利（Kelly and Emery，2003）的研究指出，离婚后父
母的保护和温暖行为，会在一定程度上缓解离婚的不利影响，促进此类子女
在生活中更好地适应社会[80]。

（2）专制型教养的有效性

在专制型父母教养方式家庭中成长的孩子会表现出不良的结果，如社交

能力差、自尊水乎低、抑郁程度高[77]。拉乌与育恩（Lau and Yuen，2013）的研究发现，一些与父母专制型教养方式有关的孩子的特质是焦虑、退缩、不快乐和易受挫折等[81]。威廉姆斯与瓦勒（Willams and Wahler，2010）研究了在专制型家庭中长大的孩子所表现出的行为[82]。他们发现这些孩子更有可能在学校中表现不佳，而且在社会群体中也不易被接受。他们的研究结果还指出，这些孩子难以发展出稳定的友谊关系，并且学业成绩较差。但是，欧诺拉与努日米（Aunola and Nurmi，2005）的研究指出，专制型父母所养育的孩子一般不会参与反社会活动，如破坏行为或滥用药物行为[83]。

（3）放任型教养的有效性

由于采用放任型教养方式的父母无法指导孩子做出正确的决定，因此他们的孩子可能会选择尝试不适当的行为，并可能参与犯罪活动。在青春期，放任型父母对子女的监督能力较弱，导致青少年的外化行为增加[84]。阙尔多等（Querido et al.，2002）的研究发现，与采用权威型或专制型教养方式的家庭相比，来自放任型家庭的孩子有更大的药物滥用、学校行为不当和学业成绩不良的风险[85]。此外，金斯伯格与布朗斯坦（Ginsburg and Bronstein，1993）指出，这种教养方式与孩子的低自尊和低外在动机取向有关[86]。一些与放任型父母教养方式相关的子女特点是情绪调节能力差，对挑战性任务的决心低，在想法受到压制时公然违抗，存在亲密关系攻击以及反社会行为等[52,87-88]。维舍特等（Wischerth et al.，2016）的研究指出，放任型教养方式会对青少年遇到的情感挑战产生负面影响，并阻碍情感间的联系和成熟[89]。根据贝格等（Berge et al.，2010）的研究，成长于放任型教养方式家庭的儿童难以分辨是非，也不利于情感的培养[90]。

父母教养方式通常是一个长期、持续和进化的过程，不同教养方式的选择会对子女的人生产生重大的影响[91]。这并不是说个体不能摆脱他们父母的教养方式所产生的影响，而是说由于父母教养方式对个体思想和行为的普遍性和持续性影响，父母的养育经历对子女来说是一生之中都抹不去的。许多研究者指出，父母特定的养育方式可以影响孩子的整个生命周期，并对子女一生的行为有主导性作用[7,14,26]。因此，学者逐渐将不同的父母养育方式视为子女从婴儿期、童年时期到青春期，再到成年时期重要的心理和行为影响因素。本研究尝试分析父母教养方式对子女长周期的影响，并探索在此过程中子女心理和行为的发展状况。

2.1.4　父母教养方式的跨文化研究

父母教养方式的跨文化研究是该领域学者们当前的重点研究方向，父母教养方式的相关跨文化研究汇总如表 2-3 所示。

表 2-3　父母教养方式的跨文化研究

学者	年份	研究观点
查什等	2009	权威型教养的优点既适用于中国家庭，也适用于美国家庭
川端等	2011	欧洲家庭中通常与权威型教养有关的积极结果在中国家庭中不存在
艾丽卡（Erica）等	2014	来自东亚的父母，特别是中国父母，比来自欧美的父母占有的专制型教养比率更高
黄庆裕与戈夫（Gove）	2015	欧美父母比中国父母更多地使用权威型教养
于静等	2016	中国母亲对子女的要求和控制水平最高，其次是移民至美国的中国母亲，然后是美国白人母亲
平夸特与考萨尔	2018	当专制型教养是文化环境中的常态时，则专制型教养与子女不良结果的关联性较小
吉莲等	2018	权威型教养对子女社会情感发展的积极影响在东亚和欧美是一致的
陈布克（Chen-Bouck）等	2019	权威型教养中，中国父母使用温暖向子女传递与集体主义有关的价值观，欧美父母使用温暖满足子女自我发展的需要

东亚和欧美父母教养方式的比较研究表明，来自东亚的父母特别是中国

父母，比来自欧美的父母表现出更高的专制型教养比率[92-94]。于静等（2016）研究比较了中国母亲、移民至美国的中国母亲和美国白人母亲的教养方式，发现中国母亲报告的要求和控制水平最高，其次是移民至美国的中国母亲，然后是美国白人母亲[95]。在比较中国的父母和欧美的父母时，关于权威型教养的结论不一，但主要的结果显示，欧美的父母比中国的父母更为频繁地采用权威型教养[96-97]。父母权威型教养中温暖的特征在中国和欧美的父母之间也有所不同，中国的父母使用温暖来传递与集体主义有关的价值观，而欧美的父母使用温暖来促进父母与子女之间的关系，在个人主义文化中满足了子女自我发展的需要[98]。

关于权威型、专制型与放任型教养对孩子影响的跨文化研究结果并不一致。多数研究结果表明，父母教养方式和子女结果之间的关系在不同文化中是相似的[99-101]。例如，查什等（Cheah et al.，2009）的研究发现，与父母权威型教养相关的有利因素既适用于中国的家庭，也适用于美国的家庭[99]。吉莲等（Jillian et al.，2018）的研究指出，权威型教养方式对孩子社会情感发展的积极影响在东亚和欧美是一致的[100]。然而，还有部分研究表明，父母教养方式和子女结果之间的关系在不同文化中有所不同[102-103]。例如，川端等（Kawabata et al.，2011）的研究发现，在欧洲家庭中通常与权威型教养有关的积极结果在中国家庭中并不存在[102]。平夸特与考萨尔（Pinquart and Kauser，2018）认为，当专制型的教养方式在家庭中是常态时，父母的专制型教养方式与子女不良结果的关联性较小，在东亚的文化环境中就是如此[103]。父母教养方式和孩子结果之间的关系可能部分取决于与教养方式相关的社会规范。在东亚的文化环境中，教养方式和预期结果之间不一致的关系表明，可能存在文化保护因素，弱化了父母专制型教养方式对子女结果的不利影响。

2.2 自 我 调 节

2.2.1 自我调节的概念

自我调节（Self-regulation）指个体根据内外部环境的刺激和他人的反馈，灵活地激活、保持、调整和适应自身情绪、行为、注意力以及认知策略的能力，并以达到与个体相关的目标为目的[104-105]。从定义可以看出，自我调节是个体在尝试实现目标的过程中，根据反馈做出适应性改变的有意尝试。它是一个积极的过程，涉及对回应与反馈恰当方式的慎重选择。自我调节是个体的核心执行功能，涉及控制自身的情绪、思想、行为和注意力，并用于干预强烈的内部倾向或外部刺激，从而使个体做出更合适的事情[106-107]。

自我调节能力强的个体有动机去管理他们自身的行动以达到预期结果[108]。曼兹（Manz，1986）指出，自我调节包括个体选择并执行相关技能，通过探索问题或面对任务，了解问题或任务的状况，进而确定各种方法来解决问题或完成任务[109]。此外，个体在此过程中还会评估问题解决策略的有效性，并在策略失败时寻求其他行动方案。威廉姆斯等（Williams et al.，2012）认为，个体的自我调节包括了制定解决问题的策略，进行自我激励以及管理干扰和压力，而且个体通过这些方式保持任务的持续推进[110]。

2.2.2 自我调节的影响因素

根据现有研究，自我调节的影响因素主要包括性别、家庭环境和班级氛围等，相关研究汇总如表2-4所示。

表 2-4　自我调节的影响因素

影响因素	学者	年份	研究观点
性别	雷雳等	2001	小学男生在自我调节中的目标定向优于女生
	方平等	2014	初中学生的自我调节不存在显著的性别差异
	海姆佩尔等	2018	大学女生使用自我调节学习策略的比例高于男生
	薛璐璐与姜媛	2020	高中生在自我调节策略方面，女生要明显优于男生
家庭环境	李彩娜等	2010	个人自主性在家庭功能和社会适应间具有中介作用
	埃文斯与金姆	2013	父母接纳子女的情感表达对孩子的自我调节有正向影响
	克兰德尔等	2017	家庭背景能够预测大学生在时间与精力方面的调控能力
	摩拉维亚等	2019	家庭机能失调与孩子的自我调节有显著的负相关关系
	刘啸莳等	2020	母亲的养育方式与家庭生活和谐感对幼儿的自我调节行为具有显著的预测作用
	梁九清等	2021	父母的教养对于子女自控能力的提升有显著影响
班级氛围	范金刚	2010	师生关系和竞争氛围能显著预测学生的自我调节水平
	加纳与瓦吉德	2012	师生关系会影响学生的自我调节水平，竞争与学生的认知、自我调节之间存在正向关系
	邢强与黄玉兰	2018	除学习负担外，班级环境中的学习策略、学习态度、努力投入维度均与学生的自我调节水平呈正相关

（1）性别

在先前的研究中，关于自我调节的个体性别差异存在着不同的看法。有些学者认为女性的自我调节较男性更好，而有些研究者认为，在部分维度上，男性优于女性。海姆佩尔等（Heimpel et al.，2018）以大学不同年级学生为对象进行的调查显示，在运用自我调节策略的学生中，女生的比例超过了男生[111]。罗布森等（Robson et al.，2020）也得出了相似的结论[112]。而国内的学者则发现，如雷雳等（2001）对小学生在自我调节过程中的目标定向性别差异进行了分析，结果显示男生的定向方式要优于女生[113]。薛璐璐与姜媛（2020）对高中学生的自我调节策略进行了调查，结果显示在学生的认知策略方面，女生明显优于男生[114]。方平等（2014）对初中学生自我调节的情况进行了调查，结果表明自我调节中的性别差异是不显著的[115]。本研究认为，可能是学业表现等其他因素的影响导致了自我调节的性别差异研究的不一致性。

（2）家庭环境

除性别因素之外，关于被测试的家庭、学校环境因素对自我调节影响的研究也较多。莱佩提等（Repetti et al.，2002）认为，家庭是个体发展的重要环境因素，会对个体的诸多方面产生影响，比如自我调节、自我认同、自尊等[17]。下面将对家庭环境与自我调节的相关研究进行分析。

摩拉维亚等（Morawska et al.，2019）对 176 位 10~12 岁父亲吸毒的孩子进行了调查，结果显示，家庭机能失调和他们的自我调节有显著的负相关关系[116]。克兰德尔等（Crandall et al.，2017）针对 468 位大学生进行的调查显示，家庭背景（如父母的权威性、亲和力、支持性）能够预测他们在时间与精力方面的自我调控能力[117]。梁九清等（2021）认为，父母的教养对于子女自控能力的提升有显著影响[118]。李彩娜等（2010）对 643 位大学生进行了问卷调查，结果表明，家庭功能可显著预测个人自主性，且个人自主性在家庭功能和社会适应间具有完全的中介作用[119]。刘啸莳等（2020）通过调查 2 岁幼儿的延迟性自我调节行为，发现母亲的养育方式和家庭生活和谐感对幼儿的自我调节行为具有明显的预测作用[120]。埃文斯与金姆（Evans and Kim，2013）在一项持续 20 多年的跟踪调查中详细地分析了养育方式和自我调节的关系[121]。研究人员发现，父母在养育子女的过程中，要让孩子有机会学习与实践，并积极接纳他们的情感表达，这样做能够帮助孩子培养良好的自我调节能力。

上述研究显示，针对家庭因素和自我调节关系的研究较为丰富。特别是相关的长期跟踪调查，对分析家庭因素和自我调节的关系具有重要的意义。此外，通过对家庭因素的分析，还可以了解到父母教养方式和自我调节之间存在着的潜在联系。

(3) 班级氛围

班级氛围是一种可以使班级环境内的学生产生某种程度心理情绪的气氛[122-123]。已有的研究显示，班级氛围与自我调节之间存在着密切的关系。加纳与瓦吉德（Garner and Waajid，2012）的研究认为，师生关系会影响学生自我调节与学习策略的运用，竞争与学生的认知、自我调节之间存在正向关系[124]。范金刚（2010）发现，除学业压力和自我调节之间没有明显的相关性之外，其余的班级环境因素都与学生的自我调节呈正相关。其中，师生关系以及竞争氛围对学生的自我调节有显著影响[125]。邢强与黄玉兰（2018）的研究指出，除学习负担外，班级环境中的学习策略、学习态度、努力投入维度均与学生的自我调节水平呈正相关[126]。从已有的相关研究可以看出，班级氛围因素可以显著地影响个体的自我调节能力。

2.2.3　自我调节的作用效果

在组织行为学的相关研究领域，学者们探索了自我调节对员工的影响，包括拖延症、心理扭力、工作倦怠、任务绩效、二元工作激情等。德卡罗等（De Carlo et al.，2014）探究了自我调节和组织员工心理扭力、工作投入、工作倦怠之间的关系[127]。结果表明自我调节与工作投入呈现显著的正相关关系，与心理扭力和工作倦怠呈现显著的负相关关系。刘娜等（2018）利用我国的样本重新测量了自我调节与工作倦怠的关系，并证实了自我调节负向影响工作倦怠的正确性[128]。皮埃尔等（Pierro et al.，2011）对自我调节和拖延症的关系进行了探索[129]，结果显示，自我调节与拖延症呈负相关关系。佩雷韦等（Perrewé et al.，2014）通过问卷对自我调节与二元工作激情的关系进行了研究，发现自我调节与和谐型激情显著正相关，但是和强迫型激情无显著的关系[130]。勒戈与因立彻特（Legault and Inzlicht，2013）论证了自我调节对任务绩效的影响取决于任务的难度[131]。研究指出当任务难度较大时，自我调节能力强的员工会产出更高的任务绩效。

　　学者们还进一步研究了自我调节与领导风格对员工的影响。克鲁格兰斯基等（Kruglanski et al.，2016）针对自我调节的研究指出，当组织员工的自我调节和民主型领导方式结合时，员工有较高的工作满意度；当组织员工的自我调节和独裁型领导方式结合时，员工有较低的工作满意度[132]。本杰明与弗林（Benjamin and Flynn，2006）论证了组织员工自我调节和变革型领导风格的匹配可以更好地提升员工行为的动机水平[133]。此外，汪玲等（2011）对自我调节在动机激励、认知加工等心理学方面的结果变量做出了汇总。该总结既包括了自我调节对员工决策偏好、跨时选择、控制能力、调节衰竭等方面产生的影响，也包括了自我调节对移情、懊悔等情绪因素造成的影响[134]。此外，自我调节在风险承担[135]、社会人际冲突[136]、退休储蓄[137]等方面的研究也得到了一定的发展。学者们的自我调节作用效果研究汇总如表 2-5 所示。

表 2-5　自我调节的作用效果

学者	年份	研究观点
本杰明与弗林	2006	自我调节和变革型领导风格的匹配可以更好地提升员工行为的动机水平
皮埃尔等	2011	自我调节与拖延症呈负相关关系
勒戈与因立彻特	2013	任务难度较大时，自我调节能力强的员工会有更高的任务绩效
德卡罗等	2014	自我调节与工作投入呈现显著的正相关关系，与心理扭力和工作倦怠呈现显著的负相关关系
佩雷韦等	2014	自我调节正向影响和谐型激情，与强迫型激情无显著关系
克鲁格兰斯基等	2016	自我调节和民主型领导方式结合时，员工有较高的工作满意度；自我调节和独裁型领导方式结合时，员工有较低的工作满意度
刘娜等	2018	自我调节与工作倦怠呈负相关关系

2.3　社会机敏性

2.3.1　社会机敏性的概念

社会机敏性（Social Astuteness）指的是个人具有探察周遭环境，并且能够精准理解其他个人的能力[138]。社会机敏性是近些年兴起的一个新的研究课题，许多企业管理者和学者都认识到了社会机敏性在组织中的重要性。克温（Kwon，2020）认为组织是内在的社会交往场所，个人要在此利益和权力共同存在的平台上取得良好结果，掌握管理人际关系的技能十分重要[139]。"社会机敏性"一词最初源自《组织中的权力》，在充满变化与不确定性的组织中，它有助于个人取得更大的成功。它也是影响个人能否在组织中高效利用有限资源的重要因素。哈特利等（Hartley et al.，2019）指出，社会机敏性是一种劝说、影响他人行为的能力和技巧[140]。具有高社会机敏性的个人可以根据环境的变化及时地调整自身行为，并采取有效的社会关系管理措施以获取组织的相关资源，赢得其他员工的好感，从而在组织中拥有更深的发展潜力。

菲利斯等（Ferris et al.，2005）将社会机敏性定义为个体在社会环境和人际交往中准确观察和理解他人的能力[138]。随后，菲利斯等（2007）对社会机敏性进行了更为深入的研究，他们指出社会机敏性是一种个人能力，能够反映个体的社交效能以及人际交往方式。具备此种能力的个人可以在工作过程中高效地了解别人，并根据不同的情况调整自身的行为，以获得他人的信任和支持，进而达到影响他人、实现自身目标的目的[141]。哈里斯等（Harris et al.，2009）指出，社会机敏性是探讨组织环境中不同员工间作用及影响更为合适、更为精确的因素[142]。与国外学者的相关研究比较，我国学者对社会机敏性概念的关注近几年才开始，目前国内学者多借鉴菲利斯等（2005）研究中界定的含义。由于本研究的目的是分析管理者成长过程中社会机敏性对领导力发展的影响，通过梳理相关的国内外成果，本研究选取了菲利斯等（2005）研究中给出的社会机敏性定义。

2.3.2　社会机敏性的影响因素

尽管早期菲佛（Pfeffer，1981）与明茨贝格（Mintzberg，1983）等学者建议加强社会机敏性的研究探索，以深入分析员工在组织中的行为[143-144]，但有关社会机敏性的实证研究现阶段仍相对较少。佩雷韦（2000）的研究表明，社会机敏性从一定意义上说是个性的显示，它既与个人的性格特质相联系，也与组织以及个体的发展相联系，能够通过后天的培养与训练得到提高[145]。因此，本研究从人格特质和组织培训两方面来讨论社会机敏性的影响因素，相关研究汇总如表2-6所示。

表2-6　社会机敏性的影响因素

影响因素	学者	年份	研究观点
人格特质	道格拉斯与艾米特	2004	积极人格特质的员工有较强的社会机敏性，能较快适应人际交往，倾向于选择社会化的职业
	菲利斯	2005	具有积极情绪和主动性格的员工，其社会机敏性的水平较高
	菲利斯	2007	洞察力、控制、亲和力、主动性均与社会机敏性呈正相关
	刘咏梅等	2007	外向性和主动性人格正向影响个体的社会机敏性
	刘军等	2010	自我监控性格、内控人格、外向性格与社会机敏性正相关
	施俊琦等	2013	积极的人格特质对社会机敏性有显著的正向作用
组织培训	布拉斯与菲利斯	2007	管理者社交技能教导通过下属社交技能理解的中介作用，影响下属的社会机敏性
	刘军等	2010	社会机敏性具有学习效应，可通过管理者社交技能教导和下属社交技能学习的中介作用来培养

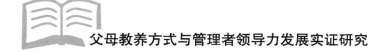

（1）人格特质

基于个性显示的视角，研究者们指出，自我监控以及自我效能[145]、主动性[146]、责任意识[138]、积极情感[147] 均与社会机敏性呈正相关。施俊琦等（2013）的研究发现，积极的人格特质对社会机敏性有显著的正向作用[148]。道格拉斯与艾米特（Douglas and Ammeter, 2004）明确指出，具有上述人格特质的员工社会机敏性较强，可以迅速地适应组织人际交往，并会优先选取社会化水平较高的工作[149]。菲利斯等（2005）的研究显示：具有积极情绪和主动性格的员工，其社会机敏性的水平较高[138]。虽然这些研究在某种程度上阐释了个体性格特质与其社会机敏性的联系，但上述发现还未能进行系统化的证明研究。

在此基础上，菲利斯等（2007）根据系统框架理论，从亲和力、洞察力、主动影响、控制等方面分析了影响社会机敏性的个性特征[141]。研究发现，亲和力、洞察力、主动影响、控制均与社会机敏性呈高度正相关。刘咏梅等（2007）在分析个人性格特质和社会机敏性间的关系时也指出，主动性人格与外向性积极影响个人的社会机敏性[150]。与之前的研究相比，刘咏梅等（2007）的探索具有开拓性和系统性，但也仅分析了主动导向与亲和力这两个人格特征对社会机敏性的影响，因而仍存在缺陷和不足。国内研究者刘军等（2010）基于刘咏梅等（2007）与菲利斯等（2007）的分析，以20家制造业公司的新员工为调研对象，根据多维度的性格特质研究了社会机敏性的影响因素，结果显示，外向性格、内控人格、自我监控性格与个人的社会机敏性呈正相关关系[151]。

（2）组织培训

根据社会化学习的研究方向，菲利斯等（2005）认为社会机敏性虽然在某种程度上是个体内在的，但它也能在组织的开发和培训，以及员工的自我理解和评估中得以发展并提升[138]。布拉斯与菲利斯（Blass and Ferris, 2007）

的调查表明，社会机敏性能够借助社会化过程掌握，领导社交技能教导通过员工社交技能理解的间接作用，影响员工的人际关系交往能力[152]。因此，社会机敏性除了受与生俱来的性格特质影响，也能在后天的学习和培养中得以提高。我国学者刘军等（2010）在中国情境下也验证了社会机敏性的发展不仅是个性使然的结果，它还具有学习效应，可以通过领导的社交技能教导，下属社交技能学习的完全中介作用来培养[151]。由此可见，个体社会机敏性的高低不仅受其人格特质的影响，他人的社交技能教导也是个体提高社会机敏性水平的重要因素之一。但是，除了这两种因素外，现有研究对其他影响个人社会机敏性的因素鲜有探讨。

目前，有关社会机敏性的相关影响因素研究多集中在组织培训以及人格特质上，并验证了领导的社交技能教导对提升下属社会机敏性的促进作用。现阶段，研究者们对社会机敏性相关影响因素的分析仍较为单一化和零散化。虽然研究者们指出社会机敏性可以通过后天的训练与学习得到提升，但是现有研究也仅限于组织的开发与培训。相较于组织影响，个体在成长过程中的学习敏感性水平更高，因而来自父母的影响更可能会对个体社会机敏性的提升有促进作用。目前此方面相关的研究证据仍较少，在理论与实证研究领域还有进一步发展的空间。

2.3.3 社会机敏性的作用效果

社会机敏性不仅对工作结果的相关变量有直接影响，还能与其他因素一起对个人的工作行为起到积极的推动效果[153-154]。研究者们分别从直接效应和调节效应两个方面对社会机敏性的作用机制进行了分析。不同学者对社会机敏性作用效果的研究汇总如表 2-7 所示。

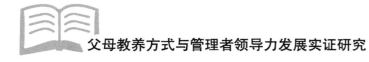

父母教养方式与管理者领导力发展实证研究

表 2-7　社会机敏性的作用效果

作用效果	学者	年份	研究观点
直接作用	菲利斯等	2007	员工的社会机敏性对工作绩效有不同程度的影响，它对任务绩效的预测评价能力显著弱于关系绩效
	刘军等	2010	员工的社会机敏性对其职业发展具有促进作用
	姆尼昂等	2015	当员工的社会机敏性处于中等水平时，其对工作满意度与工作紧张感的影响最强
	拉塞尔等	2016	领导的社会机敏性对下属的信任、组织承诺和职业满意度有正向影响
	王艳子等	2016	领导的社会机敏性对团队领导社会网络具有正向影响
	麦卡利斯特等	2018	下属感知的领导社会机敏性水平与领导有效性正相关
	巴特拉伊	2021	领导者的社会机敏性对员工的工作积极性有正向影响
调节作用	特雷德韦等	2005	社会机敏性在人际交往与情绪劳动中发挥调节作用
	浩克沃特等	2007	社会机敏性能够降低工作紧张对工作绩效的负面影响
	哈里斯等	2009	社会机敏性在减弱员工流失意愿与增强工作满意度方面具有调节效应
	刘军等	2009	员工具有较高水平的社会机敏性时，员工的奉迎行为可减弱辱虐管理对员工情绪耗竭和离职倾向的消极影响
	布利克勒等	2010	外向性格特质的员工，社会机敏性越强，工作绩效越好
	冯明与李聪	2010	除威胁和示弱两种印象管理策略外，社会机敏性在其他印象管理策略与职业成功的关系中发挥调节作用
	缪尔斯等	2010	社会机敏性可以帮助员工缓解由于角色冲突感知而产生的工作紧张
	埃皮垂派克等	2016	领导成员交换质量较低时，社会机敏性水平较高的员工更易于感知到职业生涯的成功

· 36 ·

（1）社会机敏性的直接作用

目前，较多的学者关注社会机敏性对工作绩效的影响。巴特拉伊（Bhattarai，2021）的调查显示，领导者的社会机敏性可以正向影响雇员的工作积极性，从而对其团队工作绩效进行有效预测[153]。菲利斯等（2005）认为，具有高社会机敏性的员工可以利用高效的人际关系网络来获取组织中的稀有资源，以达到业绩指标，并被主管所认可[138]。进一步地，菲利斯等（2007）的研究指出，员工的社会机敏性对工作绩效有不同程度的影响，它对任务绩效的预测评价能力显著弱于关系绩效。这是由于具有高社会机敏性的员工可以获得领导的好感，从而影响上级评价其关系绩效[141]。对于管理工作绩效的预测，施俊琦等（2011）指出，社会机敏性比领导效能、情绪智力等因素对优异绩效的预测效果要好[154]。麦卡利斯特等（McAllister et al.，2018）从感知领导绩效以及团队绩效两个角度考察了领导有效性，结果显示，下属所感知的领导社会机敏性水平正向影响领导有效性[155]。

此外，社会机敏性也对其他工作变量有直接的影响，威勒等（Wihler et al.，2017）的一项研究显示，社会机敏性可以增强个体被他人信任的程度，进而提升个人的事业发展[156]。埃文等（Ewen et al.，2013）认为，在对领导评定的声望进行预测时，社会机敏性对评价结果有较大影响[157]。姆尼昂等（Munyon et al.，2015）还指出，当员工的社会机敏性处于中等程度时，其对工作紧张感以及工作满意度的影响作用最大，过高或过低的社会机敏性均会加强工作紧张感，并减弱工作满意度[158]。拉塞尔等（Russell et al.，2016）的研究发现，领导的社会机敏性对下属的信任、组织承诺和职业满意度有正向影响[159]。相较于国外研究者更多地注重社会机敏性对特定工作变量的影响，国内研究者刘军等（2010）利用实证分析的方法，发现个体权力和个人声誉完全中介员工社会机敏性对职业发展的正向影响[151]。王艳子等（2016）以160位研发团队的领导为研究对象，结果显示，领导的社会机敏性正向影响团队领导社会网络的中心性以及异质性两个维度[160]。

(2) 社会机敏性的调节作用

近些年，研究者们不仅分析了社会机敏性对个体绩效以及组织绩效因素的直接作用效果，而且开始关注作为调节变量的社会机敏性对工作绩效因素的间接作用效果。浩克沃特等（Hochwarter et al.，2007）的一项研究表明，社会机敏性可以有效减弱工作紧张负向影响工作绩效的程度，并缓解消极情绪和压力[161]。布利克勒等（Blickle et al.，2010）对销售人员的调查结果显示，性格特质为高外向性的员工，社会机敏性越强，其工作绩效就越高，然而在员工社会机敏性较弱的情况下，其工作绩效则显著下降[162]。在之后的调查中他们还指出，对于低宜人性的员工，即使拥有较强的社会机敏性也会被理解为精于算计，但是对性格特质为高宜人性的员工，如果缺乏社会机敏性，在组织中会受到更多的伤害。布鲁尔等（Brouer et al.，2011）发现，对于拥有较强竞争意识、较高权力欲望或较大抱负的员工来说，社会机敏性有助于提升他们的工作绩效[163]。由此可见，社会机敏性与性格特质的交互作用能够对工作绩效产生影响。

缪尔斯等（Meurs et al.，2010）指出，社会机敏性也可以帮助员工有效缓解由于角色冲突感知而产生的工作紧张，并降低角色超载和工作压力引起的工作紧张[164]。高社会机敏性的个体对周围环境的控制力更强，可以使他们的自信心和自我效能感得到提高，并在某种程度上减弱社会压力源消极影响工作变量的效应，降低员工的工作压力[141]，增强职业满意度以及工作满意度[165]。冯明与李聪（2010）对国企职工的调查结果显示，除示弱与威胁这两种关于印象管理的方式外，其他种印象管理均正向影响职业成功，而社会机敏性在此关系中起着调节的作用[166]。埃皮垂派克等（Epitropaki et al.，2016）在分析领导成员交换与个人职业生涯成功感知的关系时，发现高社会机敏性的个体对自身的职业成功有更强的感知[167]。在探讨领导成员交换与工作变量的关系中，哈里斯等（2009）指出社会机敏性对于降低员工的流失意愿和增强工作满意度具有一定的调节作用。即当员工意识到自己与上级的关系不佳时，高社会机敏性的员工以其较强的社会交往能力易于找到合适的替代工作，他们离职的可能性也越大；当社会机敏性和领导成员交换的水平较低时，社会机敏性较低的员工无法快速了解和控制周遭的情况，与领导的不良关系又阻碍了他们从领导处获取发展所需的支持和资源，这增大了员工胜任工作以及实现目标的难度，他们的工作满意度水平较低[142]。

特雷德韦等（Treadway et al.，2005）的调查发现，当个体的社会机敏性水平较低时，其人际交往行为负向影响情绪劳动；社会机敏性水平较高的个体，人际交往行为与情绪劳动无显著关系，即社会机敏性在此关系中起着调节作用[168]。特雷德韦等（2007）还进一步指出，当个体频繁展现出逢迎行为时，领导更倾向于将社会机敏性水平较低的员工的工作行为视为奉承[169]。刘军等（2009）在分析奉迎行为和辱虐管理的关系时指出，员工的奉迎行为并不能消除领导的辱虐管理。当员工具有较高水平的社会机敏性时，员工的奉迎行为可以减弱辱虐管理对员工情绪耗竭和离职倾向的消极影响；当员工的社会机敏性水平较低时，则会起到相反的作用，甚至会提升辱虐管理的负面影响[170]。

目前，虽然学者们分析了社会机敏性对员工的职业发展、工作绩效、工作紧张等方面的直接作用和调节效应，但针对社会机敏性与领导力发展关系的研究至今仍十分匮乏，将社会机敏性与领导力相关联的分析也稍显粗浅，理论知识的积累仍然不足，有待探讨。

2.4 领导角色效能

2.4.1 领导角色效能的概念

领导角色效能（Leader Role-efficacy）的概念是与自我效能感紧密相连的。

班杜拉于 1977 年提出自我效能感的概念，它是指个体对自身行为达到某一目标领域所掌握能力的信心[171]。自我效能感一经提出，就受到了许多学者的关注，众多心理学家对它进行了广泛而深入的分析。同时，对自我效能感的探索也使自我内部因素影响行为方面受到了越来越多的重视。领导角色效能是自我效能感在领导力研究领域的延伸。领导者对自身管理能力以及领导能力的自信程度反映了其领导角色效能的高低。巴斯等（Bass et al.，2003）指出，一位成功的领导者必须相信自身的领导能力[172]。其他领导力的相关文献也显示：自信是成功领导必备的素质。基于自我效能感的概念，我国学者陆昌勤等（2004）将领导角色效能定义为领导对自身能否利用所拥有的能力去完成管理任务的自信程度[173]。

领导角色效能的概念体现在三个方面[174]：首先，领导角色效能体现管理者的行为选择。管理者会回避那些他们觉得自身能力不足的工作，而是去从事他们觉得可以完成的事情。其次，领导角色效能体现管理者行为的坚持性及持久性。在面临困境的时候，那些质疑自身能力的管理者会停止努力，甚至干脆放弃；而那些具备较高领导角色效能的管理者在面对挑战时则会更加努力。最后，领导角色效能可体现管理者的情感反应模式与思维模式。领导角色效能较低的管理者会更关注潜在的失败与不良的结果，而忽视如何有效利用自身能力来达到目的；领导角色效能较高的管理者会专注于工作，当面临困境时，他们能够展现出良好的领导能力。本研究认为，领导角色效能是基础性的自我效能感在领导力研究领域的应用，它反映了领导者对自身执行构成领导角色行为能力的信心判断。

2.4.2　领导角色效能的影响因素

有研究指出，不同性别个体的领导角色效能存在着一定差异。卡尔顿等（Carleton et al.，2018）探析了变革型领导力对领导角色效能的影响，发现它们的关系随性别而异，对于男性它们呈显著的正向关系，而对于女性它们之间的关系并不显著[175]。我国学者陆昌勤等（2001）认为，由于中国还存在重男轻女的意识，性别可能对管理者的领导角色效能有显著影响[176]。还有一些研究指出性别角色认同对领导角色效能存在影响。王磊等（2010）的研究认为，性别角色认同作为个体的差异化特征，能够影响领导角色效能的形成过程[177]。

另有研究显示了其他因素和领导角色效能之间的关系。阿姆斯特朗与麦凯恩（Armstrvng and McCain，2021）的研究发现，职位对管理者的领导角色效能有显著影响，而年龄和处于领导职位上的时间这两个变量对其不具有显著影响[178]。杜根（Dugan et al.，2013）的研究表明，受教育程度和所学专业对领导角色效能具有显著影响[179]。学者的领导角色效能影响因素研究汇总如表2-8所示。通过文献回顾可以看出，针对早期父母养育行为和领导角色效能之间关系进行的研究到目前为止仍相对较少。本研究将从父母教养方式对领导角色效能作用关系的角度开展实证研究，如果这些关系得以澄清，就可以通过帮助管理者厘清早期家庭环境中的领导力发展因素而提升他们的领导角色效能，从而为管理者的领导力培养找到一个新的突破方向。

表2-8　领导角色效能的影响因素

学者	年份	研究观点
陆昌勤等	2001	由于中国仍存在的重男轻女意识，性别对领导角色效能有显著影响
王磊等	2010	性别角色认同作为个体差异化特征，能影响领导角色效能的形成过程
杜根等	2013	受教育程度和所学专业对领导角色效能具有显著影响
卡尔顿等	2018	对于男性，变革型领导力和领导角色效能之间呈显著正相关；对于女性，变革型领导力和领导角色效能之间无显著相关性
阿姆斯特朗与麦凯恩	2021	职位对管理者的领导角色效能有显著影响，年龄和处于领导职位上的时间对领导角色效能不具有显著影响

2.4.3　领导角色效能的作用效果

由于领导角色效能在组织领导力研究中的重要地位，其影响结果得到了学者们的普遍重视。根据现有研究，领导角色效能的作用效果主要包括工作绩效、团队和组织绩效、工作态度以及心理健康等，相关研究汇总如表2-9所示。

表2-9　领导角色效能的作用效果

作用效果	学者	年份	研究观点
工作绩效	恩格等	2008	领导角色效能对工作绩效的预测效果最好，超过反馈、目标设置、大五人格、工作满意度等变量
	霍拉基安与谢里菲拉德	2019	领导角色效能与员工的工作绩效显著正相关
团队和组织绩效	麦考密克	2001	领导角色效能与组织绩效显著正相关
	施特劳斯等	2009	管理者的领导角色效能与其领导团队的绩效正相关
	瓦伦布瓦等	2011	领导角色效能与组织绩效呈高度的正相关
	布埃纳文图拉-维拉	2017	领导角色效能可以预测领导、团队和机构绩效
工作态度	瓦伦布瓦等	2005	领导角色效能与目标承诺和工作满意度显著正相关
	陆昌勤等	2006	领导角色效能与工作满意度和工作投入度显著正相关，与职业紧张水平显著负相关
	马奇达与绍布罗克	2011	领导角色效能与承诺水平、工作投入度和工作满意度显著正相关，与离职意愿和工作懒散显著负相关
心理健康	霍伊特与布拉斯科维奇	2007	女性的领导角色效能与主观幸福感显著正相关
	格雷格森等	2014	领导角色效能与主观幸福感、生活满意度呈正相关
其他作用效果	帕格利斯与格林	2002	管理者的领导角色效能和自尊水平对下属的工作自主权与业绩有正向影响
	斯普尔克与阿伯勒	2014	领导角色效能是影响女性经理职业成功的关键因素
	塞伯特等	2017	领导角色效能对员工获得期望领导职位有显著影响

（1）领导角色效能可以预测工作绩效

在组织和职业领域，领导角色效能被认为是预测绩效的良好指标。恩格（Ng et al.，2008）的研究指出领导角色效能对工作绩效的预测效果最好，超过反馈、目标设置、大五人格、工作满意度等变量[180]。霍拉基安与谢里菲拉德（Khorakian and Sharifirad，2019）采取现场研究的方式探讨了管理者领导角色效能与工作绩效的关系，研究结果发现领导角色效能与员工的工作绩效显著正相关[181]。

（2）领导角色效能可以促进团队和组织绩效

施特劳斯等（Strauss et al.，2009）的研究发现，管理者的领导角色效能正向影响其所管理团队的绩效[182]。麦考密克（McCormick，2001）的研究表明，管理者的领导角色效能对组织绩效有显著的正向影响[183]。瓦伦布瓦等（Walumbwa et al.，2011）运用电脑仿真软件对领导角色效能和组织绩效的关系进行了分析，研究以具有实际管理经验的本科生或研究生为调研对象，实验指示他们以企业领导的身份参与决策，研究发现领导角色效能正向影响组织的绩效[184]。布埃纳文图拉-维拉（Buenaventura-Vera，2017）的研究表明，领导角色效能能够预测领导绩效、团队绩效和机构绩效[185]。

（3）领导角色效能和工作态度有关

马奇达与绍布罗克（Machida and Schaubroeck，2011）的研究显示：领导角色效能与工作投入度、工作满意度以及承诺水平存在正相关关系；与工作懒散与离职意愿呈负相关关系[186]。瓦伦布瓦等（2005）的研究显示：高水平的领导角色效能有助于管理者在从事具有挑战性的工作时，展现出更高的目标承诺，并提升工作满意度[187]。陆昌勤等（2006）的研究指出，在中国社会文化背景下，领导角色效能高的管理者，往往拥有更多的管理革新成效，对工作有较低的紧张水平，并具有较高的投入度与满意度[188]。

（4）领导角色效能有助于心理健康

多项研究指出，领导角色效能和个体的身体与心理健康显著关联。格雷格

森（Gregersen et al.，2014）的研究显示，领导角色效能与生活满意度、主观幸福感呈显著正相关[189]。霍伊特与布拉斯科维奇（Hoyt and Blascovich，2007）的实验研究证实，女性的领导角色效能作为边界条件调节着刻板印象对个体的影响[190]。女性拥有高水平的领导角色效能后，可以在面对性别偏见与刻板印象时表现出更高的主观幸福感，研究展现了女性领导角色效能分析的积极意义。

（5）领导角色效能的其他多方面正向作用

斯普尔克与阿伯勒（Spurk and Abele，2014）通过对荷兰女性管理者的调查显示，领导角色效能是影响女性管理者职业取得成功的关键因素[191]。塞伯特等（Seibert et al.，2017）在对普通员工调研后指出，领导角色效能可以对员工获得期望的领导职位产生显著的影响，这说明领导角色效能可以提升个体对自身作为管理者的积极期待[192]。帕格利斯与格林（Paglis and Green，2002）的研究结果表明，上级的领导角色效能和自尊水平对下属的工作自主权与业绩有正向影响[193]。

2.5 领导力认可

2.5.1 领导力认可的概念

领导力认可（Leadership Endorsement）是指下属对上级领导能力的看法和认同程度[194-195]。领导力认可反映了下属是否认同管理者具有带领团队及其成员的能力。领导力认可是一种主观认知，它体现了普通员工对管理者领导能力看法，一般通过下属评价上级的领导力反映[194]。部分学者认为：没有下属构念的管理行为无法显示更高和更多的领导力[196]。领导力包括了领导行为的参与，可以与更广泛的因素相关联，从而使其含义更为丰富。从这个角度看，领导力认可是连接管理者与下属及管理者领导力间接线索的一项概念。

领导力认可能够全面、系统地描述管理者领导力的整体成效。下属对管理者领导力的认可与否反映了他们对管理者领导力在以下三方面的认可程度[194]：第一，对管理者领导行为方式的认可。领导行为方式关系到管理者的领导行为能否与企业的内部和外部环境相适应以及能否促进企业目标的达成。第二，对管理者影响力的认可。管理者影响力涉及领导者的言语和行动是否能够得到团队下属成员的认同与接受，也就是关系到管理者的意图能否顺利实现的问题。第三，对管理者是否经常处于积极创新状态的认可。领导行为是一种需要不断创造，并依靠策略来运筹的工作。如果管理者不能创新，就不能使企业的价值最大化，也不能圆满实现企业的目标，进而无法使下属的需求得到应有的满足。

2.5.2 领导力认可的影响因素

领导力认可是管理学和组织行为学研究中较为关注的方向。学者们对于领导力认可的研究，多是从下属的角度进行探讨。多数研究者以领导行为对下属产生的感知结果影响作为评价领导力认可程度的指标。普拉托夫与范-克尼彭贝格（Platow and van Knippenberg，2001）认为，决定领导力认可的主要因素是下属对领导的满意程度[195]。丘乌（Chou，2018）认为，可以通过下属对管理者领导力的感知情况衡量其对管理者领导力的认可程度[194]。国内外对于领导力认可的研究主要从领导特质、领导行为和领导情境三个范畴展开，相关研究汇总如表 2-10 所示。

表 2-10 领导力认可的影响因素

影响因素	学者	年份	研究观点
领导特质	拉辛斯基等	1985	领导者的性格、气质、魄力、修养、风度等因素对获得来自下属的领导力认可十分重要
	普拉托夫等	1997	诚信、灵活性、自信心、稳定性等九种特质对领导力认可有正向影响
	黄晓雯等	2011	积极的领导者特质有助于领导力的产生和领导力感知，进而影响领导力认可

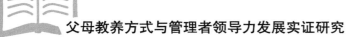

续表

影响因素	学者	年份	研究观点
领导行为	霍曼等	2010	参与领导力培训是获得下属领导力认可的重要因素
	斯皮萨克等	2014	影响领导力认可的关键因素是下属对领导行为的感知状况及其最终结果
领导情境	泰勒等	1985	管理者所面对的情境因素影响领导力认可
	苏巴斯克等	2011	正式职权、工作组等环境因素会对领导力认可产生影响
	托马斯等	2013	领导的风格与行为适应工作情境和下属员工有助于提高领导力认可的程度
	普拉托夫等	2015	职位权力和领导成员交换均与领导力认可有显著正相关关系

(1) 领导特质

领导特质包含了可以提升下属领导力认可程度的各种特质。学者通过一系列的特质或特点来研究它们对领导力认可的影响。拉辛斯基等（Rasinski et al. , 1985）的研究认为，领导者的性格、气质、魄力、修养、风度等因素对获得来自下属的领导力认可十分重要[197]。普拉托夫等（1997）认为能够获得下属领导力认可的管理者具有九种特质，即支配、高活力、内外控倾向、诚信、灵活性、自信心、稳定性、高智商和对他人的敏感度[198]。此外，普拉托夫等（1997）还指出，有能力的领导者往往具有支配性特质，而该种特质能够影响到其他和领导力认可相关的特质[198]。黄晓雯等（2011）通过研究发现，积极的领导者特质有助于领导力产生和领导力感知，它既可以直接影响领导力认可，也可以通过影响领导行为从而影响领导力认可[199]。

(2) 领导行为

普拉托夫与范–克尼彭贝格（2001）通过实证研究证明，有效的领导行为能够增强下属对管理者领导力认可的程度[195]。霍曼等（Hohman et al. , 2010）认为，领导力培训是获得下属领导力认可的重要因素[200]。此后，斯皮萨克等（Spisak et al.，2014）的研究指出衡量领导力认可的关键指标是组织相关成员的心理状态（包含下属的期望、动机、感觉、情感与态度等），而领导行为对组织相关成员心理状态的影响具有直接性，即影响领导力认可的关键因素是下属对领导行为的感知状况及其最终结果[201]。

（3）领导情境

领导情境包含了工作特点、外部环境以及下属、同事、上司等因素。泰勒（Tyler）等（1985）的研究认为，管理者所面对的情境因素对其获得来自下属的领导力认可十分重要[202]。托马斯等（Thomas et al.，2013）指出，为了提高下属对领导力认可的程度，需要让领导的风格与行为适应工作情境以及下属员工[203]。普拉托夫等（2015）从职位权力与领导成员交换两方面研究了它们对领导力认可的影响，并证实了职位权力和领导成员交换均与领导力认可有显著的正相关关系[204]。苏巴斯克等（Subasic et al.，2011）基于正式职权、工作组等环境因素，研究了这些情境与领导力认可之间的关系[205]。此外，他们还从权力主义、控制倾向和工作能力等员工特点出发，研究了管理者的领导方式对领导力认可的影响机制[205]。

2.5.3 领导力认可评估的意义

多项研究指出领导力认可在管理者领导活动中具有关键性的地位和作用，对团队的进步和组织的发展有着重要的意义[194-195,201]。总结领导力认可的相关研究，下属及时、合理地评估领导力的意义主要体现在以下三个方面：

（1）领导力认可是评估管理者职务成败的关键尺度

管理者工作的失败或成功对组织的发展有着关键性的影响。评估领导活动的标准是多样的，而领导力认可是其中具有说服力的尺度。普拉托夫与范-克尼彭贝格（2001）研究指出，下属对领导力认可的程度直接表明管理者领导活动的成败[195]。下属对管理者的领导力认可水平高表明管理者工作是成功

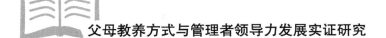

且有效的，领导方法是合理的，管理者是称职且有能力的。反之，下属对管理者领导力认可的水平低，在一定程度上反映了管理者方法亟须改进，领导活动未获得成功，以及管理者的能力有待增强。

（2）领导力认可是选拔、评价、任用管理者的关键依据

下属评估其对领导力认可程度的过程，就是评价管理者的过程。任何领导工作都是管理者思想意志、素质能力的外化。苏巴斯克等（2011）的研究指出，通过对领导力认可的评估，不仅能够了解管理者的价值理念、领导作风、能力状况，而且还可以发现管理者的培养前途、潜在能力等[205]。此外，通过对领导力认可的评估，能够较为全面、客观地了解管理者的能力与素质[196]。上述这些方面均为识别、考察、选拔管理者提供了关键依据。

（3）领导力认可是管理者发展的驱动力

领导力认可是推动管理者不断前进的基础和动力。根据领导力认可的相关研究，具有责任心的管理者总是以获得来自下属的认可作为工作目标[194,201]。这种目标的实现，既是管理者自身价值的展示，也是管理者不断创造更高绩效的基础和动力。此外，科伊维斯托与莱斯（Koivisto and Rice, 2016）的研究指出，管理者所得到的领导力认可往往能够起到促进和鞭策其他管理者效仿的作用，有助于全体管理者领导水平与能力的提升，进而从整体上增强组织的领导水平[206]。合理的领导力认可评估对于促进管理者的领导力发展具有推动力。

2.6　团队绩效

2.6.1　团队绩效的概念

团队绩效（Team Performance）作为重要的群体特征，自团队作为组织的主要运作形式开始，就受到了学者们的持续关注。团队绩效并不是单纯的团队员工绩效的加总，而是团队个体之间通过开展交互活动而显示出的整体成效[207]。团队绩效指团队完成特定任务的进度、效率和质量[208-209]。迪瓦恩与菲利普（Devine and Philips，2001）认为，团队绩效指的是团队完成任务或达成目标的程度[210]。团队绩效还可以包含多项团队隐性特征，如团队适应性、团队技能水平、团队知识储备以及团队个体间的满意度与认同感。绍布罗克等（Schaubroeck et al.，2011）指出，团队绩效体现了团队完成设定目标的情况，包含团队及其成员工作能力的提升、团队产出的成效等方面[211]。刘冰等（2011）整合国内外的相关研究后指出，团队绩效作为一项复合概念，它涵盖了满意度、成员义务和团体产出等方面[212]。

通过文献总结能够看出，团队绩效可以系统、全面地反映团队结果的整体特征。根据研究的需要，本书将团队绩效定义为团队完成特定任务的进度、效率与质量。团队绩效的基本特征主要体现在两方面[209]：一方面，团队绩效具有多维度的结构。团队绩效并不只是达成任务目标这一显性的团队特征，它还包括了团队成员之间的关系、团队成员的能力提升水平等隐性因素。另一方面，团队绩效反映了动态的群体行为。虽然团队绩效可以体现团队对特定工作的完成情况，但是由于团队所处的外部与内部环境不断改变，因而团队的绩效水平也会在较长的时间段内出现一定波动。

2.6.2 团队绩效的影响因素

团队绩效是团队外部与内部诸多因素综合作用的结果，在梳理国内外关于团队绩效文献的基础上，本书发现团队绩效的高低受团队投入与过程等多种因素的影响，相关研究汇总如表2-11所示。

表 2-11 团队绩效的影响因素

影响因素	学者	年份	研究观点
团队投入	裴德等	1999	团队多样性导致团队冲突并影响团队绩效
	穆罕默德与安格尔	2003	团队异质性与团队规模正向影响团队绩效
	赵西萍等	2008	一般异质性能够对团队绩效产生直接影响，专长异质性通过记忆交互机制对团队绩效产生影响
	张燕与章振	2012	团队成员的多样性能够增强团队绩效
	穆罕默德与哈里森	2013	组织情境、团队成员特征与团队任务特征等均对团队绩效有显著影响
	李楠与葛宝山	2018	团队认知多样性通过知识分享与情感支持影响团队绩效 认知多样性经情感支持和知识分享对团队绩效产生影响
	卫旭华等	2018	成员的特征差异负向影响团队绩效
团队行为过程	陈晓红	2010	冲突的竞争型管理能够增强关系冲突并负向影响团队绩效，冲突的任务型管理对团队绩效有正向影响
	范-布鲁克伦等	2012	团队公平氛围可以正向影响团队绩效
	吴隆增等	2013	辱虐行为与团队绩效之间存在负向关系
	德霍格等	2015	团队领导者的独裁和集权行为负向影响团队绩效
团队情感过程	穆伦与库珀	1994	高凝聚力有助于提升团队的绩效水平
	陈国权等	2008	团队学习能力中介团队心理安全和团队绩效之间的关系
	郑鸿与徐勇	2017	团队信任与团队绩效呈正相关
团队认知过程	赫斯特与曼恩	2004	团队反思可以正向影响团队绩效
	莫申江与谢小云	2009	团队学习可以对团队绩效产生正向影响
	孙卫等	2011	变革型领导在团队反思的中介作用下增强团队绩效
	王国猛等	2011	团队心理授权可以正向影响团队绩效

2.6.2.1　团队投入

团队投入包含组织背景、团队规模、团队结构与成员异质性等要素。国外学者穆罕默德与安格尔（Mohammed and Angell，2003）的研究显示：较高的团队异质性以及较大的团队规模有利于增强团队绩效[213]。迪翁等（Dionne et al.，2010）的实证研究证实了团队规模显著正向影响团队绩效，但团队成员的特长以及背景的异质性与团队绩效无显著关系[214]。穆罕默德与哈里森（2013）指出，组织情境、团队成员特征与团队任务特征等均对团队绩效有显著影响[215]。马洛尼与泽尔默-布伦（Maloney and Zellmer-Bruhn，2006）的研究显示，团队异质性有利于增强团队的整体绩效[216]。裴德等（Pelled et al.，1999）探析了团队冲突、团队多样性对团队绩效的影响机制，研究结果表明了团队多样性导致团队冲突并影响团队的绩效水平[217]。奥尼尔与艾伦（O'Neill and Allen，2011）阐释了人格特征可以预测团队绩效的高低[218]。绍尔（Sauer，2011）对认知能力进行控制后，发现通过分析进入新环境的团队成员人格特征可以成功预测团队的绩效水平[219]。

国内学者白新文等（2006）在对大五人格模型和团队绩效的关系进行文献梳理后，指出团队人格特征能够影响团队绩效[220]。赵西萍等（2008）构建了成员异质性和团队绩效的实证模型，研究结果显示：一般异质性能够对团队绩效产生直接影响，而专长异质性通过记忆交互机制对团队绩效产生影响[221]。张燕与章振（2012）认为团队成员的多样性能够增强团队绩效，而且不会被工作年限等因素干扰[222]。卫旭华等（2018）通过元分析得出结论，成员的特征差异负向影响团队绩效[223]。李楠与葛宝山（2018）针对创业团队进行了调查，研究结果显示：认知方面的多样性通过情感支持和知识分享对团队绩效产生影响，而且观念多样性可以调节情感支持与知识分享在多样性认知和团队绩效中的间接作用[224]。

2.6.2.2　团队过程

通过对相关文献的梳理，团队绩效研究领域包含的过程变量主要可以分

成三个类别，即行为过程、情感过程以及认知过程。

（1）行为过程

行为过程主要包含团队沟通、团队冲突、团队领导行为等变量对团队绩效的影响。斯利瓦斯塔瓦等（Srivastava et al.，2006）的研究显示：授权型领导与团队绩效呈正相关关系[225]。德霍格等（De Hoogh et al.，2015）指出团队领导者的独裁和集权行为使成员之间难以通过决策达成共识，进而降低团队的工作效率，并负向影响团队成员的满意度[226]。陈晓红（2010）关于冲突管理、工作团队冲突以及团队绩效的实证研究显示：冲突的竞争型管理能够增强关系冲突并负向影响团队绩效，而冲突的任务型管理对团队绩效有正向影响[227]。杨凯与马剑虹（2009）认为交易型领导和变革型领导都对团队绩效存在正向影响[228]。王永丽等（2009）在研究中指出授权型领导的共享式领导和垂直式领导维度都对团队绩效有正向影响，且共享式领导对团队绩效的影响程度更大，研究还证实团队沟通可以正向调节垂直式领导与团队绩效之间的关系[229]。范-布鲁克伦等（Van Breukelen et al.，2012）在研究中发现，团队公平氛围可以正向影响团队绩效[230]。吴隆增等（2013）通过对制造业企业的调研，证实了辱虐行为与团队绩效之间存在负向关系，且团队集体效能与团队沟通可以中介辱虐行为和团队绩效之间的关系[231]。

（2）情感过程

情感过程主要包含团队认同、团队信任、团队凝聚力、团队心理安全等变量对团队绩效的影响。穆伦与库珀（Mullen and Copper，1994）的元分析研究通过对比高凝聚力和低凝聚力的团队，发现高凝聚力有助于提升团队的绩效水平[232]。马恩与莱姆（Man and Lam，2003）认为，团队工作效率与团队精神可以中介团队凝聚力和团队绩效之间的关系[233]。马修等（Mathieu et al.，2015）的研究也显示，团队凝聚力可以正向影响团队绩效[234]。陈国权等（2008）在研究中指出团队学习能力能够促进团队心理安全和团队绩效之间的关系[235]。曾圣钧（2010）的研究发现团队凝聚力能够直接正向影响团队绩效，也能够在组织公民行为的中介作用下增强团队的绩效水平[236]。郑鸿与徐勇（2017）根据资源基础观和社会交换理论，在研究中证实团队信任与团队绩效呈正相关，且团队信任在互惠原则、沟通互动与团队绩效之间的关系中起着中介作用[237]。

（3）认知过程

认知过程主要包含团队学习、团队反思、交互记忆系统等变量对团队绩效的影响。赫斯特与曼恩（Hirst and Mann，2004）针对企业团队的调查研究显示，团队反思可以正向影响团队绩效[238]。郎淳刚与曹瑄玮（2007）梳理了团队反思的相关研究，并建立了团队反思影响团队绩效的实证模型，研究发现团队反思可以直接正向影响团队绩效，也能够在团队冲突和团队沟通的中介作用下增强团队的绩效水平[239]。莫申江与谢小云（2009）通过对项目团队的追踪研究，认为团队学习是具有动态性质的团队行为，可以对团队绩效产生正向影响[240]。王国猛等（2011）在研究中指出，团队心理授权可以直接正向影响团队绩效，也能够在组织公民行为的中介作用下增强团队的绩效水平[241]。孙卫等（2011）通过研究团队反思、领导方式和团队绩效之间的关系，证实交易型领导和变革型领导都能够直接正向影响团队绩效，变革型领导也可以在团队反思的中介作用下增强团队的绩效水平[242]。

2.6.3 团队绩效的评估

团队绩效评估是以团队绩效为依据，对其进行量化分析，以更有效、直接的方式反映团队的工作效率[243]。随着团队心理研究的深入，学者们从团队绩效的影响因素入手，探索构建高效团队的方式。合理评估团队的绩效能够提升团队的管理效率。先前的绩效评估与评价指标的确定更多侧重于个人层面，基于工作和职务的分析，并以岗位或职务的特征，通过职务和人员的匹配程度来评估绩效。而团队经营以团队绩效为目的，因而近年来有关团队绩效的研究多从组织和群体层面上对其进行评估。在评估团队绩效时，需要综合考虑团队绩效与个体绩效。同时，基于之前有关团队绩效评估的研究成果，影响团队绩效的因素较多，团队绩效评估的设计必须对团队的成员、任务、情境等特征进行全面地分析[244-245]。

有研究指出，进行团队绩效的评估需要考虑团队能力、团队规模、团队动机、团队领导等因素[245]。团队能力包括解决问题的方法、团队策略等。团队的构成与规模能够通过团队冲突协调、团队人际关系等因素对团队绩效施加影响[246]。对于团队绩效评估的指标，应按照群体与组织的目标进行调整。只有理解团队绩效的各要素及其相互关系的重要性，才能建立起一套行之有效的评估指标体系。该评估指标可按层级进行设计：首先，高层级的指标包括对导向性和战略性目标的评估；其次，中层级的指标包括生产率、市场占有率、销售量等可量化的目标；最后，软性指标包括工作满意度、组织声誉、员工士气等因素。本研究对团队绩效的评估综合考虑员工的任务达成情况、工作成效、工作状况等方面的内容。

2.7　父母认同感

2.7.1　父母认同感的概念

目前国内外针对父母认同感（identification with parents）的研究相对较少，概念也相对比较模糊。认同的概念源自社会心理学，弗洛伊德认为认同是指个体在价值观上赞同，并在有意或无意中去模仿他人，使自身趋于同一类群体的过程[247]。巴林等（1998）认为，父母认同感是指孩子对父母行为与价值观的态度和理解程度[38]。

我国学者刘宏根等（2011）对父母认同感进行了较为全面、客观地分析，研究以师范类高校学生为调查对象，将父母认同感的概念界定为孩子对父母的行为方式与价值观念是否持接纳态度并真正理解[248]。该项研究还把父母认同感划分为行为倾向、认知性、情感性与评价性四个层面[248]，这四个层面基本涵盖了各方面孩子对父母的认同程度。蔡建红等（2017）通过对子女的父母认同结构进行分析，认为子女的父母认同结构包含父母间的关系、教育方式、品质素养三方面，其中涉及消极狭隘、坚韧乐观等因子[249]。本研究尝试探讨在管理者领导力发展过程中父母认同感的调节作用，在参考国内外学者相关研究成果的基础上，本研究采用巴林等（1998）界定的父母认同感定义[38]。

2.7.2 父母认同感的内容

当今的社会，由于信息资讯的非对称性以及社会的快速变迁，使得群体间的背景差异凸显了出来。同样，父母与孩子间的背景差异也随之扩大，造成亲子间的共同语言缺失与沟通交流不畅，认同与理解减弱，以及心理上的隔阂。刘宏根等（2011）指出当前我国的代际关系出现了重心下移与错位的现象，过分强调父母对孩子的理解，而忽略了孩子对父母的理解，是颇为令人担忧的状况[248]。唐海珍与李国强（2006）对我国高校学生的家庭观念进行了调查，研究指出现今的亲子关系间缺乏真诚、深入地沟通，大部分的交流内容是日常琐碎的事情，较少涉及精神层面，因而彼此间的关系并不十分亲密[250]。

作为父亲、母亲等长辈，他们也希望孩子能够认同并理解自己，而不是让晚辈仅表现出部分顺从与恭敬的态度。通过孩子对父母的认同感水平能够评估我国家庭关系的代际和谐程度。父母认同感可以划分为行为倾向、认知性、情感性与评价性四个层面[248]。父母认同感的行为倾向主要体现孩子对父母所从事活动的参与意愿，父母认同感的认知性主要体现孩子对父母爱好、兴趣等方面信息的知晓状况，父母认同感的情感性主要体现孩子对父母的情感依赖程度，父母认同感的评价性主要体现孩子对父母行为方式、思维方式与价值观念的看法。

在组织管理领域颇为值得关注的是在管理者成长过程中其对父母的认同状况。管理者在组织中面临着计划、组织、决策等行为，并承担着推动组织工作的作用，他们需要自上而下影响、协调和控制下属和团队。领导下属关系与亲子关系在某些方面有着一定的相似性，它们中都存在指导、帮助、关怀等人际交往行为[39]。如果组织中管理者的亲子关系、父母认同感状况不容乐观，就难以以身作则地影响下属，特别是调整与下属的关系。但从目前国内外对认同的研究情况来看，学者们大多关注的是自我认同、身份认同、组织认同、职业认同、民族认同、文化认同等方面，较少涉及个体之间特别是子女对父母的认同。基于此，本研究拟以组织中的管理者为研究对象，尝试探索管理者的父母认同感并了解其状况，为后续的研究提供参考和借鉴，以期促进家庭和谐与组织和谐。

2.7.3 父母认同感的相关研究

国内外的研究者较少考察个体间的认同感，特别是孩子的父母认同感。目前，国内外的父母认同感研究在深度以及广度上仍有所不足，研究方法与结论也都较为粗略和简单，并且大多基于心理学角度来探讨青少年的精神与心理健康，有关父母认同感与其他领域和学科的研究成果较少。关于父母认同感的影响因素，多林杰与克兰西（Dollinger and Clancy，1993）在研究中证实，性格外向和经验开放对父母认同感有显著的正向影响[251]。郭金山与车文博（2004）的研究指出，人格变量与父母认同感有关，在每一个人格变量上父母认同感均存在显著差异[252]。刘宏根（2011）的调查显示，大学生的父母认同感总体水平不是很高，认同状况并不十分乐观[248]。该研究还表明，父母认同感在年级与性别间有着显著差异，在年级方面比较父母认同感由低到高分别是大四、大三、大二与大一，在性别方面比较父母认同感男生低于女生。

关于父母认同感的作用效果，桑基与仰恩（Sankey and Young, 1996）的研究发现，父母认同感水平较高的子女对父母的认识也更为全面和客观，他们能够对自身家庭环境的形成原因做出深度的思考，并能主动应用从父母方面获取的知识技能于自身的发展[253]。叶景山（2006）的研究认为，学生的父母认同感越高，其对父母的认识和接受能力就越强，并且父母认同感可以通过积极的父母养育行为增强学生的心理表现[254]。巴林等（1998）的研究显示，父母认同感负向调节了工作不安全感与工作态度及信念之间的关系[38]。此后，巴林等（1999）进一步指出，父母认同感在工作不安全感与认知困难之间有着负向的调节作用[255]。胡三嫚（2014）的研究探讨了父母工作不安全感对高校学生的生活满意度影响以及父母认同感在两者间的调节作用。研究结果表明，父母认同感在高校学生对父母工作数量不安全感与高校学生对生活满意度间起正向调节作用，在高校学生对父母工作质量不安全感与高校学生对生活满意度间起到负向调节作用[256]。学者的父母认同感相关研究汇总如表 2-12 所示。为了深化关于子女对父母认同的研究，本研究尝试探讨不同水平的父母认同感的父母教养方式，对子女的自我调节、社会机敏性以及领导角色效能的影响有何差异。

表 2-12　父母认同感的相关研究

相关研究	学者	年份	研究观点
影响因素	多林杰与克兰西	1993	性格外向和经验开放正向影响父母认同感
	郭金山与车文博	2004	人格变量与父母认同感存在相关性
	刘宏根	2011	不同年级与性别的大学生父母认同感有显著差异
作用效果	桑基与仰恩	1996	父母认同感能增强子女对父母和家庭环境的认识
	巴林等	1998	父母认同感负向调节了工作不安全感与工作态度及信念之间的关系

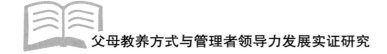

续表

相关研究	学者	年份	研究观点
作用效果	巴林等	1999	父母认同感在工作不安全感与认知困难之间有着负向的调节作用
	叶景山	2006	父母认同感可以通过积极的父母养育行为增强子女的心理表现
	胡三嫚	2014	父母认同感在高校学生对父母工作不安全感与高校学生对生活满意度之间有着调节作用

2.8 研 究 述 评

2.8.1 领导力的早期发展因素

领导力的培养是一个动态和迭代的长期过程。近年来，多位学者探寻了个体领导力培养的早期发展因素。具体来说，遗传基因、出生顺序及年龄、学校教育、体育运动等方面均为个体领导力的培养奠定了基础。

（1）遗传基因

多项研究指出遗传基因是预测领导力的重要因素之一。阿尔维等（Arvey et al.，2007）借助同卵双胞胎和异卵双胞胎数据库进行的研究显示，领导力形成的部分内容可以追溯到遗传因素[257]。一些学者则考察了变革型领导力、交易型领导力中的遗传成分，他们的研究表明领导力的风格特征中约有30%～50%的领导地位成就可以归因于遗传因素[258-259]。德-尼夫等（De Neve et al.，2013）的研究指出，rs4950基因与领导角色占据有显著的关联性[23]。然而，领导力领域的相关研究者认为，虽然基因在决定领导力形成、领导角色占据等方面发挥着重要作用，但这些结果中仍有约50%～70%的差异性是由其他因素解释的[7]。

（2）出生顺序及年龄

个体的出生顺序及年龄也会影响他们的领导力发展。马士奇与格朗丁（Musch and Grondin，2001）的研究表明，部分足球和曲棍球运动员会因为他们比团队中的其他成员年长而更易于成为队长[260]。杜伊与利普斯科姆（Dhuey and Lipscomb，2008）的研究发现，在同一年级中，年龄较大的高中生更有可能成为班级内的领导者[261]。此外，出生顺序也被证明会影响领导力。贝达尔与杜伊（Bedard and Dhuey，2006）的研究指出，每一学年前期过生日的学生，在班级内会给其他同学一种年龄较大的感觉，与那些每一学年后期过生日的学生相比，他们也更有可能成为班级内的领导者[262]。

（3）学校教育

就教育而言，马修（Matthews，2004）的研究关注了学校中的领导力培训对领导力结果的积极影响[263]。学校为学生提供了多种机会来实践他们的领导力。众多的社团组织，学生可以参与其中并承担领导角色。学生们也可能会组织班级讨论，在小组中分工协作，以及在公开场合发言，这些均有利于学生领导力的培养。此外，巴通等（Bartone et al.，2007）的研究发现，学生参与课外社团活动可以预测其未来的领导力发展[264]。布雷迪（Brady，1948）认为，将领导力教学作为经验培养的一部分非常重要[265]。米特拉（Mitra，2006）在研究中指出，经常被老师授权分享他们自身观点的学生更有可能成为领导者[266]。恩舍与墨菲（2005）的研究显示，来自老师和学校领导的指导能够增强学生未来的领导力发展[267]。

（4）体育运动

相关研究显示，许多领导力经验可以从体育运动中学习。拉森等（Larson et al.，2006）专门研究了与青少年团队体育运动相关的因素，发现与其他类型的团队活动相比，参与体育运动的青少年在主动性、情绪调节能力和团队合作经验方面表现更为突出[268]。切拉杜赖（Chelladurai，2011）在研究中发现与体育运动相关的素质能力有利于促进个体领导力的培养，这其中包括主动竞争、关注胜利、远见卓识、强烈的自我效能感、以团队和任务为导向等[269]。

2.8.2　领导力与父母相关因素

根据过往的研究，父母在孩子的领导力培养过程中发挥着重要作用。父母对子女的自尊、观念、品德、价值观、兴趣爱好等方面均有所影响[270]。此外，父母也可能会影响到孩子的潜在领导力。比如，父母通过领导力的榜样作用，可以培养孩子的领导行为和经验[25]。

波普尔（Popper，2002）的研究发现，孩子在早期形成的对父母的依恋风格对未来的领导力有预测作用[271]。麦克等（Mack et al.，2012）在研究中指出，安全型依恋的个体在成年后具有适应性的社会心理机能，他们拥有承担领导角色所需的心理资源[272]。与之相反，不安全型依恋的个体缺乏领导力发展所需的心理资源，因而他们不会被认为是领导者，也不会担任领导职位。而且，安全型依恋的个体能够进行更为有效的领导工作。相关研究发现，此类型的个体往往具有较强的变革型领导力[273]。

此外，扎哈拉托斯等（2000）的研究使用社会学习理论来阐释父母的示范作用对青少年领导力发展的影响[25]。研究发现，如果青少年认为他们的父母表现出变革型领导行为，他们自己也会表现出这些行为。进而，在学校团队环境中表现出变革型领导行为的青少年会被他们的同伴和教练评价为更有效、更努力和更令人满意的领导者。该研究表明，变革型领导力的发展可以从青少年开始，并且部分由父母的示范作用所决定。刘争光等（2019）的研究证实，父母的过度养育对青少年的领导力有着消极的影响[24]。基于中国人重视家庭的文化背景，张明玉等（2020）也在研究中指出，父母作为子女主要的社会代理人，对孩子的领导力发展有着至关重要的作用[10]。

由此可见，学者们关注到了父母相关因素对孩子领导力培养的关键作用，但是却忽视了全面性综合维度下的父母教养方式对孩子领导力发展的影响。此外，现有研究大多局限于学校范围来探讨学生的领导力，而忽视了在企业中更具实践性、有更长发展周期的组织领导力。而且，当前相关研究所做出的父母相关因素对领导力影响的机理分析仍不十分清晰。相关实证研究也较少，特别是对此类影响机制边界条件的探索尤显不足。因此，为了填补现有文献以及研究中的空白，本研究认为在管理者成长过程中所接受的父母教养方式对其工作中的领导力有效性存有一定的影响，并从自我调节、社会机敏性以及领导角色效能等概念出发，建立起这一关系的中介机制，进而探讨该机制的边界条件即父母认同感，来揭示领导力长期发展的"黑箱"，从而了解在早期培养领导力的特征和规律，为领导力的培训与开发提供科学的依据。

综上所述，本章对现有文献进行了回顾，主要按照以下逻辑思路进行梳理：首先对父母教养方式进行了综述，主要包括定义、分类、特征、有效性研究以及跨文化研究；其次综述了自我调节和社会机敏性的概念、影响因素以及作用效果；接着对领导角色效能的概念、影响因素及其作用效果等文献内容进行了整理，并对领导力认可与团队绩效的相关概念、影响因素及评估等内容进行了整理；接下来对父母认同感的概念、内容、相关研究进行了梳理；最后评述了领导力的早期发展因素的文献以及领导力与父母相关因素关系的文献。文献的整理与评述将为接下来规范的实证研究打下良好的基础。

3　理论模型与研究假设

　　首先，本章基于国内外相关研究文献以及人生领导力发展周期理论、社会学习理论和初级社会化理论等，确立研究的探索方向。其次，从领导力发展的视角去研究父母教养方式对领导力有效性的影响及其内在作用机制，提出本研究的理论概念模型。然后，在对各变量作用关系分析的基础上，推导相关研究假设。最后，整理研究假设，建立实证模型为实证研究做铺垫。

3.1　理 论 基 础

3.1.1　人生领导力发展周期理论

　　根据达伊（Day，2011）以及墨菲与约翰逊（2011）的观点，人生领导力发展周期（Life Span Leader Development）是管理者的领导力在整个生命周期中的长期持续性变化，早期经验与实践的发展（如家庭环境、学习经验）为未来的领导能力奠定了必要的基础，影响个体组织中的领导工作[7,274]。该理论指出，人生领导力发展周期是个体领导力长周期变革的一种形式，领导力在此期间不改变就不能获得发展[275]。这一理论涵盖了人生领导力发展的两个方面：认识与变化。通过认识，个体在生活和工作过程中学习经验或改变做法，从而在一生之中不断促进自身领导力的发展[275]。人生领导力发展来源于人生周期中持续性的心理与行为的改变，从家庭、工作、社会等人生经验中获得的新思维方式，可以帮助管理者不断发展领导力。

墨菲与约翰逊（2011）建立的人生领导力发展周期模型显示，早期家庭中的成长经历将改变个体领导力发展的潜在导向和轨迹[7]。首先，领导力的发展发生在一个较为敏感的期间。许多研究显示，个人关于领导技能的提升在一生中并非匀速进行的，在童年和青少年这些相对敏感时期[43-44]，领导力可以在父母适当的培养和干预下快速发展。这是因为个体在生命的早期经常会与父母接触与互动，父母的教养方式可以在无形之中影响子女的心理和行为。此时，父母的引导为子女提供了领导力发展的根基，它在工作后将逐渐稳定下来，很难再发生方向性的改变。

此外，领导力的发展与提升是一个能够自我强化的机制。研究显示，在个体领导力得到初步发展后，及时的正面评价将会增强个体对自我领导力评价的信心，个体相信自身可以继续去承担领导职务与责任[34]。此情况与滚雪球效应相类似，是一个自我强化的机制，个人在此期间收获了实现自我预言的效果[35]。该理论阐明早期的家庭成长环境能够为未来的领导力发展提供持续的动力。

根据人生领导力发展周期理论，个体早期自我调节和社会机敏性的培养对领导力的发展尤为重要[276]。其中，自我调节是领导力发展的首要条件，社会机敏性是领导力发展的另一个重要组成部分[20,277]。此外，这两个因素均为领导力发展研究所关注的因素，二者都被认为与领导效能以及领导力有效性密切相关。因此，人生领导力发展周期理论可以为本研究建立扎实的基础。

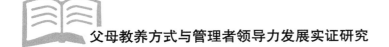

3.1.2 社会学习理论

由心理学家班杜拉和沃尔特斯（Bandura and Walters，1977）提出的社会学习理论，强调观察和模仿他人行为、态度和情绪反应的重要性[278]。依据社会学习理论，环境和认知因素是相互作用从而影响个体学习行为的[279]。在社会学习理论中，有两个重要的观点：第一，行为是通过观察性过程从环境中学习的；第二，刺激和反应间存在着中介过程[280]。

首先，个体通过观察周围人员的各种行为方式从环境中学习。在社会中，个体被许多有影响力的人员所包围，如在家庭中的父母、电视中的人物、同龄群体中的朋友和学校中的老师，这些人员为个体提供了观察和模仿的行为范例。个体会对他们的行为进行编码，并在以后的时间里模仿学习所观察到的行为[281]。个体对他人的模仿学习主要有以下三个特征[282]：第一，个体更有可能关注和模仿他们认为与自己相似的人。第二，个体周围的人员会对其模仿行为做出反应，并进一步奖励或惩罚该行为。如果个体的模仿行为是有奖励的，那么个体就有可能继续从事这种行为，个体的行为就得到了强化。强化可以是外部或内部的，也可以是积极或消极的。第三，个体在决定是否模仿某人的行为时，也会考虑他人的情况，即个体通过观察他人模仿行为的后果来进行学习。例如，妹妹观察到姐姐因某一行为受到奖赏，那么她自己也更有可能去重复此行为。这就是所谓的替代性强化。

其次，个体所接受的外部刺激与他们的反应之间存在中介过程。社会学习理论关注心理认知因素是如何参与学习的。班杜拉与沃尔特斯（1977）的研究认为个体是积极的信息处理者，在个体的行为与后果之间存在着联系[278]。研究还指出，除非个体的认知过程在起作用，否则观察性学习就不能发生。这些心理因素在学习过程中发挥着中介作用，并决定个体是否获得了新的反应。因此，个体不会自动观察并学习模仿对象的行为。在模仿之前个体会有一些思考，这个思考期间被称为中介过程。根据社会学习理论，中介过程有以下四个阶段[283]：第一个阶段是注意，个体需要注意他人的行为及其后果，并形成行为的心理表征。第二个阶段是保持，个体需要保持对行为的记忆，以便他们以后的执行。第三个阶段是再现，个体需要再次展现他人的行为。第四个阶段是动机，个体需要有执行行为的意愿。父母在养育子女的过程中会成为孩子学习的对象，伴随着子女心理认知因素的中介过程，在他们的成长过程中不断强化所学习到的行为，这些行为可能进一步影响到子女的领导力发展。因此，本研究在社会学习理论的指导下，对父母教养方式、子女人际关系处理的基本能力和组织中领导力有效性的关系进行探讨。

3.1.3 初级社会化理论

初级社会化是指个体在生命的早期阶段通过与周围互动和经验学习来建立自身的社会行为方式和人格特征[284-285]。初级社会化过程通常始于家庭，在家庭中个体了解并学习知识、技能、语言、习俗、价值观等社会认可的规范与准则[285]。通过家庭的初级社会化可以教育孩子如何建立人际关系，并理解人与人之间的爱、信任、团结等重要概念[286]。以家庭为基础的初级社会化影响着孩子未来更为深入的社会化过程，他们一生之中的长期社会化过程都在此之上建立[285]。除了家庭，其他环境如学校教育、社会媒体对孩子也有较大的影响[284]。例如，媒体就是一个十分有影响力的社会化方式，它可以提供关于不同文化和社会的大量知识与信息。通过这些过程，孩子们了解了在家中和公共场合的行为方式，并掌握在不同环境中应如何适应社会的准则和价值观[287-288]。

帕森斯和希尔斯（Parsons and Shils，2017）认为家庭是孩子初级社会化过程中最重要的场所之一[288]。家庭除了为孩子提供住所、食物和安全等基本生活条件外，它还教育培养孩子一套文化与社会标准，并在孩子长大成人后指导他们的生活。此外，孩子不仅要学习这些标准和规范，还要能够将它们内化，否则孩子成年后就难以融入他们身处的文化或社会。初级社会化为孩子成年后的各种角色打下了基础，也对孩子的个性和情感状态有较强的影响。普特尼和本特森（Putney and Bengtson，2002）指出，若父母不关注子女的初级社会化，社会规范就难以被孩子所了解[289]。

麦克默里等（McMurray et al.，2011）指出，孩子与家庭和社会互动形成了他们初级的自我形象[290]。他们认为在孩子成长过程中十分关键的人员，如父母、朋友、老师等，会对个体思考事物和自我的方式有很大的影响。麦克默里等（2011）进一步提出了初级自我形象形成的三个步骤[290]。第一步是个体想象关键人员是如何看待自己的。第二步是个体思考关键人员对自身的看法，并对他们的看法做出判断。第三步是基于个体所认为的关键人员是如何看待他们的判断，个体在心目中构建了一个自我形象。

家庭中有孩子成长期间最亲近的父母，他们是对孩子初级社会化进程影响最大的人员[285]。一般来说，个体从出生一直到成年早期，都非常依赖家庭的支持与帮助[289]，如食物、居住、养育和指导。因此，来自家庭中的多种影响会成为个体成长中的一部分。家庭将个体所处环境中的语言、文化、种族、宗教和阶级赋予他们，所有这些概念都能够对个体的自我产生影响[288]。有关初级社会化的研究指出，在这个过程中缺乏对规范的学习与掌握可能会导致个体成年后的偏差行为[284,287]，如药物滥用。此外，在个体初级社会化的过程中，周围成年人的社会化水平，也会影响个体的初级社会化过程[291]。在整个成长过程中，个体建立了他们的核心身份，并通过社会经验形成了他们的初级自我意识与基础能力，其中就包括了人际关系处理的基本能力的发展。因此，本研究选择初级社会化理论作为研究的理论基础。

3.2 概念模型的提出

在上述理论的基础上，本研究的主要目的是研究管理者的父母教养方式对其领导力有效性的影响机制以及影响的边界条件。根据已有文献，父母教养方式的三维建构体系已得到研究者的广泛认可，不同父母教养方式效果的研究结论也有所不同。由此，本研究推断管理者父母权威型、专制型以及放任型的教养方式将对其工作中的领导力有效性产生不同的影响。为了探讨父母教养方式对领导力有效性的潜在影响，本研究提出了一个以人生领导力发展周期、社会学习和初级社会化理论为基础的概念模型。根据理论，子女未成年时来自家庭中父母的教育与培养将对他们领导力的发展产生重大影响。本研究因此认为，父母的教养方式将影响领导角色效能。领导角色效能的高低取决于父母养育子女过程中的合理性与科学性。同时，作为领导力发展过程中个人际关系处理的基本能力，管理者的自我调节能力和社会机敏性对其组织中的领导力有效性起着重要作用。因此，本研究将领导的人际关系处理的基本能力作为重要因素引入概念模型。针对权威型教养、专制型教养以及放任型教养的不同特点，本研究认为不同类型的父母教养方式对管理者的自我调节和社会机敏性有不同的影响，这导致了管理者的领导角色效能的差异，并最终影响领导力的有效性。此外，本研究还分析了父母因素对领导力发展影响的边界条件。父母对子女领导力培养的效果不仅受到父母教养方式的影响，还受到子女对父母认同感和接受程度的影响。因此，根据人生领导力发展周期理论、社会学习理论和初级社会化理论，本研究将父母认同感作为分析父母教养方式与管理者领导力发展之间关系的边界因素，以探索在何种情况下何种教养方式能够产生更为积极的效果。

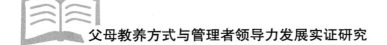
综上所述，本研究旨在分析管理者的父母教养方式对其领导力有效性的影响与作用机制。

由此，本研究提出了下面的概念模型，如图 3-1 所示。

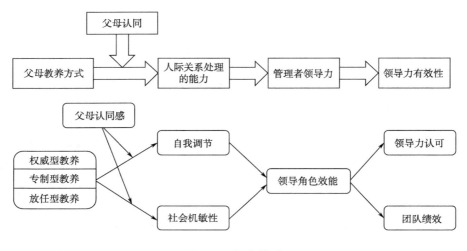

图 3-1 概念模型

3.3 研究假设

假设是两个或两个以上变量之间关系的描述与推导，结论描述通常以正相关或负相关表示。本研究从理论基础与概念模型出发，提出了相关假设。

3.3.1 父母教养方式对自我调节的影响

根据人生领导力发展周期和初级社会化理论[7,20,285]，家庭是个体早期成长的主要环境，孩子在与父母接触的过程中如果得到了温暖的照顾和自主性的训练，则有利于孩子健康成长，这也会促进他们自我调节能力的培养。根据社会学习理论[292]，如果个体能够很好地将家庭规范学习内化并整合到自身的价值体系中，他们往往会表现出更强的自我调节能力，随后帮助他们取得更好的结果，如行为的有效性。子女如果学习掌握能够满足其先天心理需求的父母支持行为，就可以将该支持行为内化为自身的价值体系，同时他们可以将这种行为确认为一种自主形式的调节[293-294]。相反，抑制子女先天心理需求满足的父母因素会阻碍内化的过程。当子女感到行动受到来自父亲和母亲外部力量的制约时，他们的自我调节可以被认为是很少或是没有的[295]。

达尔林与斯坦伯格（Darling and Steinberg，1993）通过研究发现，权威型教养方式有三个分解特征，即温暖包容、引导沟通以及鼓励自主是独立促进子女成长的预测因素，特别是对他们自我调节能力的发展[9]。罗宾逊（Robinson，1993）的研究进一步指出多种综合性因素使权威型父母成为促进子女自我调节能力发展的最佳选择[296]。第一，权威型父母往往对子女的成熟行为有明确的期望和标准，他们帮助孩子知道该做什么，该遵守什么。第二，权威型父母为指导子女的学习活动，会持续且坚定地执行养育孩子的规则，即命令、制裁或惩罚的标准方法。第三，权威型父母的自主性支持鼓励子女发展个性和独立性。第四，权威型父母鼓励双向的、非等级性的沟通，从而培养子女对自主性和尊重的需求，并进一步提高孩子的学习积极性。第五，权威型父母与子女的交流沟通是精心设计的引导式对话[297]，这可以提高孩子使用复杂语言形式的能力，有助于他们理解行动和结果之间的关系，从而促进子女的认知和调节能力的发展。第六，权威型父母尊重子女的权利，这可以在一定程度上减少父母和孩子之间潜在的敌意。上述六个要素作为一个整体，可以帮助父母有效地向子女传达符合家庭和社会环境的目标和价值观，也可以帮助孩子获得在成长过程中所需的认知和调节能力发展的途径。相关研究也表明父母的权威型养育，如提供行动背后的理由、肯定子女的行为、理解子女的感受、为孩子提供选择等，有助于通过满足孩子的需求来促进他们心理和行为的学习内化过程，这能够进一步提升他们的自我调节能力[55,298]。

　　相反，有以下三点原因使专制型父母对子女的自我调节产生负面影响。首先，专制型父母强调自身的权威，并制定绝对标准来塑造和控制子女的行为。孩子们被要求服从和遵守，而缺乏对问题进行独立的判断。其次，专制型父母与子女的情感和关系需求相分离。最后，与权威型父母不同的是，专制型父母不采用引导或让步式的对话。这种父母通过使用命令或指令与孩子进行单边交流的模式是一种限制性沟通方式[297]，他们不鼓励子女使用复杂的措辞或句子来进行交流。在这种等级制度的家庭中，简单的语言风格与命令以及指令的使用会对孩子的非认知发展（如自尊、个性和独立性），以及认知发展（如自我调节能力）产生负面影响。从过往的文献资料上来看，大量的实证研究支持上述结论，而且研究发现专制型的父母教养方式对自我调节有负向关系[62,68-69]。

　　关于放任型父母与子女的自我调节能力之间的联系，尽管一些研究表明放任型父母的回应性，如温暖接纳和鼓励自主，可以促进孩子自我调节能力的发展，但是这种积极影响可能被低水平的行为控制所抵消[69,299]。由于放任型父母不要求孩子的成熟性和社会责任，子女可能认为他们不成熟和不负责任的行为是能够被父母与社会所接受的。实证研究表明，父母的这种观念加剧了子女以自我为中心和不成熟的行为[68,88]。由于这些孩子缺乏责任感、自我控制以及自力更生的能力，实证研究显示他们往往在认知和调节能力方面表现较差。

　　关于父母教养方式与子女自我调节之间关系的多项研究均表明父母教养方式对自我调节有显著的影响[68-69,296]。具体来说，以高要求以及高反应作为特征的权威型教养对自我调节有积极的促进作用，而且这种积极作用超越了多种因素，如家庭结构、家庭社会经济地位、种族以及文化背景等[299]。例如，索恩布什等（1987）所开展的一项早期横断面研究，通过分析大规模调查数据表明，父母权威型教养与自我调节呈正相关，而专制型教养以及放任型教养与自我调节都呈负相关[68]。之后的一些纵向研究表明，权威型教养有助于孩子对认知和行为进行调整，而非权威型教养（专制型以及放任型）则令孩子不断积累有害的认知和行为后果[69,88]。尼亚尔科（Nyarko，2011）在非洲国家加纳的研究也发现了父母的权威型教养方式和子女的自我调节之间的正相关性[300]。我国学者李洋和方平（2005）的研究指出，由权威型父母养育的孩子往往自我调节能力较强，而由专制型父母和放任型父母养育的孩子的自我调节能力普遍较差[301]。上述跨越近40年的研究，以及不同的样本显示，父母教养方式对自我调节有很强的影响。具体来说，权威型的教养方式对自我调节有积极作用，而非权威型的教养方式（专制型和放任型）则对自我调节有消极作用。基于此，研究提出如下假设：

假设1a：权威型教养与自我调节之间存在正相关关系。

假设1b：专制型教养与自我调节之间存在负相关关系。

假设1c：放任型教养与自我调节之间存在负相关关系。

3.3.2 父母教养方式对社会机敏性的影响

根据人生领导力发展周期理论[7,276]，领导力的培养不仅需要自我调节此类个体因素，还依赖于人际间的社会意识。换句话说，个体需要在掌控自我的基础上，通过使用社交技能来影响他人，从而提升自身的领导力。社会机敏性指的是个体精准探察其他个人的能力。具有高度社会机敏性的人员对社会中的人际沟通有更为精准且更为深刻的理解[138]，他们善于观察他人，能够准确地理解他人在社会环境中的行为[302]。

根据社会学习理论[278,282]，积极和建设性的亲子互动，如父母对行为背后理由的解释和引导，在子女掌握技能过程中的指导性交流，以及子女学习父母处理任务的策略和行为，可以培养孩子有效解决问题的沟通技能。这会进一步发展子女的交流能力和社会意识，使得他们易于处理好人与人之间的关

系。父母的权威型教养，如父母的温暖和支持、赞美和微笑、积极地回应、情感上的鼓励以及沟通交流的开放态度可以帮助子女把握人与人之间的关系[296]。相反地，在专制型教养和放任型教养方式下成长的孩子，由于他们缺乏对和谐人际沟通与交流的学习，因此他们难以掌握通过运用语言与行动来影响他人的能力，并无法将人际沟通能力与自我调节能力结合起来转化为提升高效领导力的前提[91]。根据这一论点，父母的权威型教养是子女有效的人际沟通基础搭建平台，能够在能力和情感上鼓励子女发展他们的社会机敏性，而专制型和放任型教养均无法做到。

人生领导力发展周期理论和初级社会化理论，也从理论上支持了权威型教养与社会机敏性之间的正相关关系，以及专制型教养和放任型教养与社会机敏性之间的负相关关系。这两种理论[20,285]都认为，采用权威型教养方式的父母具有显著的家庭内部力量，可以满足子女的沟通需求，帮助孩子更容易且更有效地内化人际交流的能力和具体的沟通习惯。相反地，这两个理论[7,20,287]指出，父母较低的自主性支持和相对封闭的沟通态度，抑制了子女人际交流能力的内化过程，并进一步削弱了孩子的社会机敏性。多项研究均支持了父母的自主性支持、沟通态度和社会机敏性之间的这种联系。例如，威廉姆斯和瓦勒（2010）的实证研究显示，获得较少自主性支持的子女难以培养出人际沟通过程中所需的社会机敏性[82]。卢克斯等（2011）以及里纳尔迪和豪伊（2012）也得出了类似的结论。他们的研究指出父母对子女沟通需求的满足可以促进孩子人际交流能力的内化，进而有利于他们培养自身的社会机敏性[84,88]。

部分研究探讨了父母教养方式和社会机敏性之间的关系。查恩和库欧（Chan and Koo，2011）的研究发现，权威型教养与孩子的社会机敏性呈正相关，但专制型教养以及放任型教养与社会机敏性呈负相关[56]。巴塞特等（2013）的另一项研究也得出了类似的结论，通过实证分析研究发现，权威型的教养对社会机敏性有正向影响[70]。一些研究更深入地考察了父母教养方式对社会机敏性影响的内在机理。例如，斯垂奇和布兰特（Strage and Brandt，1999）的研究发现，权威型的教养方式可以影响孩子的社会机敏性，并指出父母的自主性支持和沟通态度对子女社会机敏性的预测能力高于指令性要求[303]。巴塞洛缪等（Bartholomeu et al.，2016）的研究在此基础上补充说明了父母的自主性支持能够提升子女人际沟通的信心和长期的社交经验学习[304]。因此，上述这两项研究表明，权威型教养父母的自主性支持和沟通态度，是培养子女社会机敏性的重要因素。综上所述，父母的权威型教养可以通过培养子女的积极情绪和内化人际沟通能力来帮助孩子发展社会机敏性。与权威型教养相比，专制型和放任型教养由于对子女缺乏或抑制了对上述能力的培养，在专制型和放任型教养的家庭中的孩子的社会机敏性难以在成长关键时期获得发展。基于此，研究提出如下假设：

假设 2a：权威型教养与社会机敏性之间存在正相关关系。

假设 2b：专制型教养与社会机敏性之间存在负相关关系。

假设 2c：放任型教养与社会机敏性之间存在负相关关系。

3.3.3　自我调节和社会机敏性对领导角色效能的影响

领导角色效能是指管理者相信能够成功发挥自身的领导力，并在下属的合作和努力下，实现组织或团队所设定的预期目标[173]。表现出良好自我调节能力的领导者，能够控制自身的情绪及对他人和紧急情况的反应。他们思维缜密，以身作则，不纠结于现状，不会轻易地做出判断，行动与自身的价值观保持一致[105]。此外，他们适应性强，能够合理地看待全局，可以在多变的组织情境中与不同的员工合作[109]。总的来说，自我调节能力强的管理者在花时间思考后会做出审慎决定，并根据逻辑和经验行事。

在人生领导力发展周期理论或社会学习理论的建构下，针对青少年或成人进行的一些研究证实了自我调节对领导角色效能的预测作用。例如，德卡罗（2014）的研究发现，青少年的自我调节能力与他们的领导者涌现有显著的正向联系[127]。此外，拉德高与纪德（Ladegard and Gjerde，2014）的研究探索了不同类型的调节动机和领导角色效能之间的联系，结果发现与那些行动受到内外部力量制约的管理者（无动机、限制性的动机）相比，行动不受内外部力量制约的管理者（内在的、外在的动机）具有更高的领导角色效能[174]，如更好的领导成果和更低的决策失误可能性。此结论得到了元分析的进一步证实。卡拉达格等（Karadağ et al.，2015）的研究指出，管理者自主调节下的行为，特别是由内在动机激励的行动，与管理者更高的角色效能显著相关[305]。另一项针对 109 项研究的元分析发现，自我调节对领导的角色效能具有显著的正向影响[306]。

除自我调节之外，管理者的同理心、激励下属以及出色的社交技巧等较强的社会机敏性可以促使他们充满自信地评估自身的领导能力。在领导力方面，社会机敏性是组织人际关系中情商的一种表现形式[138]。它是一种社交能力，使领导有信心能够控制他们的领导策略，在面对下属时表现出可预测和冷静的行为，从而避免作出草率的决定，最终在工作中表现高效的领导力[140]。社会机敏性强的管理者能够客观地看待自己和下属，坚定地专注于调动下属工作的积极性，这意味着管理者能够有效地进行对自身领导力、下属工作能力、工作目标实现情况等方面的评估。通过合理化的评估，他们既拥有了高水平的协调与下属工作关系的能力，也能够增强自身掌控组织环境的信心和对执行领导行为的信念[278]，最终提高他们的领导角色效能。

多项研究显示，社会机敏性较强的管理者往往有更高的领导角色效能。例如，刘咏梅等（2007）的研究表明，在控制了性格特质后，拥有高社会机敏性的管理者对于自身的领导能力更有信心[150]。另一项由张明玉等（2020）进行的研究证实，社会机敏性的发展不仅停留在家庭成长的初级阶段，而且随着时间的推移会不断深化，并指出组织中管理者社会机敏性的增强可以预测其领导角色效能的提升趋势，反之，管理者社会机敏性的减弱可以预测其领导角色效能的下降趋势[10]。布朗和玛伊（Brown and May，2012）通过多样的领导参与者样本，发现在进行管理者的社会机敏性组织培训干预后，先前社会机敏性较低的管理者，领导角色效能明显提高[307]。综上所述，个体自成长过程中的家庭至成年工作后，自我调节和社会机敏性的发展与培养对其领导角色效能的提升具有关键性的影响。基于此，研究提出如下假设：

假设3：自我调节与领导角色效能之间存在正相关关系。

假设4：社会机敏性与领导角色效能之间存在正相关关系。

尽管几乎没有人研究考察过父母教养方式、自我调节和领导角色效能之间的相互关系，但上述对人生领导力发展周期理论和父母教养方式的探讨为研究了解父母教养方式、自我调节和领导角色效能之间的关系机制提供了内在机理的解释。本研究所分析的权威型、专制型以及放任型此三种类型的父母教养方式，可以从多个方面影响子女的自我调节能力和组织中的领导角色效能。第一，父母回应性的高低，如温暖接纳和鼓励自主程度的强弱，关系着父母和子女之间能否建立良好的关系，并影响着他们与孩子之间的关联感[7,296]。第二，不同的父母教养方式对子女自主选择的尊重程度不同，这关系着未来能否诱发孩子的自主意识[20,296]。第三，不同的父母教养方式还通过情感态度和双向沟通的顺畅性来影响子女自我效能感的强弱[68]。因此，不同类型的父母教养方式能否满足子女的三种心理需求（关联感、自主性和效能感），关系着子女长期的自我调节水平的高低，进而影响他们成年工作后组织管理过程中的领导角色效能。

关于父母教养方式、社会机敏性和领导角色效能之间的相互关系，只有少量的研究进行了探讨。哈雷尔等（Harrell et al.，2009）的研究指出社会机

敏性可以中介父母教养方式和自我效能感的关系[308]。然而，此项研究并没有考察这些因素在组织环境中的相互关系，即研究只考察了子女的一般自我效能感，没有阐述它们与领导角色效能相互关系和作用机制。因此，本项研究仍然需要借助人生领导力发展周期理论和社会学习理论来分析父母教养方式、社会机敏性和领导角色效能之间的相互关系。与专制型和放任型教养方式相比，只有权威型教养方式与个体的社会机敏性有正相关性。父母回应性的养育因素，如微笑和赞美的积极影响，对子女的情绪做出反馈，以及非等级性的沟通，能够为子女提供安全的家庭情感环境并引导他们内化对特定人际关系的理解与把握，这些均对学习和发展贯穿一生的社会机敏性具有支持与强化作用[67,296]。因此，由父母教养发展出的子女沟通交流技能，满足了他们的关联感和效能感等心理需求，关系着子女长期的社会机敏性水平的高低，进而影响他们成年工作后组织管理过程中的领导角色效能。基于此，研究提出如下假设：

假设 5a：自我调节在权威型教养与领导角色效能的关系中起到了中介作用。

假设 5b：自我调节在专制型教养与领导角色效能的关系中起到了中介作用。

假设 5c：自我调节在放任型教养与领导角色效能的关系中起到了中介作用。

假设 6a：社会机敏性在权威型教养与领导角色效能的关系中起到了中介作用。

假设 6b：社会机敏性在专制型教养与领导角色效能的关系中起到了中介作用。

假设 6c：社会机敏性在放任型教养与领导角色效能的关系中起到了中介作用。

3.3.4 父母认同感的调节作用

父母认同感是指孩子对父母行为与价值观的态度和理解程度[249]。根据社会学习理论[36]，个体会选择他们所认为的具有更强的能力、更高的权威或更大的权力的人员作为模仿对象，通过学习他们的情感和行为来获得人生经验。比如，家庭范围中的父母，学校范围中的老师、朋友和同学，社会范围中的模范等人员往往都是孩子学习的典型人员。因此，与父母认同感较低的个体不同，父母认同感较高的孩子认为与父母的关系比与其他人员的关系更为重要[38]。他们往往投入更多的时间学习父母的行为和价值观，在情感上更接近父母。根据初级社会化理论[285]，父母教养这类子女的方式对他们的认知和行为有着更为深刻的影响。此外，父母认同感高的孩子更有可能遵循父母的价值体系作为他们未来在社会关系中的行动指南。在个体的成长期，具有高水平的父母认同感会给他们后来的自我和社会关系管理留下深刻的印记[288]。

巴林等（1998）的研究表明，父母认同感调节了父母教养方式与子女自我管理和人际关系管理之间的关系[38]。父母认同感的水平越高，父母教养子女时所采用的行为方式对孩子的自我管理能力影响程度就越大。而且，父母认同感也正向调节了父母教养方式对孩子人际关系管理能力的影响。因此，本研究认为，当父母教养子女时，由于父母认同感较高的孩子会更多地遵循父母的行为和价值观，并将父母作为模仿对象，父母的教养行为对这些孩子的影响将更大。与父母认同感较低的孩子相比，父母认同感较高的孩子会放大父母教养方式对他们自我调节和社会机敏性的影响。这意味着有着较高的父母认同感的孩子，更会遵循父母的价值体系来指导他们的自我管理和人际关系管理技能的培养，即自我调节和社会机敏性的发展。基于此，研究提出如下假设：

假设 7a：父母认同感增强了权威型教养与自我调节之间的正相关关系。

假设 7b：父母认同感增强了专制型教养与自我调节之间的负相关关系。

假设 7c：父母认同感增强了放任型教养与自我调节之间的负相关关系。

假设 8a：父母认同感增强了权威型教养与社会机敏性之间的正相关关系。

假设 8b：父母认同感增强了专制型教养与社会机敏性之间的负相关关系。

假设 8c：父母认同感增强了放任型教养与社会机敏性之间的负相关关系。

基于上述观点，本研究进一步提出父母认同感的调节中介效应。具体来说，父母认同感可以调节父母教养方式通过自我调节对领导角色效能的间接作用，以及父母教养方式通过社会机敏性对领导角色效能的间接影响。根据前面的论述，不同的父母教养方式能够影响孩子的自我调节能力，进而使他们在组织管理中的领导角色效能的水平有所不同。当孩子有较高的父母认同感时，他们会有意识或无意识地将不同程度的父母价值理念应用于他们自身的心理和行为[309]，进而影响他们在工作中完成管理任务的自信心。根据人生领导力发展周期理论和初级社会化理论[7,288]，子女对父母认同感的水平越高，父母对子女自我调节发展培养的印记就越深，因而在作为管理者时的领导角色效能受父母教养方式的影响也就越大。

类似地，父母不同的教养方式能影响子女的社会机敏性，进而使他们在组织管理中的领导角色效能的水平有所不同。根据人生领导力发展周期理论和初级社会化理论[7,288]，子女对父母认同感的水平越高，父母的印记越易于从家庭关系转移到社会人际关系中，进一步使他们在工作中完成管理任务的自信心水平有所不同。比如父母采用权威型方式所教养的子女，他们对父母的认同感越高，在人际交往中与他人的互动和沟通会更加积极主动。此外，他们也有能力和意愿处理密切的组织上下级关系，这些能力是在他们过去的家庭互动中逐步发展起来的[20]。因此，当孩子有较高的父母认同感时，父母对子女社会机敏性发展培养的烙印就更深，在承担管理任务时的领导角色效能受到来自父母教养行为的影响也就越大。基于此，研究提出如下假设：

假设9a：父母认同感强化了权威型教养对领导角色效能的间接正向作用。

假设9b：父母认同感强化了专制型教养对领导角色效能的间接负向作用。

假设9c：父母认同感强化了放任型教养对领导角色效能的间接负向作用。

3.3.5　领导角色效能对领导力有效性的影响

领导力有效性是以管理者自上而下影响、协调和控制下属和团队的能力来衡量的[310]。其中，领导力认可和团队绩效是管理学研究中反映领导力有效性的关键指标[198]。领导力认可取决于下属对上级领导能力的看法和认同程度，它反映了管理者对下属的影响力[194-195]。管理者的领导角色效能越高，他们对自身的领导能力也就越有信心[172]。上级能够以激励和鼓舞人心的方式向下属传达他们在推动组织工作方面的作用，以及他们的计划、领导、决策等行为。下属对上级领导工作的目标、步骤以及任务处理和完成程度越了解，他们对管理者的信任感和认可度也就越高。此外，效能感较高的管理者可以激发下属的创造力与参与热情[192]。他们能够从容的指导下属并激发他们的工作动力，进而获得来自下属对自身领导力的认可。拉德高与纪德（2014）的研究指出，管理者在组织中的领导角色效能尤为重要，它在较大程度上关系着下属对上级领导力的看法和认同程度[174]。因此，管理者的领导角色效能对下属的领导力认可有着十分重要的影响。

团队绩效反映了团队完成特定任务的进度、效率与质量[208-209]。管理者的领导角色效能越高，他们越相信自身有能力成功地对团队进行领导[185]。作为高自我效能感的管理者，他们有动机和能力及时地与整个团队沟通目标、计划和基准等方面的工作内容[182]。高效的团队领导意味着能够让拥有不同观点和经历的下属一起协作完成工作任务，管理者需要有能力为团队提供其所需的支持，以应对团队可能经历的各种变化，并最终为所领导团队的绩效带来正向影响。布埃纳文图拉-维拉（2017）的研究发现，当管理者的领导角色效能处于高水平的状态时，管理者就能够融入团队成员之中，并充分听取团队各方的意见[185]。也就是说，管理者通过建立透明沟通、彼此信任、相互尊重和友爱的环境，让团队成员们感到坦诚相待，这会带动整个团队工作绩效的提升。因此，管理者的领导角色效能对整个团队的工作绩效有着关键性的影响。基于此，研究提出如下假设：

假设10：领导角色效能与领导力认可之间存在正相关关系。

假设11：领导角色效能与团队绩效之间存在正相关关系。

3.4　研究假设汇总

综上所述，根据之前的理论分析和假设推理，本研究汇总了管理者的父母教养方式与领导力有效性关系之间的25个研究假设，汇总如表3-1所示：

表3-1　研究假设汇总

假设	假设内容
H1a	权威型教养与自我调节之间存在正相关关系
H1b	专制型教养与自我调节之间存在负相关关系
H1c	放任型教养与自我调节之间存在负相关关系
H2a	权威型教养与社会机敏性之间存在正相关关系
H2b	专制型教养与社会机敏性之间存在负相关关系
H2c	放任型教养与社会机敏性之间存在负相关关系
H3	自我调节与领导角色效能之间存在正相关关系
H4	社会机敏性与领导角色效能之间存在正相关关系
H5a	自我调节在权威型教养与领导角色效能的关系中起到了中介作用
H5b	自我调节在专制型教养与领导角色效能的关系中起到了中介作用
H5c	自我调节在放任型教养与领导角色效能的关系中起到了中介作用
H6a	社会机敏性在权威型教养与领导角色效能的关系中起到了中介作用

假设	假设内容
H6b	社会机敏性在专制型教养与领导角色效能的关系中起到了中介作用
H6c	社会机敏性在放任型教养与领导角色效能的关系中起到了中介作用
H7a	父母认同感增强了权威型教养与自我调节之间的正相关关系
H7b	父母认同感增强了专制型教养与自我调节之间的负相关关系
H7c	父母认同感增强了放任型教养与自我调节之间的负相关关系
H8a	父母认同感增强了权威型教养与社会机敏性之间的正相关关系
H8b	父母认同感增强了专制型教养与社会机敏性之间的负相关关系
H8c	父母认同感增强了放任型教养与社会机敏性之间的负相关关系
H9a	父母认同感强化了权威型教养对领导角色效能的间接正向作用
H9b	父母认同感强化了专制型教养对领导角色效能的间接负向作用
H9c	父母认同感强化了放任型教养对领导角色效能的间接负向作用
H10	领导角色效能与领导力认可之间存在正相关关系
H11	领导角色效能与团队绩效之间存在正相关关系

在此基础上，本研究建立了父母教养方式对领导力有效性影响关系的实证模型。如图 3-2 所示，根据经典的三维建构，本研究以权威型、专制型以及放任型对父母教养方式进行划分。在实证模型中，权威型教养会正向影响自我调节与社会机敏性，而专制型教养和放任型教养会负向影响自我调节与社会机敏性。作为人生领导力发展周期过程中的人际关系处理的基本能力，自我调节和社会机敏性能够在家庭父母养育期间持续发展并走向更深层次的社会化，从而促进管理者在组织中的领导角色效能。父母认同感会相应地调节这些关系：父母认同感能够增强父母教养方式与自我调节之间的关系，也能够增强父母教养方式与社会机敏性之间的关系。此外，父母认同感还强化了父母教养方式对领导角色效能的间接作用。管理者在拥有较高的领导角色效能后，便能够有效地展示自身的高效领导力，最终得到下属对自身领导力的认可，并提升整个团队的绩效。

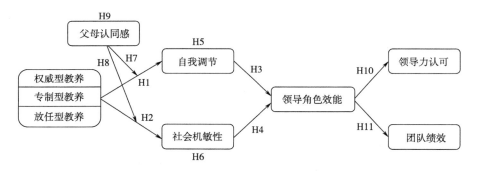

图 3-2　实证模型

　　本章在文献回顾的基础上，基于人生领导力发展周期理论、社会学习理论和初级社会化理论提出了本研究的理论概念模型。结合概念模型、家庭成长环境和企业实际，就父母教养方式对领导力有效性的影响及其内在作用机制进行了假设推导。假设包括：父母教养方式对自我调节和社会机敏性的直接影响；自我调节和社会机敏性对领导角色效能的直接影响；领导角色效能对领导力认可和团队绩效的直接影响；自我调节、社会机敏性在父母教养方式与领导角色效能之间的中介作用；父母认同感在父母教养方式与自我调节、社会机敏性之间的调节作用；父母认同感在父母教养方式与领导角色效能间接关系中的调节作用。研究共计有 25 个待检验的假设。

4 研究设计与方法

本章采用下述步骤进行研究的设计、试测与正式调研：首先，给出主要变量明确的操作性定义。其次，以现有成熟量表作为基础，严格依据问卷设计的基本原则，编制出研究的初始问卷。然后，开展小样本的预测试，并对初始问卷进行修正和改进。最后，在确定正式问卷的基础上进行大范围的研究数据收集。

4.1 变量操作性定义

4.1.1 自变量

根据鲍姆林德（1966，1967）、达尔林与斯坦伯格（1993）的观点[9,51-52]，本研究认为，父母教养方式是指父母在养育孩子期间所使用的基本策略。父母教养方式包含权威型、专制型以及放任型此三个类型[51]：权威型教养方式指父母养育孩子时是相互沟通、指定要求和充满爱意的；专制型教养方式指父母养育孩子时是控制和疏远的；放任型教养方式指父母养育孩子时是不控

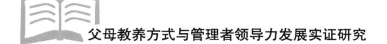

制和不做要求的。

4.1.2　中介变量

中介变量 1——自我调节：根据曼兹（1986）、孚赫斯等（Vohs et al.，2005）的观点[105,109]，本研究认为自我调节是个体积极和有意识地改变情绪和行为的能力。

中介变量 2——社会机敏性：根据方若莲等（2015）、菲利斯等（2005）的观点[138,302]，本研究认为社会机敏性是指个体在社会环境和人际交往中准确观察和理解他人的能力。

中介变量 3——领导角色效能：根据拉德高与纪德（2010）、陆昌勤等（2004）的观点[173-174]，本研究认为领导角色效能是指领导者对自身执行构成领导角色行为能力的信心判断。

4.1.3　调节变量

根据巴林等（1998）、麦可文（MacEwen）与巴林（1991）的观点[38-39]，本研究认为父母认同感是指孩子对父母行为与价值观的态度和理解程度。

4.1.4　因变量

因变量 1——领导力认可：根据丘乌（2018）、普拉托夫与范–克尼彭贝格（2001）等的观点[194-195]，本研究认为领导力认可是指下属对上级领导能力的看法和认同程度。

因变量 2——团队绩效：根据梅斯梅尔–马格努斯与德丘奇（2009）、斯图尔特（2006）的观点[208-209]，本研究认为团队绩效是指团队完成规定工作任务的效率、进度以及质量。

4.2 变量测量量表

根据研究假设以及父母教养方式、自我调节、社会机敏性、领导角色效能、父母认同感、领导力认可和团队绩效的操作性定义，通过借鉴国内外的相关成熟量表，设计出本研究的测量问卷。本研究采用 Likert 七级计分法对变量进行测量：1 = "完全不同意"，2 = "不同意"，3 = "有些不同意"，4 = "不确定"，5 = "有些同意"，6 = "同意"，7 = "完全同意"。

（1）父母教养方式测量量表

对于父母教养方式，本研究采用益格（Ang，2006）的量表来测量[311]，量表包含 30 个条目。其中，第 1 个至第 10 个条目测量内容为权威型教养方式；第 11 个至第 20 个条目测量内容为专制型教养方式；第 21 个至第 30 个条目测量内容为放任型教养方式。该测量量表由管理者进行打分，具体内容如表 4-1 所示。

表 4-1　父母教养方式的测量量表

编号	测量内容	来源
1	当我家做决策时，我父母会和我讨论选择的原因	Ang（2006）
2	我父母告诉我可以和他们讨论是否制定了过于严格的家庭规范	
3	我父母和我讨论我做的事情和我应该如何表现	
4	我父母规定我应该做什么，但当我认为这些规矩太严苛时，我也可以说出自己的感受	
5	我父母告诉我如何行动并向我解释原因	
6	我父母会倾听我的想法，但不会因为我的想法就去做一件事情	
7	尽管我父母制定了清楚的家庭规范，但是我父母愿意根据现实情况进行动态调整	
8	我父母对我应该如何表现制定了严格的规范，但我父母也会愿意倾听我的想法并和我讨论	
9	当我不按照父母喜欢的方式做事时，我父母可以理解我	
10	当我父母发现他们的决定是错误的并且伤害到我时，他们愿意向我承认自己的错误	

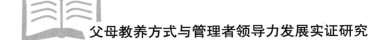

续表

编号	测量内容	来源
11	我父母会强制我做他们认为是对的事情，他们认为这是为我好	
12	我父母希望我不要问任何问题，可以很顺从地立刻做他们要求我做的事情	
13	我父母不允许我询问他们做一件事情的原因	
14	我父母强制我要按照他们说的做	
15	我父母很早就对我进行教育并掌握在家里的话语权	
16	当我不同意父母时，我父母会很生气	
17	我知道我父母要我做什么，并且当我没有按照他们的想法做事情时，我会被惩罚	
18	当我在家没有遵守规矩时，我父母会对我很严厉	
19	我父母总是告诉我做什么和如何去做	
20	我父母总是强制我做他们想要我做的事情	Ang（2006）
21	父母认为我可以做任何我想做的事	
22	即使父母不认同，他们也会允许我自由决定我去做什么	
23	我父母不认为我需要遵守老师或他们给我制定的规则	
24	我父母没有规定我必须如何行动	
25	我要我父母做什么，他们就做什么	
26	我父母不阻止我做我想做或喜欢的事情	
27	大部分事情，我父母都允许我自己做选择	
28	我父母不认为他们应该规定我的行为	
29	我父母允许我做我想做的事情	
30	我父母从不告诉我我能做什么或不能做什么	

（2）自我调节测量量表

对于自我调节，本研究选取帕迪拉-沃克与克里斯滕森（Padilla-Walker and Christensen，2011）的量表来测量[312]，量表包含 13 个条目。该测量量表由管理者进行打分，具体内容如表 4-2 所示。

表 4-2　自我调节的测量量表

编号	测量内容	来源
1	我很难控制自己的脾气	
2	当我感到非常沮丧时，我觉得我要爆炸了	
3	我很容易心烦意乱	
4	我时常害怕我的情绪会失控	
5	我生气的时候会摔门	
6	我为所有重要的目标制订计划	
7	我考虑我的行为将会带来的后果	Padilla-Walker & Christensen（2011）
8	一旦有了目标，我就会制订实现目标的计划	
9	我因为小事分心	
10	只要我看到事情没有进展，我就会采取行动	
11	如果让我坐着不动，几分钟后我就会坐立不安	
12	在完成重要任务时，我很难坐着不动	
13	我经常发现自己抖腿或摆弄物品	

（3）社会机敏性测量量表

对于社会机敏性，本研究采用菲利斯等（2005）开发的量表来测量[138]，量表包含 5 个条目。该测量量表由管理者进行打分，具体内容如表 4-3 所示。

表 4-3　社会机敏性的测量量表

编号	测量内容	来源
1	我对人性了解很透彻	
2	我特别擅长察觉他人行为幕后的动机	
3	我对于如何将自己介绍给别人有很好的直觉或悟性	Ferris 等（2005）
4	我几乎凭直觉就知道如何用言语和行动来影响其他人	
5	我密切注意他人的面部表情	

（4）领导角色效能测量量表

对于领导角色效能，本研究采用拉德高与纪德（2014）的量表来测量[174]，量表包含 5 个条目。该测量量表由管理者进行打分，具体内容如表 4-4 所示。

表 4-4　领导角色效能的测量量表

编号	测量内容	来源
1	作为一名管理者，我觉得我以出色的方式掌握了领导工作的每一个方面	Ladegard & Gjerde（2014）
2	作为一名管理者，我很清楚我在领导工作中的优势	
3	作为一名管理者，我是非常以目标为导向的	
4	作为一名管理者，一旦有问题引起我的注意，我就会立即采取行动进行处理	
5	作为一名管理者，当我做决定时，我感到很有信心	

（5）父母认同感测量量表

对于父母认同感，本研究采用巴林等（1999）的量表来测量[255]，量表包含 4 个条目。该测量量表由管理者进行打分，具体内容如表 4-5 所示。

表 4-5　父母认同感的测量量表

编号	测量内容	来源
1	我的性格很像父母	Barling 等（1999）
2	我和父母的生活方式相像	
3	我和父母具有共同的信念	
4	总体而言，我和父母很像	

（6）领导力认可测量量表

对于领导力认可，本研究采用斯蒂芬斯等（Steffens et al.，2021）的量表来测量[196]，量表包含 4 个条目。该测量量表由员工进行打分，具体内容如表 4-6 所示。

表 4-6　领导力认可的测量量表

编号	测量内容	来源
1	他/她是担任团队领导人的合适人选	Steffens 等（2021）
2	他/她是一名有效的团队领导人	
3	他/她担任团队领导人是合情合理的	
4	他/她应该继续担任团队的领导人	

（7）团队绩效测量量表

对于团队绩效，本研究选取冈萨雷斯－穆勒等（Gonzalez－Mulé et al.，2016）开发的量表来测量[313]，量表包含4个条目。该测量量表由员工进行打分，具体内容如表4-7所示。

表4-7　团队绩效的测量量表

编号	测量内容	来源
1	我的团队实现了它的目标	Gonzalez－Mulé 等（2016）
2	我的团队实现了高绩效	
3	我的团队为公司做出了巨大的贡献	
4	我的团队在整体成就方面非常成功	

（8）控制变量的选择

按照以往关于领导力的研究，本研究选择管理者的性别、年龄、教育程度、工龄和管理者工龄作为控制变量，以排除这些人口统计学变量对研究结果可能造成的影响。其中，年龄按照实际岁数记录，分为18～30岁、31～40岁、41～50岁、51岁及以上四个类别；性别分为男性与女性；教育程度分为大专及以下、本科、硕士及以上三个类别；工龄按照年份分为四个类别；领导工龄按照年份分为三个类别。

4.3　问 卷 设 计

4.3.1　问卷设计原则

遵循杨国枢等（2006）的经验原则，本研究从目的性、一般性、逻辑性、明确性、效率性和可接受性六个方面设计了问卷，以保证所获取数据的科学性和有效性：①问卷必须与本研究的主题紧密相关；②问卷问题的设置应具有普遍意义；③设计的调查问卷要有逻辑性，即各问题间需要有整体性，使问卷形成比较完整的小型体系；④问卷的问题应清晰明确、便于回答；⑤问卷在确保获取等量信息的情况下，应当采用最简洁的问询方式来节省调查的成本；⑥问卷的描述语中，要清楚的告知被试者调查的目标及意义，而且用语要温和、亲切[314]。

4.3.2　问卷设计过程

根据上述原则，本研究按照以下流程设计问卷：

（1）根据对文献的整理与分析，选择合适的测量量表

本研究以国内外相关研究为基础，首先对关键变量进行操作性定义，然后检验多位专家和学者设计与应用的完善的测量量表，再参考过去这些量表的应用范围、频率和信效度，最终选择合适的量表并确定初始问卷。

（2）将英文测量量表翻译成中文测量量表

由于调查问卷所选取的量表均来自国外文献，因此有必要根据科研的实际情况和调查目标将英文测量量表翻译成中文测量量表。本研究采用布里斯林（Brislin，1986）提出的"翻译—回译"程序对量表进行英译中和汉译英翻译[315]。为保证测量量表翻译工作的准确性，调查首先邀请了两名管理学博士生将量表翻译成中文，并将关注重点放在语言的精确性上；然后调查邀请两名英语专业研究生将中文版的测量量表翻译回英文版，比较这两个版本并进行调整。经过多次的中英文互译，最终确定调查所使用的中文问卷。

（3）问卷设计的访谈和编制

根据与其他研究者的交流和对合作企业的采访，本研究修改并编订了问卷内容。首先，在研究者的内部探讨中交流了问卷的内容、规范的介绍语言以及测量量表的顺序，并开发了初始问卷。随后，本研究征求合作企业的意见，对问卷进行调整和修改，使问卷内容更便于员工理解。最终，确定了本项研究的初始问卷。

(4) 根据预测试，对问卷进行修改完善，并确定正式版的问卷

调查选择了一家公司进行小范围预测试，再根据数据统计分析结果和访谈反馈，对问卷不断完善，并最终确定正式研究所使用的问卷。

4.4 预 测 试

4.4.1 预测试样本描述

本研究选取内蒙古某大型机电企业的管理者及其下属进行预测试。本次调查共发放管理者问卷和下属问卷 153 份，分别回收 142 份管理者问卷和 135 份下属问卷。然后本次调查进一步对问卷进行筛选，去除无效问卷（如缺项较多的、所有题项选择相同选项的或选择具有显著规律性的），最终收集到有效匹配的 126 份问卷，问卷的回收有效率为 82.35%。预测试样本基本信息如表 4-8 所示。

表 4-8 预测试样本基本信息

变量	分类	频率	百分比（%）	累计百分比（%）
性别	男	76	60.32	60.32
	女	50	39.68	100.00
年龄	18~30 岁	8	6.35	6.35
	31~40 岁	49	38.89	45.24
	41~50 岁	55	43.65	88.89
	50 岁以上	14	11.11	100.00
教育程度	大专及以下	30	23.81	23.81
	本科	69	54.76	78.57
	硕士及以上	27	21.43	100.00

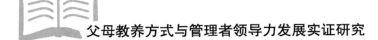

续表

变量	分类	频率	百分比（%）	累计百分比（%）
工龄	少于或等于 10 年	16	12.70	12.70
	11~20 年	53	42.06	54.76
	21~30 年	50	39.68	94.44
	大于 30 年	7	5.56	100.00
领导工龄	少于或等于 10 年	61	48.41	48.41
	11~20 年	44	34.92	83.33
	大于 20 年	21	16.67	100.00

表 4-8 显示，在预测试分析样本中，有男性管理者 76 名，占 60.32%；有女性管理者 50 名，占 39.68%。样本中管理者年龄在 41~50 岁范围内的人数比例最高，占 43.65%；18~30 岁占 6.35%；31~40 岁占 38.89%；50 岁以上占 11.11%。样本对象的教育水平普遍较高，接受本科教育的人数比例最高，占 54.76%；接受大专及以下教育的占 23.81%；接受硕士及以上教育的占 21.43%。从工龄方面来看，12.70% 样本的工龄少于或等于 10 年；42.06% 样本的工龄在 11~20 年之间；39.68% 样本的工龄在 21~30 年之间；5.56% 样本的工龄大于 30 年。从担任管理者职务的工龄方面来看，48.41% 样本的管理者工龄少于或等于 10 年；34.92% 样本的管理者工龄在 11~20 年之间；16.67% 样本的管理者工龄大于 20 年。

4.4.2　预测试分析与结果

本研究采用 Mplus 8.1 与 SPSS 26.0 分析数据的聚合与区分效度以及信度，并以此作为依据来调整问卷。

4.4.2.1　效度分析

首先，本研究采用因子载荷与平均方差提取 AVE 值对量表进行分析，以检验聚合效度[316]。其次，对不同变量的 AVE 值开平方并跟其他变量间的相关性系数做比较，以此来衡量区分效度。根据目前的研究[316-317]，量表效度的评价标准是：变量的各个项目因子载荷值需要都超过 0.6，组合信度 CR 值需要超过 0.7，AVE 值需要超过 0.5。

如表 4-9 所示，权威型教养的十个项目的因子载荷处于 0.691~0.930 间，CR 值为 0.944，AVE 值为 0.628，表明权威型教养的内部一致性与解释力较好。专制型教养的十个项目的因子载荷处于 0.701~0.946 间，CR 值为 0.960，AVE 值为 0.710，表明专制型教养的内部一致性与解释力较好。放任型教养的十个项目的因子载荷处于 0.730~0.948 间，CR 值为 0.962，AVE 值为 0.719，表明放任型教养的内部一致性与解释力较好。自我调节的十三个项目的因子载荷处于 0.699~0.948 间，CR 值为 0.971，AVE 值为 0.725，表明自我调节的内部一致性与解释力较好。社会机敏性的五个项目的因子载荷处于 0.729~0.894 间，CR 值为 0.905，AVE 值为 0.656，表明社会机敏性的内部一致性与解释力较好。领导角色效能的五个项目的因子载荷处于 0.681~0.872 间，CR 值为 0.865，AVE 值为 0.565，表明领导角色效能的内部一致性与解释力较好。父母认同感的四个项目的因子载荷处于 0.716~0.890 间，CR 值为 0.858，AVE 值为 0.604，表明领导角色效能的内部一致性与解释力较好。领导力认可的四个项目的因子载荷处于 0.696~0.786 间，CR 值为 0.833，AVE 值为 0.556，表明领导力认可的内部一致性与解释力较好。团队绩效的四个项目的因子载荷处于 0.822~0.928 间，CR 值为 0.928，AVE 值为 0.763，表明团队绩效的内部一致性与解释力较好。

表 4-9　变量的聚合效度结果

变量	编号	因子载荷	标准差	P 值	项目信度	CR 值	AVE 值
权威型教养	VP1	0.821	0.030	***	0.723	0.944	0.628
	VP2	0.691	0.054	***	0.556		
	VP3	0.832	0.028	***	0.736		
	VP4	0.707	0.046	***	0.586		

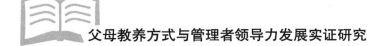

续表

变量	编号	因子载荷	标准差	P 值	项目信度	CR 值	AVE 值
权威型教养	VP5	0.697	0.048	***	0.571	0.944	0.628
	VP6	0.708	0.046	***	0.584		
	VP7	0.874	0.023	***	0.779		
	VP8	0.930	0.017	***	0.851		
	VP9	0.889	0.021	***	0.798		
	VP10	0.730	0.043	***	0.605		
专制型教养	AP1	0.890	0.021	***	0.800	0.960	0.710
	AP2	0.753	0.041	***	0.627		
	AP3	0.814	0.032	***	0.718		
	AP4	0.946	0.014	***	0.885		
	AP5	0.750	0.041	***	0.624		
	AP6	0.936	0.016	***	0.864		
	AP7	0.701	0.047	***	0.576		
	AP8	0.939	0.015	***	0.870		
	AP9	0.875	0.023	***	0.780		
	AP10	0.781	0.038	***	0.673		
放任型教养	PP1	0.879	0.022	***	0.788	0.962	0.719
	PP2	0.807	0.033	***	0.704		
	PP3	0.779	0.038	***	0.670		
	PP4	0.940	0.015	***	0.875		
	PP5	0.758	0.041	***	0.636		
	PP6	0.730	0.043	***	0.605		
	PP7	0.948	0.014	***	0.889		
	PP8	0.764	0.040	***	0.647		
	PP9	0.912	0.018	***	0.829		
	PP10	0.923	0.017	***	0.840		
自我调节	SR1	0.876	0.023	***	0.784	0.971	0.725
	SR2	0.842	0.027	***	0.752		
	SR3	0.823	0.030	***	0.728		
	SR4	0.935	0.016	***	0.857		

续表

变量	编号	因子载荷	标准差	P 值	项目信度	CR 值	AVE 值
自我调节	SR5	0.909	0.018	***	0.826	0.971	0.725
	SR6	0.825	0.029	***	0.735		
	SR7	0.699	0.047	***	0.572		
	SR8	0.871	0.023	***	0.777		
	SR9	0.948	0.014	***	0.889		
	SR10	0.922	0.017	***	0.841		
	SR11	0.803	0.034	***	0.703		
	SR12	0.723	0.044	***	0.600		
	SR13	0.849	0.026	***	0.762		
社会机敏性	SA1	0.894	0.020	***	0.809	0.905	0.656
	SA2	0.838	0.027	***	0.744		
	SA3	0.765	0.040	***	0.648		
	SA4	0.729	0.043	***	0.601		
	SA5	0.813	0.032	***	0.711		
领导角色效能	LR1	0.727	0.043	***	0.603	0.865	0.565
	LR2	0.776	0.038	***	0.661		
	LR3	0.681	0.057	***	0.545		
	LR4	0.685	0.055	***	0.559		
	LR5	0.872	0.023	***	0.776		
父母认同感	IP1	0.757	0.041	***	0.635	0.858	0.604
	IP2	0.890	0.021	***	0.800		
	IP3	0.716	0.045	***	0.594		
	IP4	0.734	0.043	***	0.609		
领导力认可	LE1	0.786	0.037	***	0.680	0.833	0.556
	LE2	0.775	0.038	***	0.660		
	LE3	0.721	0.044	***	0.598		
	LE4	0.696	0.049	***	0.563		

续表

变量	编号	因子载荷	标准差	P 值	项目信度	CR 值	AVE 值
团队绩效	TP1	0.847	0.026	***	0.758	0.928	0.763
	TP2	0.894	0.020	***	0.809		
	TP3	0.822	0.030	***	0.721		
	TP4	0.928	0.017	***	0.848		

注：*** 代表 $P<0.001$、** 代表 $P<0.01$、* 代表 $P<0.05$。

如表 4-10 所示，显示了变量区别效度的结果。表 4-10 中加粗的对角线上的数值是每个变量将其对应的 AVE 值开平方后的结果，并把对角线上的数值与变量间相关系数做比较[318]。可以看出，每个变量的 AVE 值开平方后的结果都显著超过了其所在列显示的相关系数。因此，所采用量表的区别效度较好。

表 4-10　变量的区别效度结果

变量	1	2	3	4	5	6	7	8	9
权威型教养	**0.792**								
专制型教养	−0.428	**0.843**							
放任型教养	−0.432	0.386	**0.848**						
自我调节	0.290	−0.303	−0.347	**0.851**					
社会机敏性	0.258	−0.281	−0.389	0.403	**0.810**				
领导角色效能	0.343	−0.276	−0.327	0.306	0.286	**0.752**			
父母认同感	0.182	−0.070	−0.084	0.419	0.405	0.461	**0.777**		
领导力认可	0.304	−0.213	−0.257	0.212	0.325	0.508	0.265	**0.746**	
团队绩效	0.215	−0.227	−0.238	0.335	0.217	0.494	0.303	0.530	**0.873**

注：位于对角线上的加粗数值是每个变量所对应的 AVE 值的平方根。

4.4.2.2　信度分析

为了检验各变量是否具有可靠性，本研究使用 Cronbach's α 值来进行分析。一般来说，现有的研究认为[319] 当 Cronbach's α 值在 0.7 之上时，那么量表就具有良好信度。

（1）权威型教养的信度分析

表 4-11 显示对权威型教养量表进行数据分析得出的 Cronbach's α 值是

0.944，这表明此量表的稳定性与可靠性较好。因此，权威型教养量表达到了本研究的要求。

表4-11 权威型教养的信度分析结果

变量	编号	CITC 值	去除题项得到的 Cronbach's α 值	Cronbach's α 值
权威型教养	VP1	0.791	0.936	0.944
	VP2	0.632	0.942	
	VP3	0.807	0.935	
	VP4	0.661	0.939	
	VP5	0.644	0.940	
	VP6	0.664	0.939	
	VP7	0.855	0.934	
	VP8	0.873	0.933	
	VP9	0.866	0.934	
	VP10	0.686	0.936	

（2）专制型教养的信度分析

表4-12 显示对专制型教养量表进行数据分析得出的 Cronbach's α 值是0.959，这表明此量表的稳定性与可靠性较好。因此，专制型教养量表达到了本研究的要求。

表4-12 专制型教养的信度分析结果

变量	编号	CITC 值	去除题项得到的 Cronbach's α 值	Cronbach's α 值
专制型教养	AP1	0.869	0.948	0.959
	AP2	0.713	0.953	
	AP3	0.786	0.950	
	AP4	0.931	0.945	
	AP5	0.707	0.955	
	AP6	0.924	0.946	
	AP7	0.655	0.956	
	AP8	0.925	0.946	
	AP9	0.857	0.948	
	AP10	0.743	0.952	

（3）放任型教养的信度分析

表4-13显示对放任型教养量表进行数据分析得出的 Cronbach's α 值是 0.962，这表明此量表的稳定性与可靠性较好。因此，放任型教养量表达到了本研究的要求。

表4-13　放任型教养的信度分析结果

变量	编号	*CITC* 值	去除题项得到的 Cronbach's α 值	Cronbach's α 值
放任型教养	PP1	0.853	0.947	0.962
	PP2	0.776	0.950	
	PP3	0.748	0.953	
	PP4	0.927	0.945	
	PP5	0.716	0.955	
	PP6	0.688	0.957	
	PP7	0.930	0.944	
	PP8	0.725	0.954	
	PP9	0.894	0.946	
	PP10	0.904	0.946	

（4）自我调节的信度分析

表4-14显示对自我调节量表进行数据分析得出的 Cronbach's α 值是 0.971，这表明此量表的稳定性与可靠性较好。因此，自我调节量表达到了本研究的要求。

表4-14　自我调节的信度分析结果

变量	编号	*CITC* 值	去除题项得到的 Cronbach's α 值	Cronbach's α 值
自我调节	SR1	0.856	0.961	0.971
	SR2	0.813	0.963	
	SR3	0.795	0.964	
	SR4	0.910	0.958	
	SR5	0.894	0.959	

续表

变量	编号	*CITC* 值	去除题项得到的 Cronbach's α 值	Cronbach's α 值
自我调节	SR6	0.799	0.963	0.971
	SR7	0.651	0.968	
	SR8	0.849	0.961	
	SR9	0.924	0.957	
	SR10	0.905	0.959	
	SR11	0.761	0.966	
	SR12	0.673	0.968	
	SR13	0.823	0.961	

（5） 社会机敏性的信度分析

表 4-15 显示对社会机敏性量表进行数据分析得出的 Cronbach's α 值是 0.905，这表明此量表的稳定性与可靠性较好。因此，社会机敏性量表达到了本研究的要求。

表 4-15　社会机敏性的信度分析结果

变量	编号	*CITC* 值	去除题项得到的 Cronbach's α 值	Cronbach's α 值
社会机敏性	SA1	0.856	0.879	0.905
	SA2	0.815	0.883	
	SA3	0.729	0.891	
	SA4	0.686	0.894	
	SA5	0.783	0.886	

（6） 领导角色效能的信度分析

表 4-16 显示对领导角色效能量表进行数据分析得出的 Cronbach's α 值是 0.864，这表明此量表的稳定性与可靠性较好。因此，领导角色效能量表达到了本研究的要求。

表4-16　领导角色效能的信度分析结果

变量	编号	CITC 值	去除题项得到的 Cronbach's α 值	Cronbach's α 值
领导角色效能	LR1	0.687	0.850	0.864
	LR2	0.730	0.847	
	LR3	0.621	0.854	
	LR4	0.636	0.853	
	LR5	0.805	0.843	

（7）父母认同感的信度分析

表4-17 显示对父母认同感量表进行数据分析得出的 Cronbach's α 值是 0.857，这表明此量表的稳定性与可靠性较好。因此，父母认同感量表达到了本研究的要求。

表4-17　父母认同感的信度分析结果

变量	编号	CITC 值	去除题项得到的 Cronbach's α 值	Cronbach's α 值
父母认同感	IP1	0.715	0.844	0.857
	IP2	0.807	0.835	
	IP3	0.678	0.849	
	IP4	0.694	0.847	

（8）领导力认可的信度分析

表4-18 显示对领导力认可量表进行数据分析得出的 Cronbach's α 值是 0.833，这表明此量表的稳定性与可靠性较好。因此，领导力认可量表达到了本研究的要求。

表4-18　领导力认可的信度分析结果

变量	编号	CITC 值	去除题项得到的 Cronbach's α 值	Cronbach's α 值
领导力认可	LE1	0.748	0.808	0.833
	LE2	0.734	0.810	
	LE3	0.671	0.817	
	LE4	0.649	0.819	

（9）团队绩效的信度分析

表4-19显示对团队绩效量表进行数据分析得出的Cronbach's α值是0.928，这表明此量表的稳定性与可靠性较好。因此，团队绩效量表达到了本研究的要求。

表4-19　团队绩效的信度分析结果

变量	编号	*CITC* 值	去除题项得到的 Cronbach's α 值	Cronbach's α 值
团队绩效	TP1	0.825	0.913	0.928
	TP2	0.879	0.908	
	TP3	0.790	0.916	
	TP4	0.894	0.907	

依据预测试的数据统计分析结果，初始问卷各量表的题项均被保留，并在此基础上将问卷中文字意思表达不清晰的地方进行调整修改，最终确定了本研究的正式问卷。

4.5　正式研究过程概述

本研究通过预测试修订初始问卷确定了正式问卷，并以此来进行大规模的调研。调查研究的具体目标是收集父母教养方式、自我调节、社会机敏性、领导角色效能、父母认同感、领导力认可、团到绩效等关键变量的数据。在对数据进行分析的基础上，验证本研究提出的理论模型与假设。

研究选取两家大型企业的管理者与其下属来进行数据收集。问卷包含管理者调查问卷与员工调查问卷，并由两家企业内的管理者和下属来填写。

4.5.1　样本的选择

由于本研究提出的理论模型与假设是建立在管理者的家庭成长环境和组织环境基础之上的，因而研究选择的调查对象是企业中的管理者以及与其接触的直接下属，从而确保调查对象和理论模型相一致。正式研究选取了两家大型交通运输企业作为调查和研究对象。

本研究选取这两家公司有以下三点原因：第一，这两家企业均汇集了来自全国各地的员工。由于这两家企业员工来自不同的、多元化的家庭背景，因此可以真实地反映出我国企业员工的普遍情况。第二，本研究采访了这两家企业的部分管理者，证实他们在成长过程中父母确实采取了不同的教养方式。而且所采访管理者中的大多数还认为，父母教养方式对他们成年后的心理与行为有影响，这也包括了领导力。第三，本研究对这两家企业部分员工的访谈显示，管理者和下属在工作中互动频繁。管理者需要在团队的工作任务中给予下属必要的指导，而且他们还经常需要通过沟通来解决团队工作中的问题。

在确定调研企业后，研究团队通过面谈、电话、电子邮件等多种方式与企业持续沟通，说明研究目的与相关内容，并对本次研究的保密性做出了承诺。经过研究团队的努力，两家企业认同了此项研究的理论意义与实际意义，并允许开展调研。依照制订的计划，研究团队对这两家企业展开了调研工作。

4.5.2　测量过程

在开始进行数据收集之前，本研究首先获得了企业高管的认可。然后，调研团队从企业的人力资源部门获取了管理者及其下属的名册，并通过现场向各位被试者讲解了这次调查。紧接着，调研正式开展前向各位被试者强调了研究的匿名性、保密性和非强制性。最后，团队多次提醒被试者要如实回答问卷中的问题，以避免社会赞许性偏差。

为了降低参与者的疲劳性以及共同方法偏差可能造成的影响，本研究采用了四个轮次（轮次一、轮次二、轮次三和轮次四）和双源（管理者及其下属）的方式来收集问卷数据。每次数据收集的时间间隔为两周[320]，而且调研团队只向完成前一次调查的管理者及其下属发放问卷。调研团队在轮次一问卷（Time 1）收集了管理者的父母教养方式和父母认同感，以及管理者的性别、年龄、教育程度、工龄和领导工龄等基本信息；在轮次二问卷（Time 2）收集了管理者的自我调节和社会机敏性的信息；在轮次三问卷（Time 3）收集了管理者的领导角色效能信息；在轮次四问卷（Time 4）收集了领导力认可和团队绩效这两个结果变量。为了确保研究的匿名性，团队为各位参与者指定了随机的数字编码，以用于后续的数据匹配。在完成每个轮次的问卷后，参与者将其填写的问卷密封在调研团队提供的信封中，并将信封直接交给团队成员。为了调动企业员工的积极性，完成问卷填答的人员都得到了红包和礼品奖励。

调研团队在轮次一向管理者发放问卷 810 份，并回收到问卷 693 份，问卷的回收率是 85.56%；调研团队在轮次二向管理者发放问卷 693 份，并回收到问卷 608 份，问卷的回收率是 87.73%；调研团队在轮次三向管理者发放问卷 608 份，并收到问卷 540 份，问卷的回收率是 88.82%；调研团队在轮次四随机选择这 540 位管理者各自所属团队的下属并向他们发放问卷，最后收到问卷 449 份，问卷的回收率是 83.15%。经过四个轮次的数据收集，在剔除了选项空缺较多、均勾选同一个选项或选项勾选分布呈现规律性的无效问卷后，调研共回收 418 份针对管理者及其下属的有效问卷，总体问卷回收率是 51.60%。基于收集与整理后的有效问卷，本研究进行了后续的数据处理和实证检验。

本章详细阐述了研究设计、试测与正式调研。首先，研究定义了核心变量的概念并选择了适用的测量量表。其次，按照研究设计的原则，初步编制了研究所使用的调查问卷。然后，通过小样本的预测试，对初始问卷进行了改进并确定正式问卷。最后，使用正式问卷进行大规模测试，并收集了后续研究需要的数据。

5 问卷数据分析与检验

本章节采用下述步骤对正式调研收集的数据进行分析与检验：首先，采用 SPSS 26.0 软件对样本基本信息做描述性统计分析。其次，采用 Cronbach's α 值、探索性因子分析以及验证性因子分析做信度与效度的检验。然后，借助独立样本 T 检验以及单因素方差分析这两种方法检验人口统计学相关变量对研究模型变量所造成的影响。最后，通过直接效应检验、中介效应检验以及调节效应检验对本研究所提出的各个研究假设进行检验。

5.1 样 本 描 述

本研究采用 SPSS 26.0 软件分析了正式调研所收集的 418 份问卷数据，样本的性别、年龄、教育程度、工龄和管理者工龄等基本信息如表 5-1 所示。

表 5-1 正式样本基本信息

变量	分类	频率	百分比（%）	累计百分比（%）
性别	男	257	61.48	61.48
	女	161	38.52	100.00

续表

变量	分类	频率	百分比（%）	累计百分比（%）
年龄	18~30 岁	35	8.37	8.37
	31~40 岁	168	40.19	48.56
	41~50 岁	174	41.63	90.19
	50 岁以上	41	9.81	100.00
教育程度	大专及以下	122	29.19	29.19
	本科	237	56.70	85.89
	硕士及以上	59	14.11	100.00
工龄	少于或等于 10 年	65	15.55	15.55
	11~20 年	204	48.80	64.35
	21~30 年	131	31.34	95.69
	大于 30 年	18	4.31	100.00
管理者工龄	少于或等于 10 年	247	59.09	59.09
	11~20 年	128	30.62	89.71
	大于 20 年	43	10.29	100.00

表 5-1 显示，在正式调研的管理者样本中，有男性管理者 257 名，占 61.48%；有女性管理者 161 名，占 38.52%。样本中管理者年龄在 41~50 岁范围内的人数最多，共计 174 名，占 41.63%；18~30 岁的有 35 名，占 8.37%；31~40 岁的有 168 名，占 40.19%；50 岁以上的有 41 名，占 9.81%。样本对象管理者的教育水平普遍较高，接受本科教育的人数最多，共计 237 名，占 56.70%；接受大专及以下教育的有 122 名，占 29.19%；接受硕士及以上教育的有 59 名，占 14.11%。从工龄方面来看，有 65 人的工龄少于或等于 10 年，占 15.55%；有 204 人的工龄在 11~20 年之间，占 48.80%；有 131 人的工龄在 21~30 年之间，占 31.34%；有 18 人的工龄大于 30 年，占 4.31%。从担任管理者职务的工龄方面来看，有 247 人的管理者工龄少于或等于 10 年，占 59.09%；有 128 人的管理者工龄在 11~20 年之间，占 30.62%；有 43 人的管理者工龄大于 20 年，占 10.29%。

5.2　信度与效度的检验

本研究采用 SPSS 26.0 与 Mplus 8.1 等软件来分析正式调研中收集并整理问卷数据的信度与效度。

5.2.1　探索性因子分析

研究采用 Mplus 8.1 软件对数据做探索性因子分析。依据理论模型，研究在软件中设置因子提取的最多个数是 9。如表 5-2 所示，共有包含了从单因子到九因子的九种不同模型。通过此表可以看出，包含九因子的模型拟合结果最佳（$\chi^2/df = 2.731$，$RMSEA = 0.073$，$CFI = 0.924$，$TLI = 0.911$，$SRMR = 0.032$）。与其他八种模型进行比较，九因子模型的相关指标更符合建议标准。由此，探索性因子分析最终检验通过了九因子模型。

表 5-2　探索性因子分析的结果

模型	χ^2	df	χ^2/df	p 值	$RMSEA$	CFI	TLI	$SRMR$
单因子	21 031.693	1 598	13.161	***	0.221	0.360	0.325	0.194
双因子	17 304.068	1 545	11.200	***	0.208	0.442	0.392	0.173
三因子	14 699.610	1 501	9.793	***	0.192	0.525	0.459	0.144
四因子	11 626.411	1 464	7.942	***	0.170	0.586	0.548	0.120
五因子	9 338.113	1 416	6.595	***	0.155	0.677	0.631	0.095
六因子	7 827.248	1 371	5.709	***	0.129	0.720	0.707	0.083
七因子	6 095.574	1 336	4.563	***	0.110	0.817	0.788	0.055
八因子	4 462.270	1 290	3.459	***	0.095	0.885	0.869	0.046
九因子	3 460.356	1 267	2.731	***	0.073	0.924	0.911	0.032

注：*** 代表 $p<0.001$、** 代表 $p<0.01$、* 代表 $P<0.05$。

在上述结果的基础上，九因子模型内的 65 项题目的因子载荷都大于 0.50。由此，本研究所采用量表的各项题目都符合建议标准，如表 5-3 所示。

表 5-3　九因子模型内的因子载荷

变量	编号	1	2	3	4	5	6	7	8	9
权威型教养	VP1	0.852*								
	VP2	0.913*								
	VP3	0.841*								
	VP4	0.938*								
	VP5	0.949*								
	VP6	0.844*								
	VP7	0.827*								
	VP8	0.878*								
	VP9	0.851*								
	VP10	0.917*								
专制型教养	AP1		0.856*							
	AP2		0.904*							
	AP3		0.947*							
	AP4		0.920*							
	AP5		0.906*							
	AP6		0.912*							
	AP7		0.883*							
	AP8		0.935*							
	AP9		0.867*							
	AP10		0.907*							
放任型教养	PP1			0.933*						
	PP2			0.919*						
	PP3			0.941*						
	PP4			0.930*						
	PP5			0.890*						
	PP6			0.907*						
	PP7			0.900*						
	PP8			0.931*						
	PP9			0.894*						
	PP10			0.917*						

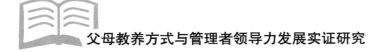

父母教养方式与管理者领导力发展实证研究

续表

变量	编号	1	2	3	4	5	6	7	8	9
自我调节	SR1						0.880*			
	SR2						0.865*			
	SR3						0.941*			
	SR4						0.875*			
	SR5						0.914*			
	SR6						0.954*			
	SR7						0.846*			
	SR8						0.913*			
	SR9						0.920*			
	SR10						0.849*			
	SR11						0.939*			
	SR12						0.903*			
	SR13						0.934*			
社会机敏性	SA1				0.876*					
	SA2				0.878*					
	SA3				0.915*					
	SA4				0.862*					
	SA5				0.753*					
领导角色效能	LR1					0.921*				
	LR2					0.903*				
	LR3					0.784*				
	LR4					0.947*				
	LR5					0.948*				
父母认同感	IP1							0.910*		
	IP2							0.855*		
	IP3							0.907*		
	IP4							0.721*		
领导力认可	LE1									0.887*
	LE2									0.924*
	LE3									0.889*
	LE4									0.861*

续表

变量	编号	1	2	3	4	5	6	7	8	9
团队 绩效	TP1								0.770*	
	TP2								0.928*	
	TP3								0.923*	
	TP4								0.855*	

注：*** 代表 P<0.001、** 代表 P<0.01、* 代表 p<0.05。

5.2.2 验证性因子分析

研究采用验证性因子分析来检验可能存在的共同方法偏差。研究对权威型教养、专制型教养、放任型教养、自我调节、社会机敏性、领导角色效能、父母认同感、领导力认可、团队绩效九个变量测试了九因子至四因子模型，以检验九因子基准模型相较于其他模型是否有更优的拟合效果。研究使用卡方自由度比值 χ^2/df、近似均方根误差 RMSEA、比较拟合指数 CFI、特克-刘易斯（Turker-Lewis）指数 TLI 与标准化均方根残差 SRMR 来评价各模型的拟合效果。根据建议标准[321]，各指标需要达到的要求是：χ^2/df 在 1 到 3 之间、RMSEA 小于 0.08、CFI 大于 0.90、TLI 大于 0.90、SRMR 小于 0.05。通过表 5-4 可以看出，九因子模型相较于其他模型拟合效果更优（χ^2/df=2.349，RMSEA = 0.053，CFI=0.925，TLI=0.919，SRMR=0.035）。此外这也显示，通过验证性因子分析的检验，研究数据不存在共同方法偏差的问题。

表 5-4 验证性因子分析的结果

模型	χ^2	df	χ^2/df	RMSEA	CFI	TLI	SRMR
九因子模型	3 683.683	1 568	2.349	0.053	0.925	0.919	0.035
八因子模型 1：LE+TP	5 438.088	1 576	3.451	0.072	0.894	0.889	0.057
八因子模型 2：SR+LR	6 044.860	1 576	3.836	0.084	0.888	0.882	0.060
八因子模型 3：SA+LR	6 129.816	1 576	3.889	0.087	0.884	0.881	0.069
八因子模型 4：SR+SA	6 405.154	1 576	4.064	0.097	0.873	0.870	0.084

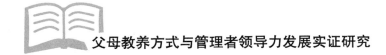

续表

模型	χ^2	df	χ^2/df	RMSEA	CFI	TLI	SRMR
八因子模型 5：AP+PP	6 540.880	1 576	4.150	0.111	0.861	0.847	0.080
八因子模型 6：VP+PP	6 715.239	1 576	4.261	0.115	0.858	0.831	0.097
八因子模型 7：VP+AP	7 541.425	1 576	4.785	0.129	0.842	0.824	0.108
七因子模型 1：SR+SA+IP	7 707.314	1 583	4.869	0.136	0.811	0.810	0.113
七因子模型 2：LE+TP+IP	7 791.947	1 583	4.922	0.147	0.793	0.775	0.131
七因子模型 3：VP+AP+PP	9 360.898	1 583	5.913	0.153	0.754	0.741	0.124
六因子模型 1：SR+SA+LR+IP	10 317.740	1 589	6.493	0.156	0.725	0.720	0.152
六因子模型 2：SR+SA+LE+TP	10 668.403	1 589	6.714	0.165	0.710	0.703	0.176
六因子模型 3：VP+AP+PP+IP	11 033.474	1 589	6.944	0.169	0.696	0.673	0.170
五因子模型 1：VP+AP+PP，SR+SA，LE+TP	12 151.033	1 594	7.623	0.173	0.669	0.638	0.205
五因子模型 2：SR+SA+LR+LE+TP	12 809.106	1 594	8.036	0.177	0.620	0.616	0.233
四因子模型：VP+AP+PP+IP，SR+SA，LE+TP	13 687.734	1 598	8.566	0.185	0.576	0.547	0.237

注：VP＝权威型教养，AP＝专制型教养，PP＝放任型教养，SR＝自我调节，SA＝社会机敏性，LR＝领导角色效能，IP＝父母认同感，LE＝领导力认可，TP＝团队绩效。

5.2.3 效度分析

为了达到后续相关检验的要求，研究对各量表的效度进行了分析。效度分析一般可以划分为内容效度与建构效度，而建构效度又包含了聚合效度与区别效度。下面对内容效度、聚合效度与区别效度这三种效度分别进行分析。

（1）内容效度

由于内容效度所评价的变量内涵以及题项语义不能使用统计学的方法来进行检验，因而学者往往采用访谈、文献分析等研究方法以全面地评估变量量表的含义。研究采用以下方法对内容效度进行测试，从而确保量表的精确性。一是依据研究目的和理论概念模型，搜集文献后整理出与本研究相关的量表，并从中筛选出可适用的成熟量表。也就是说，本研究首先对权威型教养、专制型教养、放任型教养、自我调节、社会机敏性、领导角色效能、父母认同感、领导力认可、团队绩效这些变量进行了操作性定义，接着借鉴了国内外认可度较高的成熟量表，最后制定出研究所使用的问卷。二是开展小样本的预测试，并对初始问卷进行修正和改进。研究团队通过与企业员工的交流，修正了调研问卷中出现的语句不连贯、含糊不清等问题，以确保调研结果符合实际。综上所述，研究采用访谈、文献分析以及预测试这些方法对问卷进行了修订。预测试分析结果显示各量表的内容效度较好。

（2）聚合效度

现有研究指出[316,322]，聚合效度需要达到下述三个评价标准：一是变量各个项目的因子载荷值需要都超过 0.60，并且 95% 置信区间也需要显著；二是变量组合信度 CR 值需要超过 0.70；三是平均方差提取 AVE 值需要超过 0.50。上述各个评价指标的值越大，则变量的聚合效度越好。表 5–5 显示，各项目的因子载荷值都超过了 0.60，并且在 95% 置信区间也均显著；组合信度 CR 值都超过了 0.70（权威型教养的 CR 值是 0.979，专制型教养的 CR 值是 0.972，放任型教养的 CR 值是 0.949，自我调节的 CR 值是 0.960，社会机敏性的 CR 值是 0.932，领导角色效能的 CR 值是 0.938，父母认同感的 CR 值是 0.932，领导力认可的 CR 值是 0.947，团队绩效的 CR 值是 0.928）；平均方差提取 AVE 值都超过了 0.50（权威型教养的 AVE 值是 0.826，专制型教养的 AVE 值是 0.778，放任型教养的 AVE 值是 0.651，自我调节的 AVE 值是 0.650，社会机敏性的 AVE 值是 0.734，领导角色效能的 AVE 值是 0.753，父母认同感的 AVE 值是 0.773，领导力认可的 AVE 值是 0.818，团队绩效的 AVE 值是 0.762）。由此可见，各变量的聚合效度均较好。

父母教养方式与管理者领导力发展实证研究

表 5-5　聚合效度的检验

变量	编号	因子载荷	标准差	P 值	项目信度	CR 值	AVE 值
权威型教养	VP1	0.890	0.012	***	0.793	0.979	0.826
	VP2	0.907	0.010	***	0.816		
	VP3	0.884	0.013	***	0.779		
	VP4	0.928	0.008	***	0.861		
	VP5	0.919	0.009	***	0.847		
	VP6	0.936	0.007	***	0.868		
	VP7	0.888	0.013	***	0.782		
	VP8	0.900	0.011	***	0.809		
	VP9	0.941	0.007	***	0.885		
	VP10	0.892	0.012	***	0.799		
专制型教养	AP1	0.894	0.012	***	0.806	0.972	0.778
	AP2	0.860	0.014	***	0.746		
	AP3	0.917	0.009	***	0.846		
	AP4	0.879	0.013	***	0.775		
	AP5	0.855	0.014	***	0.733		
	AP6	0.862	0.014	***	0.760		
	AP7	0.919	0.008	***	0.847		
	AP8	0.866	0.014	***	0.766		
	AP9	0.856	0.014	***	0.739		
	AP10	0.907	0.010	***	0.816		
放任型教养	PP1	0.819	0.018	***	0.667	0.949	0.651
	PP2	0.854	0.017	***	0.718		
	PP3	0.688	0.026	***	0.545		
	PP4	0.833	0.018	***	0.697		
	PP5	0.888	0.013	***	0.788		
	PP6	0.729	0.023	***	0.577		
	PP7	0.916	0.009	***	0.843		
	PP8	0.761	0.021	***	0.596		
	PP9	0.722	0.023	***	0.570		
	PP10	0.825	0.018	***	0.684		

续表

变量	编号	因子载荷	标准差	P 值	项目信度	CR 值	AVE 值
自我调节	SR1	0.750	0.021	***	0.580	0.960	0.650
	SR2	0.777	0.020	***	0.616		
	SR3	0.893	0.012	***	0.803		
	SR4	0.746	0.022	***	0.573		
	SR5	0.925	0.008	***	0.854		
	SR6	0.944	0.006	***	0.887		
	SR7	0.671	0.027	***	0.536		
	SR8	0.756	0.021	***	0.585		
	SR9	0.761	0.021	***	0.596		
	SR10	0.872	0.014	***	0.762		
	SR11	0.694	0.026	***	0.547		
	SR12	0.705	0.025	***	0.550		
	SR13	0.919	0.008	***	0.847		
社会机敏性	SA1	0.872	0.014	***	0.762	0.932	0.734
	SA2	0.790	0.019	***	0.631		
	SA3	0.883	0.013	***	0.778		
	SA4	0.802	0.019	***	0.644		
	SA5	0.929	0.008	***	0.862		
领导角色效能	LR1	0.829	0.018	***	0.689	0.938	0.753
	LR2	0.874	0.013	***	0.768		
	LR3	0.852	0.017	***	0.722		
	LR4	0.910	0.010	***	0.824		
	LR5	0.872	0.014	***	0.762		
父母认同感	IP1	0.879	0.013	***	0.775	0.932	0.773
	IP2	0.844	0.017	***	0.701		
	IP3	0.875	0.013	***	0.769		
	IP4	0.917	0.009	***	0.846		
领导力认可	LE1	0.914	0.009	***	0.837	0.947	0.818
	LE2	0.891	0.012	***	0.795		
	LE3	0.889	0.012	***	0.792		
	LE4	0.924	0.008	***	0.852		

续表

变量	编号	因子载荷	标准差	P 值	项目信度	CR 值	AVE 值
团队绩效	TP1	0.898	0.011	***	0.802	0.928	0.762
	TP2	0.795	0.019	***	0.639		
	TP3	0.889	0.012	***	0.792		
	TP4	0.906	0.010	***	0.815		

注：*** 代表 P<0.001、** 代表 P<0.01、* 代表 P<0.05。

（3）区别效度

为了检验各变量间是否有较好的区分度，本研究进行了区别效度分析。研究使用每个变量的 AVE 值开平方后的结果和变量间的相关系数做比较，来进行区别效度的检验。如表 5-6 所示，各变量 AVE 值开平方后的结果都超过了其所在列显示的相关系数，说明变量间的区别效度较好。其中，权威型教养 AVE 值开平方后的结果是 0.909，专制型教养 AVE 值开平方后的结果是 0.882，放任型教养 AVE 值开平方后的结果是 0.807，自我调节 AVE 值开平方后的结果是 0.806，社会机敏性 AVE 值开平方后的结果是 0.857，领导角色效能 AVE 值开平方后的结果是 0.868，父母认同感 AVE 值开平方后的结果是 0.879，领导力认可 AVE 值开平方后的结果是 0.904，团队绩效 AVE 值开平方后的结果是 0.873。

表 5-6 区别效度的检验

变量	1	2	3	4	5	6	7	8	9
权威型教养	**0.909**								
专制型教养	−0.511	**0.882**							
放任型教养	−0.426	0.383	**0.807**						
自我调节	0.272	−0.320	−0.337	**0.806**					
社会机敏性	0.217	−0.246	−0.363	0.421	**0.857**				
领导角色效能	0.294	−0.254	−0.321	0.374	0.343	**0.868**			
父母认同感	0.167	−0.086	−0.082	0.403	0.415	0.453	**0.879**		
领导力认可	0.298	−0.215	−0.172	0.286	0.260	0.494	0.240	**0.904**	
团队绩效	0.365	−0.274	−0.109	0.350	0.279	0.566	0.324	0.515	**0.873**

注：位于对角线上的加粗数值是每个变量所对应的 AVE 值的平方根。

5.2.4 信度分析

为了检验各变量是否具有可靠性，本研究借助 Cronbach's α 值来进行信度分析。一般来说，现有的研究均认为当 Cronbach's α 系数在 0.7 之上时，量表就具有良好信度。

（1）权威型教养的信度分析

表 5-7 显示对权威型教养量表进行数据分析得出的 Cronbach's α 值是0.979，这表明此量表的稳定性与可靠性较好。因此，权威型教养量表达到了本研究的要求，后面研究假设的检验将采用此量表。

表 5-7　权威型教养的信度分析结果

变量	编号	CITC 值	去除题项得到的 Cronbach's α 值	Cronbach's α 值
权威型教养	VP1	0.875	0.973	0.979
	VP2	0.896	0.971	
	VP3	0.872	0.977	
	VP4	0.920	0.970	
	VP5	0.914	0.970	
	VP6	0.928	0.969	
	VP7	0.873	0.976	
	VP8	0.885	0.971	
	VP9	0.931	0.969	
	VP10	0.883	0.972	

（2）专制型教养的信度分析

表 5-8 显示对专制型教养量表进行数据分析得出的 Cronbach's α 值是0.972，这表明此量表的稳定性与可靠性较好。因此，专制型教养量表达到了本研究的要求，后面研究假设的检验将采用此量表。

表 5-8　专制型教养的信度分析结果

变量	编号	CITC 值	去除题项得到的 Cronbach's α 值	Cronbach's α 值
专制型教养	AP1	0.888	0.961	0.972
	AP2	0.845	0.965	
	AP3	0.901	0.959	
	AP4	0.861	0.964	
	AP5	0.840	0.968	
	AP6	0.848	0.964	
	AP7	0.916	0.958	
	AP8	0.853	0.964	
	AP9	0.843	0.967	
	AP10	0.898	0.960	

（3）放任型教养的信度分析

表 5-9 显示对放任型教养量表进行数据分析得出的 Cronbach's α 值是 0.948，这表明此量表的稳定性与可靠性较好。因此，放任型教养量表达到了本研究的要求，后面研究假设的检验将采用此量表。

表 5-9　放任型教养的信度分析结果

变量	编号	CITC 值	去除题项得到的 Cronbach's α 值	Cronbach's α 值
放任型教养	PP1	0.804	0.940	0.948
	PP2	0.832	0.938	
	PP3	0.661	0.945	
	PP4	0.810	0.939	
	PP5	0.878	0.937	
	PP6	0.705	0.943	
	PP7	0.902	0.936	
	PP8	0.744	0.941	
	PP9	0.697	0.944	
	PP10	0.807	0.939	

（4）自我调节的信度分析

表 5-10 显示对自我调节量表进行数据分析得出的 Cronbach's α 值是 0.960，这表明此量表的稳定性与可靠性较好。因此，自我调节量表达到了本研究的要求，后面研究假设的检验将采用此量表。

表 5-10　自我调节的信度分析结果

变量	编号	*CITC* 值	去除题项得到的 Cronbach's α 值	Cronbach's α 值
自我调节	SR1	0.728	0.954	0.960
	SR2	0.752	0.951	
	SR3	0.881	0.949	
	SR4	0.720	0.956	
	SR5	0.917	0.948	
	SR6	0.931	0.947	
	SR7	0.645	0.958	
	SR8	0.738	0.953	
	SR9	0.743	0.952	
	SR10	0.859	0.950	
	SR11	0.663	0.957	
	SR12	0.683	0.957	
	SR13	0.911	0.949	

（5）社会机敏性的信度分析

表 5-11 显示对社会机敏性量表进行数据分析得出的 Cronbach's α 值是 0.931，这表明此量表的稳定性与可靠性较好。因此，社会机敏性量表达到了本研究的要求，后面研究假设的检验将采用此量表。

表 5-11　社会机敏性的信度分析结果

变量	编号	*CITC* 值	去除题项得到的 Cronbach's α 值	Cronbach's α 值
社会机敏性	SA1	0.855	0.917	0.931
	SA2	0.772	0.924	
	SA3	0.875	0.914	
	SA4	0.788	0.922	
	SA5	0.880	0.914	

（6）领导角色效能的信度分析

表 5-12 显示对领导角色效能量表进行数据分析得出的 Cronbach's α 值是 0.938，这表明此量表的稳定性与可靠性较好。因此，领导角色效能量表达到了本研究的要求，后面研究假设的检验将采用此量表。

表 5-12　领导角色效能的信度分析结果

变量	编号	*CITC* 值	去除题项得到的 Cronbach's α 值	Cronbach's α 值
领导角色效能	LR1	0.816	0.933	0.938
	LR2	0.862	0.927	
	LR3	0.833	0.930	
	LR4	0.879	0.925	
	LR5	0.854	0.928	

（7）父母认同感的信度分析

表 5-13 显示对父母认同感量表进行数据分析得出的 Cronbach's α 值是 0.932，这表明此量表的稳定性与可靠性较好。因此，父母认同感量表达到了本研究的要求，后面研究假设的检验将采用此量表。

表 5-13　父母认同感的信度分析结果

变量	编号	*CITC* 值	去除题项得到的 Cronbach's α 值	Cronbach's α 值
父母认同感	IP1	0.866	0.911	0.932
	IP2	0.824	0.923	
	IP3	0.865	0.911	
	IP4	0.880	0.907	

（8）领导力认可的信度分析

表 5-14 显示对领导力认可量表进行数据分析得出的 Cronbach's α 值是 0.947，这表明此量表的稳定性与可靠性较好。因此，领导力认可量表达到了本研究的要求，后面研究假设的检验将采用此量表。

表 5-14　领导力认可的信度分析结果

变量	编号	*CITC* 值	去除题项得到的 Cronbach's α 值	Cronbach's α 值
领导力认可	LE1	0.896	0.935	0.947
	LE2	0.879	0.940	
	LE3	0.874	0.941	
	LE4	0.902	0.933	

（9）团队绩效的信度分析

表 5-15 显示对团队绩效量表进行数据分析得出的 Cronbach's α 值是 0.927，这表明此量表的稳定性与可靠性较好。因此，团队绩效量表达到了本研究的要求，后面研究假设的检验将采用此量表。

表 5-15　团队绩效的信度分析结果

变量	编号	*CITC* 值	去除题项得到的 Cronbach's α 值	Cronbach's α 值
团队绩效	TP1	0.850	0.916	0.927
	TP2	0.778	0.922	
	TP3	0.845	0.916	
	TP4	0.868	0.915	

5.3　人口统计学变量对模型变量影响的检验

从现有关于领导力的研究成果来看，人口统计因素可能会影响到研究的理论模型。因而，研究使用独立样本 T 检验以及单因素方差分析这两种方法检验人口统计学相关变量对模型变量所造成的影响。管理者的性别使用独立样本 T 检验，管理者的年龄、教育程度、工龄与管理者工龄使用单因素方差分析。其中，在进行单因素方差分析的过程中，研究运用 LSD 法来检验方差齐次性变量，并运用塔姆哈内（Tamhane）的 T2 法来检验非齐次性变量。通过对数据进行分析，研究检验管理者的个体因素对权威型教养、专制型教养、放任型教养、自我调节、社会机敏性、领导角色效能、父母认同感、领导力认可以及团队绩效等变量的影响与差异。

5.3.1 性别对模型变量影响的分析

（1）管理者性别与权威型教养差异性的分析

表 5-16 显示，通过独立样本检验，虽然男性管理者的均值高于女性管理者的均值，但是这一差别并未显著。结果表明，管理者的性别不会对权威型教养变量产生显著的影响。

表 5-16　管理者性别与权威型教养差异性检验的结果

变量	性别	样本数	均值	标准差	T 值	显著性
权威型教养	男	257	4.885	0.882	−0.541	0.696
	女	161	4.836	0.907		

（2）管理者性别与专制型教养差异性的分析

表 5-17 显示，通过独立样本检验，虽然男性管理者的均值低于女性管理者的均值，但是这一差别并未显著。结果表明，管理者的性别不会对专制型教养变量产生显著的影响。

表 5-17　管理者性别与专制型教养差异性检验的结果

变量	性别	样本数	均值	标准差	T 值	显著性
专制型教养	男	257	3.366	1.026	0.410	0.751
	女	161	3.392	1.090		

（3）管理者性别与放任型教养差异性的分析

表 5-18 显示，通过独立样本检验，虽然男性管理者的均值高于女性管理的均值，但是这一差别并未显著。结果表明，管理者的性别不会对放任型教

养变量产生显著的影响。

表5-18   管理者性别与放任型教养差异性检验的结果

变量	性别	样本数	均值	标准差	T 值	显著性
放任型教养	男	257	3.466	1.212	-1.757	0.071
	女	161	3.135	1.220		

（4）管理者性别与自我调节差异性的分析

表5-19显示，通过独立样本检验，虽然男性管理者的均值低于女性管理者的均值，但是这一差别并未显著。结果表明，管理者的性别不会对自我调节变量产生显著的影响。

表5-19   管理者性别与自我调节差异性检验的结果

变量	性别	样本数	均值	标准差	T 值	显著性
自我调节	男	257	4.194	1.227	1.720	0.082
	女	161	4.405	1.343		

（5）管理者性别与社会机敏性差异性的分析

表5-20显示，通过独立样本检验，虽然男性管理者的均值高于女性管理者的均值，但是这一差别并未显著。结果表明，管理者的性别不会对社会机敏性变量产生显著的影响。

表5-20   管理者性别与社会机敏性差异性检验的结果

变量	性别	样本数	均值	标准差	T 值	显著性
社会机敏性	男	257	4.561	1.412	-0.773	0.453
	女	161	4.430	1.452		

（6）管理者性别与领导角色效能差异性的分析

表5-21显示，通过独立样本检验，虽然男性管理者的均值高于女性管理者的均值，但是这一差别并未显著。结果表明，管理者的性别不会对领导角

色效能产生显著的影响。

表 5-21　管理者性别与领导角色效能差异性检验的结果

变量	性别	样本数	均值	标准差	T 值	显著性
领导角色效能	男	257	4.651	1.137	-1.159	0.305
	女	161	4.426	1.315		

（7）管理者性别与父母认同感差异性的分析

表 5-22 显示，通过独立样本检验，虽然男性管理者的均值低于女性管理者的均值，但是这一差别并未显著。结果表明，管理者的性别不会对父母认同感变量产生显著的影响。

表 5-22　管理者性别与父母认同感差异性检验的结果

变量	性别	样本数	均值	标准差	T 值	显著性
父母认同感	男	257	4.439	1.305	0.953	0.396
	女	161	4.607	1.488		

（8）管理者性别与领导力认可差异性的分析

表 5-23 显示，通过独立样本检验，虽然男性管理者的均值高于女性管理者的均值，但是这一差别并未显著。结果表明，管理者的性别不会对领导力变量认可产生显著的影响。

表 5-23　管理者性别与领导力认可差异性检验的结果

变量	性别	样本数	均值	标准差	T 值	显著性
领导力认可	男	257	4.550	1.135	-1.129	0.360
	女	161	4.479	1.351		

（9）管理者性别与团队绩效差异性的分析

表 5-24 显示，通过独立样本检验，虽然男性管理者的均值高于女性管理者的均值，但是这一差别并未显著。结果表明，管理者的性别不会对团队绩

效变量产生显著的影响。

表 5-24　管理者性别与团队绩效差异性检验的结果

变量	性别	样本数	均值	标准差	T 值	显著性
团队绩效	男	257	4.371	1.302	-0.311	0.772
	女	161	4.314	1.363		

5.3.2　年龄对模型变量影响的分析

（1）管理者年龄与自我调节差异性的分析

表 5-25 显示，管理者年龄与自我调节之间的关系是呈非线性关系的。在处于 41~50 岁时，管理者年龄对自我调节的影响最大，均值是 4.517。在处于 31~40 岁时，管理者年龄对自我调节的影响最小，均值是 4.054。通过单因素方差分析，结果显示该非线性关系不具有显著性。因此，管理者的年龄不会对自我调节变量产生显著的影响。

表 5-25　管理者年龄与自我调节差异性检验的结果

变量	年龄	样本数	均值	标准差	F 值	显著性
自我调节	18~30 岁	35	4.151	1.274	0.542	0.786
	31~40 岁	168	4.054	1.303		
	41~50 岁	174	4.517	1.457		
	50 岁以上	41	4.260	1.163		

（2）管理者年龄与社会机敏性差异性的分析

表 5-26 显示，管理者年龄与社会机敏性之间的关系是呈正相关的。在处于 50 岁以上时，管理者年龄对社会机敏性的影响最大，均值是 4.580。通过单因素方差分析，结果显示该正向关系不具有显著性。因此，管理者的年龄不会对社会机敏性变量产生显著的影响。

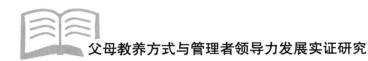

表5-26　管理者年龄与社会机敏性差异性检验的结果

变量	年龄	样本数	均值	标准差	F 值	显著性
社会机敏性	18~30 岁	35	4.313	1.594	1.735	0.211
	31~40 岁	168	4.481	1.325		
	41~50 岁	174	4.564	1.434		
	50 岁以上	41	4.580	1.460		

（3）管理者年龄与领导角色效能差异性的分析

表 5-27 显示，管理者年龄与领导角色效能之间的关系是呈"倒 U 形"的。在处于 41~50 岁时，管理者年龄对领导角色效能的影响最大，均值是 4.611。通过单因素方差分析，结果显示该"倒 U 形"关系不具有显著性。因此，管理者的年龄不会对领导角色效能变量产生显著的影响。

表5-27　管理者年龄与领导角色效能差异性检验的结果

变量	年龄	样本数	均值	标准差	F 值	显著性
领导角色效能	18~30 岁	35	4.394	1.312	2.425	0.091
	31~40 岁	168	4.570	1.193		
	41~50 岁	174	4.611	0.195		
	50 岁以上	41	4.487	1.250		

（4）管理者年龄与领导力认可差异性的分析

表 5-28 显示，管理者年龄与领导力认可之间的关系是呈"倒 U 形"的。在处于 31~40 岁时，管理者年龄对领导力认可的影响最大，均值是 4.566。通过单因素方差分析，结果显示该"倒 U 形"关系不具有显著性。因此，管理者的年龄不会对领导力认可变量产生显著的影响。

表5-28　管理者年龄与领导力认可差异性检验的结果

变量	年龄	样本数	均值	标准差	F 值	显著性
领导力认可	18~30 岁	35	4.490	1.206	1.787	0.206
	31~40 岁	168	4.566	1.210		
	41~50 岁	174	4.502	0.921		
	50 岁以上	41	4.464	1.482		

（5）管理者年龄与团队绩效差异性的分析

表 5-29 显示，管理者年龄与团队绩效之间的关系是呈"U 形"的。在处于 41~50 岁时，管理者年龄对团队绩效的影响最小，均值是 4.290。通过单因素方差分析，结果显示该"U 形"关系不具有显著性。因此，管理者的年龄不会对团队绩效变量产生显著的影响。

表 5-29 管理者年龄与团队绩效差异性检验的结果

变量	年龄	样本数	均值	标准差	F 值	显著性
团队绩效	18~30 岁	35	4.397	1.348	1.461	0.363
	31~40 岁	168	4.391	1.310		
	41~50 岁	174	4.290	1.407		
	50 岁以上	41	4.386	1.273		

5.3.3 教育程度对模型变量影响的分析

（1）管理者教育程度与自我调节差异性的分析

表 5-30 显示，管理者教育程度与自我调节之间的关系是呈"U 形"的。伴随着学历提高，自我调节水平出现下降。学历为本科的管理者的自我调节水平达到最低，均值是 4.184，之后出现上升。但是，通过单因素方差分析，结果显示该"U 形"关系不具有显著性。因此，管理者的教育水平不会对自我调节变量产生显著的影响。

表 5-30 管理者教育程度与自我调节差异性检验的结果

变量	教育程度	样本数	均值	标准差	F 值	显著性
自我调节	大专及以下	122	4.405	1.425	0.960	0.415
	本科	237	4.184	1.157		
	硕士及以上	59	4.372	1.304		

（2）管理者教育程度与社会机敏性差异性的分析

表 5-31 显示，管理者教育程度与社会机敏性之间的关系大致是呈"倒 U

形"的。随着学历提高，社会机敏性水平也在上升。学历为本科的领导的社会机敏性水平达到最高，均值是 4.558，之后出现下降。但是，通过单因素方差分析，结果显示该"倒 U 形"关系不具有显著性。因此，管理者的教育水平不会对社会机敏性变量产生显著的影响。

表 5-31　管理者教育程度与社会机敏性差异性检验的结果

变量	教育程度	样本数	均值	标准差	F 值	显著性
社会机敏性	大专及以下	122	4.430	1.553	0.309	0.814
	本科	237	4.558	1.449		
	硕士及以上	59	4.489	1.310		

（3）管理者教育程度与领导角色效能差异性的分析

表 5-32 显示，管理者教育程度与领导角色效能之间的关系是呈正相关的。学历为大专及以下的管理者的领导角色效能水平是最低的，均值是 4.431。随着学历提高，领导角色效能水平也在上升，学历为硕士及以上的管理者的领导角色效能是最高的，均值是 4.670。但是，通过单因素方差分析，结果显示该正向关系不具有显著性。因此，管理者的教育水平不会对领导角色效能变量产生显著的影响。

表 5-32　管理者教育程度与领导角色效能差异性检验的结果

变量	教育程度	样本数	均值	标准差	F 值	显著性
领导角色效能	大专及以下	122	4.431	1.292	0.486	0.749
	本科	237	4.606	1.209		
	硕士及以上	59	4.670	1.217		

（4）管理者教育程度与领导力认可差异性的分析

表 5-33 显示，管理者教育程度与领导力认可之间的关系是呈正相关的。学历为大专及以下的管理者的领导力认可水平是最低的，均值是 4.467。随着学历提高，领导力认可水平也在上升，学历为硕士及以上的管理者的领导力认可是最高的，均值是 4.632。但是，通过单因素方差分析，结果显示

该正向关系不具有显著性。因此，管理者的教育水平不会对领导力认可变量产生显著的影响。

表5-33 管理者教育程度与领导力认可差异性检验的结果

变量	教育程度	样本数	均值	标准差	F 值	显著性
领导力认可	大专及以下	122	4.467	1.330	0.103	0.912
	本科	237	4.525	1.156		
	硕士及以上	59	4.632	1.387		

（5）管理者教育程度与团队绩效差异性的分析

表5-34 显示，管理者教育程度与团队绩效之间的关系大致是呈"倒 U 形"的。随着学历提高，团队绩效水平也在上升。学历为本科的管理者的团队绩效水平达到最高，均值是 4.395，之后出现下降。但是，通过单因素方差分析，结果显示该"倒 U 形"关系不具有显著性。因此，管理者的教育水平不会对团队绩效变量产生显著的影响。

表5-34 管理者教育程度与团队绩效差异性检验的结果

变量	教育程度	样本数	均值	标准差	F 值	显著性
团队绩效	大专及以下	122	4.280	1.425	0.576	0.623
	本科	237	4.395	1.300		
	硕士及以上	59	4.305	1.263		

5.3.4 工龄对模型变量影响的分析

（1）工龄与自我调节差异性的分析

表5-35 显示，工龄与自我调节之间的关系是呈"倒 U 形"的。在工作年限处于 21 年至 30 年时，工龄对自我调节的影响最大，均值是 4.400。通过单因素方差分析，结果显示该"倒 U 形"关系不具有显著性。因此，工龄不会对自我调节变量产生显著的影响。

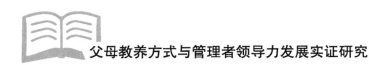

表 5-35　工龄与自我调节差异性检验的结果

变量	工龄	样本数	均值	标准差	F 值	显著性
自我调节	少于或等于 10 年	65	4.017	1.257	0.889	0.630
	11~20 年	204	4.302	1.117		
	21~30 年	131	4.400	1.214		
	大于 30 年	18	3.991	1.371		

（2）工龄与社会机敏性差异性的分析

表 5-36 显示，工龄与社会机敏性之间的关系是呈"倒 U 形"的。在工作年限处于 11~20 年时，工龄对社会机敏性的影响最大，均值是 4.546。通过单因素方差分析，结果显示该"倒 U 形"关系不具有显著性。因此，工龄不会对社会机敏性变量产生显著的影响。

表 5-36　工龄与社会机敏性差异性检验的结果

变量	工龄	样本数	均值	标准差	F 值	显著性
社会机敏性	少于或等于 10 年	65	4.395	1.507	1.544	0.269
	11~20 年	204	4.546	1.349		
	21~30 年	131	4.540	1.254		
	大于 30 年	18	4.323	1.672		

（3）工龄与领导角色效能差异性的分析

表 5-37 显示，工龄与领导角色效能之间的关系是呈非线性关系的。在工作年限大于 30 年时，工龄对领导角色效能的影响最大，均值是 4.645。在工作年限少于或等于 10 年时，工龄对领导角色效能的影响最小，均值是 4.490。通过单因素方差分析，结果显示该非线性关系不具有显著性。因此，工龄不会对领导角色效能变量产生显著的影响。

表 5-37　工龄与领导角色效能差异性检验的结果

变量	工龄	样本数	均值	标准差	F 值	显著性
领导角色效能	少于或等于 10 年	65	4.490	1.280	2.513	0.083
	11~20 年	204	4.585	1.249		

变量	工龄	样本数	均值	标准差	F值	显著性
领导角色效能	21~30 年	131	4.557	1.015	2.513	0.083
	大于 30 年	18	4.645	1.387		

（4）工龄与领导力认可差异性的分析

表 5-38 显示，工龄与领导力认可之间的关系是呈"U 形"的。在工作年限处于 11~20 年时，工龄对领导力认可的影响最小，均值是 4.449。通过单因素方差分析，结果显示该"U 形"关系不具有显著性。因此，工龄不会对领导力认可变量产生显著的影响。

表 5-38 工龄与领导力认可差异性检验的结果

变量	工龄	样本数	均值	标准差	F值	显著性
领导力认可	少于或等于 10 年	65	4.632	1.394	1.981	0.162
	11~20 年	204	4.449	1.279		
	21~30 年	131	4.576	1.035		
	大于 30 年	18	4.585	1.214		

（5）工龄与团队绩效差异性的分析

表 5-39 显示，工龄与团队绩效之间的关系是呈"倒 U 形"的。在工作年限处于 21~30 年时，工龄对团队绩效的影响最大，均值是 4.387。通过单因素方差分析，结果显示该"倒 U 形"关系不具有显著性。因此，工龄不会对团队绩效变量产生显著的影响。

表 5-39 工龄与团队绩效差异性检验的结果

变量	工龄	样本数	均值	标准差	F值	显著性
团队绩效	少于或等于 10 年	65	4.293	1.379	1.520	0.275
	11~20 年	204	4.348	1.278		
	21~30 年	131	4.387	1.293		
	大于 30 年	18	4.282	1.398		

5.3.5 管理者工龄对模型变量影响的分析

(1) 管理者工龄与自我调节差异性的分析

表5-40显示，管理者工龄与自我调节之间的关系是呈正相关的。担任管理者职务的年限少于或等于10年时，管理者的自我调节水平是最低的，均值是4.135。随着担任管理者职务年限的增长，自我调节水平也在上升，担任管理者职务的年限大于20年时，管理者的自我调节水平是最高的，均值是4.487。但是通过单因素方差分析，结果显示该正向关系不具有显著性。因此，管理者工龄不会对自我调节变量产生显著的影响。

表5-40 管理者工龄与自我调节差异性检验的结果

变量	管理者工龄	样本数	均值	标准差	F 值	显著性
自我调节	少于或等于10年	247	4.135	1.170	0.749	0.490
	11~20年	128	4.474	1.255		
	大于20年	43	4.487	1.368		

(2) 管理者工龄与社会机敏性差异性的分析

表5-41显示，管理者工龄与社会机敏性之间的关系大致是呈"倒U形"的。随着担任管理者职务年限的增长，社会机敏性水平也在上升。担任管理者职务的年限为11~20年时，管理者的社会机敏性水平是最高的，均值是4.670，之后出现下降。但是，通过单因素方差分析，结果显示该"倒U形"关系不具有显著性。因此，管理者工龄不会对社会机敏性变量产生显著的影响。

表5-41 管理者工龄与社会机敏性差异性检验的结果

变量	管理者工龄	样本数	均值	标准差	F 值	显著性
社会机敏性	少于或等于10年	247	4.462	1.273	0.460	0.761
	11~20年	128	4.670	1.424		
	大于20年	43	4.318	1.577		

（3）管理者工龄与领导角色效能差异性的分析

表 5-42 显示，管理者工龄与领导角色效能之间的关系是呈正相关的。担任管理者职务的年限少于或等于 10 年时，管理者的领导角色效能水平是最低的，均值是 4.512。随着担任管理者职务年限的增长，领导角色效能水平也在上升，担任管理者职务的年限大于 20 年时，管理者的领导角色效能水平是最高的，均值是 4.657。但是，通过单因素方差分析，结果显示该正向关系不具有显著性。因此，管理者工龄不会对领导角色效能变量产生显著的影响。

表 5-42　管理者工龄与领导角色效能差异性检验的结果

变量	领导工龄	样本数	均值	标准差	F 值	显著性
领导角色效能	少于或等于 10 年	247	4.512	1.120	0.573	0.634
	11~20 年	128	4.633	1.271		
	大于 20 年	43	4.657	1.308		

（4）管理者工龄与领导力认可差异性的分析

表 5-43 显示，管理者工龄与领导力认可之间的关系是呈正相关的。担任管理者职务的年限少于或等于 10 年时，下属对领导力的认可水平是最低的，均值是 4.494。随着担任管理者职务年限的增长，领导力认可水平也在上升，担任管理者职务的年限大于 20 年时，下属对领导力的认可水平是最高的，均值是 4.586。但是，通过单因素方差分析，结果显示该正向关系不具有显著性。因此，管理者工龄不会对领导力认可变量产生显著的影响。

表 5-43　管理者工龄与领导力认可差异性检验的结果

变量	管理者工龄	样本数	均值	标准差	F 值	显著性
领导力认可	少于或等于 10 年	247	4.494	1.097	0.091	0.937
	11~20 年	128	4.558	1.310		
	大于 20 年	43	4.586	1.365		

（5）管理者工龄与团队绩效差异性的分析

表 5-44 显示，管理者工龄与团队绩效之间的关系大致是呈"倒 U 形"

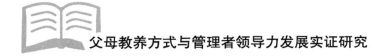

的。随着担任管理者职务年限的增长，团队绩效水平也在上升。担任管理者职务的年限在 11~20 年时，管理者的团队绩效水平是最高的，均值是 4.457，之后出现下降。但是，通过单因素方差分析，结果显示该"倒 U 形"关系不具有显著性。因此，管理者工龄不会对团队绩效变量产生显著的影响。

表 5-44　管理者工龄与团队绩效差异性检验的结果

变量	管理者工龄	样本数	均值	标准差	F 值	显著性
团队绩效	少于或等于 10 年	247	4.306	1.280	0.415	0.802
	11~20 年	128	4.457	1.405		
	大于 20 年	43	4.274	1.319		

5.4　研究假设的检验

在信度与效度检验的基础上，研究对模型各变量间的相关关系进行了分析，并通过直接效应检验、中介效应检验和调节效应检验来检验本研究所提出的各个研究假设，以求明晰各变量间的关系。

5.4.1　描述性统计分析

研究分析并整理了模型各变量的均值与标准差，以及各变量间的相关系数。如表 5-45 所示，权威型教养与自我调节呈显著正相关（$\beta = 0.272$，$p < 0.01$），假设 H1a 得到了分析结果的初步支持；专制型教养与自我调节呈显著负相关（$\beta = -0.320$，$p < 0.01$），假设 H1b 得到了分析结果的初步支持；放任型教养与自我调节呈显著负相关（$\beta = -0.337$，$p < 0.01$），假设 H1c 得到了分析结果的初步支持；权威型教养与社会机敏性呈显著正相关（$\beta = 0.217$，$p < 0.01$），假设 H2a 得到了分析结果的初步支持；专制型教养与社会机敏性呈显著负相关（$\beta = -0.246$，$p < 0.01$），假设 H2b 得到了分析结果的初步支持；放

表 5-45 变量的均值、标准差与相关系数

变量	1	2	3	4	5	6	7	8	9	10	11	12	13	14
性别	**1**													
年龄	-0.171*	**1**												
教育程度	-0.115	-0.464**	**1**											
工龄	-0.100	0.817**	-0.437**	**1**										
领导工龄	-0.138*	0.660**	-0.362**	0.790**	**1**									
权威型教养	-0.041	-0.052	0.050	-0.044	-0.032	**0.979**								
专制型教养	0.099	0.077	-0.082	0.095	0.101	-0.511**	**0.972**							
放任型教养	-0.046	-0.115	0.076	-0.135*	-0.113	-0.426**	0.383**	**0.948**						
自我调节	0.055	0.040	-0.067	0.071	0.054	0.272**	-0.320**	-0.337**	**0.960**					
社会机敏性	-0.014	0.060	-0.051	0.039	0.014	0.217**	-0.246**	-0.363**	0.421**	**0.931**				
领导角色效能	-0.047	0.079	-0.128*	0.051	0.026	0.294**	-0.254**	-0.321**	0.374**	0.343**	**0.938**			
父母认同感	0.021	-0.003	0.019	0.013	-0.028	0.167*	-0.086	-0.082	0.203**	0.215**	0.453**	**0.932**		
领导力认可	-0.089	-0.047	0.024	-0.025	-0.033	0.298**	-0.215*	-0.172*	0.286**	0.260**	0.494**	0.240**	**0.947**	
团队绩效	-0.067	-0.098	0.075	-0.083	-0.090	0.365**	-0.274**	-0.109	0.350**	0.279**	0.566**	0.324**	0.515**	**0.927**
均值	1.385	41.640	1.849	2.244	1.512	4.866	3.376	3.339	4.275	4.511	4.564	4.504	4.523	4.349
标准差	0.487	5.709	0.641	0.763	0.675	0.896	1.050	1.215	1.288	1.440	1.234	1.397	1.242	1.334

注：** 代表 $P<0.01$，* 代表 $P<0.05$，位于对角线上的加粗数值是每个变量所对应的 Cronbach's α 系数。

任型教养与社会机敏性呈显著负相关（$\beta=-0.363$，$p<0.01$），假设 H2c 得到了分析结果的初步支持；此外，自我调节与领导角色效能呈显著正相关（$\beta=0.374$，$p<0.01$），假设 H3 得到了分析结果的初步支持；社会机敏性与领导角色效能呈显著正相关（$\beta=0.343$，$p<0.01$），假设 H4 得到了分析结果的初步支持；领导角色效能与领导力认可呈现显著正相关（$\beta=0.494$，$p<0.01$），假设 H10 得到了分析结果的初步支持；领导角色效能与团队绩效呈显著正相关（$\beta=0.566$，$p<0.01$），假设 H11 得到了分析结果的初步支持。因此，上述分析结果有力地支持了下一步的假设检验。

5.4.2 直接效应检验

本研究将性别、年龄、教育程度、工龄与领导工龄作为控制变量纳入结构方程模型，并采用 Mplus 8.1 软件来进行分析从而得出统计结果。表 5-46 为各假设直接效应检验的结果。

表 5-46 直接效应检验的结果

假设	自变量	因变量	直接效应	标准误	P 值	结果
H1a	权威型教养	自我调节	0.256 ***	0.042	0.000	成立
H1b	专制型教养	自我调节	-0.223 ***	0.041	0.000	成立
H1c	放任型教养	自我调节	-0.272 ***	0.042	0.000	成立
H2a	权威型教养	社会机敏性	0.221 ***	0.041	0.000	成立
H2b	专制型教养	社会机敏性	-0.239 ***	0.041	0.000	成立
H2c	放任型教养	社会机敏性	-0.267 ***	0.042	0.000	成立
H3	自我调节	领导角色效能	0.374 ***	0.049	0.000	成立
H4	社会机敏性	领导角色效能	0.343 ***	0.045	0.000	成立
H10	领导角色效能	领导力认可	0.402 ***	0.053	0.000	成立
H11	领导角色效能	团队绩效	0.510 ***	0.056	0.000	成立

注：*** 代表 $P<0.001$、** 代表 $P<0.01$、* 代表 $P<0.05$。

表 5-46 显示，权威型教养对自我调节的正向效应显著（$\beta=0.256$，

$p<0.001$），假设 H1a 得到支持；专制型教养对自我调节的负向效应显著（$\beta=-0.223$，$p<0.001$），假设 H1b 得到支持；放任型教养对自我调节的负向效应显著（$\beta=-0.272$，$p<0.001$），假设 H1c 得到支持；权威型教养对社会机敏性的正向效应显著（$\beta=0.221$，$p<0.001$），假设 H2a 得到支持；专制型教养对社会机敏性的负向效应显著（$\beta=-0.239$，$p<0.001$），假设 H2b 得到支持；放任型教养对社会机敏性的负向效应显著（$\beta=-0.267$，$p<0.001$），假设 H2c 得到支持；自我调节对领导角色效能的正向效应显著（$\beta=0.374$，$p<0.001$），假设 H3 得到支持；社会机敏性对领导角色效能的正向效应显著（$\beta=0.343$，$p<0.001$），假设 H4 得到支持；领导角色效能对领导力认可的正向效应显著（$\beta=0.402$，$p<0.001$），假设 H10 得到支持；领导角色效能对团队绩效的正向效应显著（$\beta=0.510$，$p<0.001$），假设 H11 得到支持。

5.4.3　中介效应检验

为了深入分析三种父母教养方式（权威型教养、专制型教养以及放任型教养）对子女领导力有效性的影响机制，本研究建立了自我调节与社会机敏性作为中介变量影响领导角色效能的理论概念模型。研究采用皮瑞彻和海耶斯（Preacher and Hayes，2008）所提出的自助抽样法（$n=5\,000$）来检验自我调节与社会机敏性是否起到中介作用[323]。自助抽样法是一种统计功效高、检验结果稳定的分析方法，它能够同时检验多个不同的间接效应以及总的间接效应。若95%置信区间内不含有零，那么间接效应的点估计可以认为是显著的[324]。

表 5-47　中介效应检验的结果

假设	自变量	中介变量	因变量	间接效应	P 值	95%置信区间		结果
						下限	上限	
H5a	权威型教养	自我调节	领导角色效能	0.118***	0.000	0.059	0.178	成立
H5b	专制型教养	自我调节	领导角色效能	-0.151***	0.000	-0.210	-0.096	成立
H5c	放任型教养	自我调节	领导角色效能	-0.102***	0.000	-0.159	-0.050	成立

续表

假设	自变量	中介变量	因变量	间接效应	P 值	95%置信区间		结果
						下限	上限	
H6a	权威型教养	社会机敏性	领导角色效能	0.122***	0.000	0.061	0.185	成立
H6b	专制型教养	社会机敏性	领导角色效能	−0.104***	0.000	−0.161	−0.051	成立
H6c	放任型教养	社会机敏性	领导角色效能	−0.076**	0.003	−0.125	−0.034	成立

注： *** 代表 $P<0.001$、** 代表 $P<0.01$、* 代表 $P<0.05$。

表 5-47 显示了通过 Mplus 8.1 软件进行自助抽样（$n=5\ 000$）中介效应检验的结果。首先，检验结果表明自我调节（$\beta=0.118$，$p<0.001$）在权威型教养与领导角色效能之间的间接效应显著，其自助抽样 95% 的置信区间是 [0.059，0.178]，假设 H5a 得到支持。此外，检验结果还表明社会机敏性（$\beta=0.122$，$p<0.001$）在权威型教养与领导角色效能之间的间接效应显著，其自助抽样 95% 的置信区间是 [0.061，0.185]，假设 H6a 得到支持。因此，在权威型教养与领导角色效能之间的这两条中介路径经检验均为显著，中介路径一自我调节的间接效应占二者总的间接效应的 49.17%，中介路径二社会机敏性的间接效应占二者总的间接效应的 50.83%。

其次，检验结果表明自我调节（$\beta=-0.151$，$p<0.001$）在专制型教养与领导角色效能之间的间接效应显著，其自助抽样 95% 的置信区间是 [−0.210，−0.096]，假设 H5b 得到支持。此外，检验结果还表明社会机敏性（$\beta=-0.104$，$p<0.001$）在专制型教养与领导角色效能之间的间接效应显著，其自助抽样 95% 的置信区间是 [−0.161，−0.051]，假设 H6b 得到支持。因此，在专制型教养与领导角色效能之间的这两条中介路径经检验均为显著，中介路径一自我调节的间接效应占二者总的间接效应的 59.22%，中介路径二社会机敏性的间接效应占二者总的间接效应的 40.78%。

最后，检验结果表明自我调节（$\beta=-0.102$，$p<0.001$）在放任型教养与领导角色效能之间的间接效应显著，其自助抽样 95% 的置信区间是

［-0.159，-0.050］，假设 H5c 得到支持。此外，检验结果还表明社会机敏性（$\beta=-0.076$，$p<0.01$）在放任型教养与领导角色效能之间的间接效应显著，其自助抽样 95% 的置信区间是 ［-0.125，-0.034］，假设 H6c 得到支持。因此，在放任型教养与领导角色效能之间的这两条中介路径经检验均为显著，中介路径一自我调节的间接效应占二者总的间接效应的 57.30%，中介路径二社会机敏性的间接效应占二者总的间接效应的 42.70%。

5.4.4 调节效应检验

本研究为了深入分析概念模型成立的边界条件，建立了以父母认同感作为调节变量来影响自我调节与社会机敏性的理论概念模型。研究采用 SPSS 26.0 软件来检验父母认同感是否有调节作用。若 95% 置信区间内不含有零，那么调节效应可以认为是显著的。表 5-48 为父母认同感调节效应的检验结果，因变量为自我调节和社会机敏性。

表 5-48　调节效应检验的结果

假设	交互项	因变量	调节效应	P 值	95%置信区间		结果
					下限	上限	
H7a	权威型教养·父母认同感	自我调节	0.095 ***	0.000	0.056	0.147	成立
H7b	专制型教养·父母认同感	自我调节	-0.060 **	0.005	-0.105	-0.019	成立
H7c	放任型教养·父母认同感	自我调节	-0.036	0.084	-0.086	0.011	不成立
H8a	权威型教养·父母认同感	社会机敏性	0.087 **	0.001	0.048	0.133	成立
H8b	专制型教养·父母认同感	社会机敏性	-0.068 **	0.003	-0.114	-0.030	成立
H8c	放任型教养·父母认同感	社会机敏性	0.021	0.573	-0.022	0.073	不成立

注：*** 代表 $P<0.001$、** 代表 $P<0.01$、* 代表 $P<0.05$。

假设 H7a 预测，父母认同感增强了权威型教养与自我调节之间的正相关关系。表 5-48 显示，权威型教养和父母认同感交互项所显示出的调节效应（$\beta=0.095$，$p<0.001$）自助抽样 95% 的置信区间是 ［0.056，0.147］。由于

95%置信区间内不含有零，且数值都大于零，因而调节效应是具有显著性的，调节变量父母认同感增强了权威型教养与自我调节之间的正相关关系，假设 H7a 得到支持。为更直观地表现父母认同感的调节效应，依据艾肯与外斯特（Aiken and West，1991）的研究建议，本研究分别以父母认同感的均值加一个单位标准差与均值减一个单位标准差作为基准，绘制了不同父母认同感水平下权威型教养对自我调节作用的变化图像[325]。图 5-1 显示，父母认同感的水平越高，权威型教养与自我调节间的正相关关系就越强。因此，假设 H7a 进一步得到了支持。

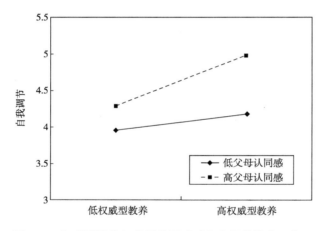

图 5-1　权威型教养与父母认同感对自我调节的交互作用

假设 H7b 预测，父母认同感增强了专制型教养与自我调节之间的负相关关系。表 5-48 显示，专制型教养和父母认同感交互项所显示出的调节效应（$\beta=-0.060$，$p<0.01$）自助抽样 95%的置信区间是 [-0.105，-0.019]。由于 95%置信区间内不含有零，且数值都小于零，因而调节效应是具有显著性的，调节变量父母认同感增强了专制型教养与自我调节之间的负相关关系，假设 H7b 得到支持。为更直观地表现父母认同感的调节效应，依据艾肯与外斯特（1991）的研究建议，本研究分别以父母认同感的均值加一个单位

标准差与均值减一个单位标准差作为基准，绘制了不同父母认同感水平下专制型教养对自我调节作用的变化图像。图 5-2 显示，父母认同感的水平越高，专制型教养与自我调节间的负相关关系就越强。因此，假设 H7b 进一步得到了支持。

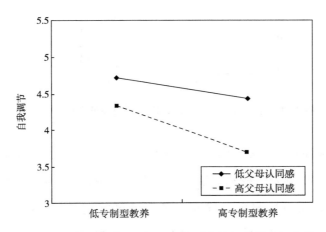

图 5-2 专制型教养与父母认同感对自我调节的交互作用

假设 H7c 预测，父母认同感增强了放任型教养与自我调节之间的负相关关系。表 5-48 显示，放任型教养和父母认同感交互项所显示出的调节效应（$\beta=-0.036$，$p>0.05$）自助抽样 95% 的置信区间是 [-0.086，0.011]。由于 95% 置信区间内含有零，因而调节效应是不显著的，调节变量父母认同感不能显著增强放任型教养与自我调节之间的负相关关系，假设 H7c 未得到支持。为更直观地表现父母认同感的调节效应，依据艾肯与外斯特（1991）的研究建议，本研究分别以父母认同感的均值加一个单位标准差与均值减一个单位标准差作为基准，绘制了不同父母认同感水平下放任型教养对自我调节作用的变化图像。图 5-3 显示，在父母认同感的水平逐渐升高的情况下，放任型教养与自我调节间的负相关关系并未得到显著增强。因此，进一步说明了假设 H7c 未得到支持。

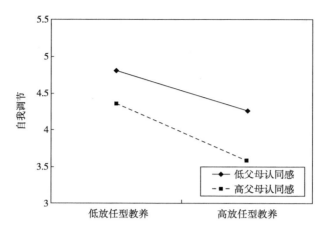

图 5-3　放任型教养与父母认同感对自我调节的交互作用

　　假设 H8a 预测，父母认同感增强了权威型教养与社会机敏性之间的正相关关系。表 5-48 显示，权威型教养和父母认同感交互项所显示出的调节效应（$\beta = 0.087$，$p < 0.01$）自助抽样 95% 的置信区间是 [0.048, 0.133]。由于 95% 置信区间内不含有零，且数值都大于零，因而调节效应是具有显著性的，调节变量父母认同感增强了权威型教养与社会机敏性之间的正相关关系，假设 H8a 得到支持。为更直观地表现父母认同感的调节效应，依据艾肯与外斯特（1991）的研究建议，本研究分别以父母认同感的均值加一个单位标准差与均值减一个单位标准差作为基准，绘制了不同父母认同感水平下权威型教养对社会机敏性作用的变化图像。图 5-4 显示，父母认同感的水平越高，权威型教养与社会机敏性间的正相关关系就越强。因此，假设 H8a 进一步得到了支持。

　　假设 H8b 预测，父母认同感增强了专制型教养与社会机敏性之间的负相关关系。表 5-48 显示，专制型教养和父母认同感交互项所显示出的调节效应（$\beta = -0.068$，$p < 0.01$）自助抽样 95% 的置信区间是 [-0.114, -0.030]。由于 95% 置信区间内不含有零，且数值都小于零，因而调节效应是具有显著性的，调节变量父母认同感增强了专制型教养与社会机敏性之间的负相关关系，

假设 H8b 得到支持。为更直观地表现父母认同感的调节效应，依据艾肯与外斯特（1991）的研究建议，本研究分别以父母认同感的均值加一个单位标准差与均值减一个单位标准差作为基准，绘制了不同父母认同感水平下专制型教养对社会机敏性作用的变化图像。图 5-5 显示，父母认同感的水平越高，专制型教养与社会机敏性间的负相关关系就越强。因此，假设 H8b 进一步得到了支持。

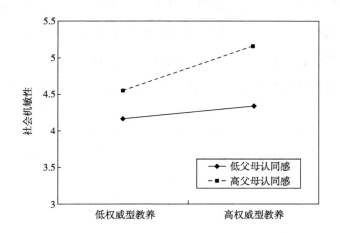

图 5-4　权威型教养与父母认同感对社会机敏性的交互作用

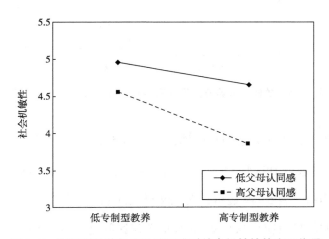

图 5-5　专制型教养与父母认同感对社会机敏性的交互作用

假设 H8c 预测，父母认同感增强了放任型教养与社会机敏性之间的负相关关系。表 5-48 显示，放任型教养和父母认同感交互项所显示出的调节效应（$\beta=0.021$，$p>0.05$）自助抽样 95% 的置信区间是 [-0.022，0.073]。由于 95% 置信区间内含有零，因而调节效应是不显著的，调节变量父母认同感不能增强放任型教养与社会机敏性之间的负相关关系，假设 H8c 未得到支持。为更直观地表现父母认同感的调节效应，依据艾肯与外斯特（1991）的研究建议，本研究分别以父母认同感的均值加一个单位标准差与均值减一个单位标准差作为基准，绘制了在不同父母认同感水平下放任型教养对社会机敏性作用的变化图像。图 5-6 显示，父母认同感的水平越高，放任型教养与社会机敏性间的负相关关系就越弱。因此，进一步说明了假设 H8c 未得到支持。

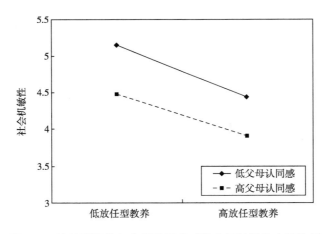

图 5-6　放任型教养与父母认同感对社会机敏性的交互作用

在此基础上，本研究运用自助抽样法（$n=5\,000$）检验父母认同感的调节中介效应[326]。假设 H9a 预测，父母认同感强化了权威型教养对领导角色效能的间接正向作用。表 5-49 显示，在低父母认同感的条件下，权威型教养对领导角色效能的间接效应为 0.029，95% 的置信区间是 [-0.016，0.080]。由于 95% 置信区间内含有零，说明该间接效应是不显著的。在高父母认同感的条

件下，权威型教养对领导角色效能的间接效应为 0.334，95% 的置信区间是
[0.268，0.397]。由于 95% 置信区间内不含有零，说明该间接效应是显著的。
因此，父母认同感的水平越高，权威型教养对领导角色效能的正向影响越大，
假设 H9a 得到支持。

表 5-49　调节中介效应检验的结果（一）

假设	权威型教养→领导角色效能		效应系数	标准误	95%置信区间		结果
	因变量	调节变量			下限	上限	
H9a	领导角色效能	低父母认同感	0.029	0.038	-0.016	0.080	成立
		高父母认同感	0.334	0.045	0.268	0.397	

假设 H9b 预测，父母认同感强化了专制型教养对领导角色效能的间接负
向作用。表 5-50 显示，在低父母认同感的条件下，专制型教养对领导角色效
能的间接效应为-0.031，95% 的置信区间是 [-0.082，0.015]。由于 95% 置
信区间内含有零，说明该间接效应是不显著的。在高父母认同感的条件下，专
制型教养对领导角色效能的间接效应为-0.355，95% 的置信区间是 [-0.421，
-0.290]。由于 95% 置信区间内不含有零，说明该间接效应是显著的。因此，
父母认同感的水平越高，专制型教养对领导角色效能的负向影响越大，假设
H9b 得到支持。

表 5-50　调节中介效应检验的结果（二）

假设	专制型教养→领导角色效能		效应系数	标准误	95%置信区间		结果
	因变量	调节变量			下限	上限	
H9b	领导角色效能	低父母认同感	-0.031	0.038	-0.082	0.015	成立
		高父母认同感	-0.355	0.046	-0.421	-0.290	

假设 H9c 预测，父母认同感强化了放任型教养对领导角色效能的间接负
向作用。表 5-51 显示，在低父母认同感的条件下，放任型教养对领导角色效
能的间接效应为-0.022，95% 的置信区间是 [-0.074，0.021]。由于 95% 置
信区间内含有零，说明该间接效应是不显著的。在高父母认同感的条件下，放

任型教养对领导角色效能的间接效应为-0.248，95%的置信区间是［-0.309，-0.185］。由于95%置信区间内不含有零，说明该间接效应是显著的。因此，父母认同感的水平越高，放任型教养对领导角色效能的负向影响越大，假设H9c得到支持。

表 5-51　调节中介效应检验的结果（三）

假设	放任型教养→领导角色效能		效应系数	标准误	95%置信区间		结果
	因变量	调节变量			下限	上限	
H9c	领导角色效能	低父母认同感	-0.022	0.037	-0.074	0.021	成立
		高父母认同感	-0.248	0.042	-0.309	-0.185	

5.5　假设检验结果的汇总与讨论

由以上的检验结果可知，本研究所提出的 23 个假设得到了研究实证数据的验证，有 2 个假设未得到验证。假设检验结果的汇总见表 5-52。

表 5-52　假设检验结果的汇总

假设	假设内容	检验结果
H1a	权威型教养与自我调节之间存在正相关关系	成立
H1b	专制型教养与自我调节之间存在负相关关系	成立
H1c	放任型教养与自我调节之间存在负相关关系	成立
H2a	权威型教养与社会机敏性之间存在正相关关系	成立
H2b	专制型教养与社会机敏性之间存在负相关关系	成立
H2c	放任型教养与社会机敏性之间存在负相关关系	成立
H3	自我调节与领导角色效能之间存在正相关关系	成立
H4	社会机敏性与领导角色效能之间存在正相关关系	成立
H5a	自我调节在权威型教养与领导角色效能的关系中起到了中介作用	成立
H5b	自我调节在专制型教养与领导角色效能的关系中起到了中介作用	成立
H5c	自我调节在放任型教养与领导角色效能的关系中起到了中介作用	成立
H6a	社会机敏性在权威型教养与领导角色效能的关系中起到了中介作用	成立

假设	假设内容	检验结果
H6b	社会机敏性在专制型教养与领导角色效能的关系中起到了中介作用	成立
H6c	社会机敏性在放任型教养与领导角色效能的关系中起到了中介作用	成立
H7a	父母认同感增强了权威型教养与自我调节之间的正相关关系	成立
H7b	父母认同感增强了专制型教养与自我调节之间的负相关关系	成立
H7c	父母认同感增强了放任型教养与自我调节之间的负相关关系	不成立
H8a	父母认同感增强了权威型教养与社会机敏性之间的正相关关系	成立
H8b	父母认同感增强了专制型教养与社会机敏性之间的负相关关系	成立
H8c	父母认同感增强了放任型教养与社会机敏性之间的负相关关系	不成立
H9a	父母认同感强化了权威型教养对领导角色效能的间接正向作用	成立
H9b	父母认同感强化了专制型教养对领导角色效能的间接负向作用	成立
H9c	父母认同感强化了放任型教养对领导角色效能的间接负向作用	成立
H10	领导角色效能与领导力认可之间存在正相关关系	成立
H11	领导角色效能与团队绩效之间存在正相关关系	成立

5.5.1 父母教养方式与自我调节、社会机敏性的关系

本研究证实了权威型教养对自我调节与社会机敏性的正向作用，以及专制型教养和放任型教养对自我调节与社会机敏性的负向作用。具体而言，权威型教养对自我调节（$\beta = 0.256$，$p < 0.001$）与社会机敏性（$\beta = 0.221$，$p < 0.001$）存在显著的正向影响；专制型教养对自我调节（$\beta = -0.223$，$p < 0.001$）与社会机敏性（$\beta = -0.239$，$p < 0.001$）存在显著的负向影响；放任型教养对自我调节（$\beta = -0.272$，$p < 0.001$）与社会机敏性（$\beta = -0.267$，$p < 0.001$）存在显著的负向影响。

本研究的实证分析结果深化了以往关于父母教养方式与子女人际关系处理能力之间联系的研究。关于父母教养方式与自我调节和社会机敏性之间的联系，本研究的实证结果得出了与先前研究相类似的结论，这些研究也证实了权威型的父母教养方式是发展子女人际关系处理能力的唯一最佳方

式[68-69,299]。因此，本研究的实证结果与印证了以往的研究，即权威型父母所养育的孩子可以有更好的自我和社会能力发展[327-329]。

本研究运用人生领导力发展周期理论、社会学习理论和初级社会化理论的框架来解释父母教养方式与自我调节之间的关系。根据人生领导力发展周期理论与初级社会化理论的观点[20,285]，家庭是个体早期成长的主要环境。在与父母接触的过程中，如果孩子得到了足够的照顾和自主性的训练，则有利于孩子的健康成长，这也会促进他们自我调节能力的发展。此外，依据社会学习理论[292]，如果个体能够很好地将家庭规范学习内化并整合到自身的价值体系中，那么可以将这种行为确认为一种自主形式的调节，他们也往往会表现出更强的自我调节能力。在自我调节方面，研究证实了墨菲与约翰逊的观点[7]，并得出结论：父母教养方式与自我调节存在着显著的相关关系。

类似地，本研究运用人生领导力发展周期理论、社会学习理论和初级社会化理论的框架来解释父母教养方式与社会机敏性之间的关系。根据社会学习理论[278,282]，积极和建设性的亲子互动，如父母对行为背后理由的解释和引导，在子女掌握技能过程中的指导性交流，以及子女学习父母处理任务的策略和行为，可以培养孩子有效解决问题的沟通技能。这进一步发展了子女的交流能力和社会意识，使得他们更易于处理好人与人之间的关系[296]。此外，依据人生领导力发展周期理论和初级社会化理论[20,285]，采用权威型教养方式的父母是显著的家庭内部力量，可以满足子女的沟通需求，帮助孩子更容易且更有效地内化人际交流的能力和具体的沟通习惯。因此，本研究也从实证角度证实了父母教养方式与社会机敏性之间的相关关系。

总之，本研究的数据分析与检验结果符合研究的假设和理论框架，即基于人生领导力发展周期理论、社会学习理论和初级社会化理论的视角，实证结果显示相较于专制型教养以及放任型教养，权威型教养对子女的自我调节和社会机敏性的发展是最积极且最理想的。

5.5.2 自我调节、社会机敏性与领导角色效能的关系

根据实证分析的结果，研究证实自我调节（$\beta = 0.374$，$p < 0.001$）和社会机敏性（$\beta = 0.343$，$p < 0.001$）均对领导角色效能存在显著的正向影响。领导角色效能是管理者对自身执行构成领导角色行为能力的信心判断[173]。在人生领导力发展周期理论和社会学习理论的建构下，自我调节能力水平高的管理者适应性强，能够合理地看待全局，可以在多变的组织情境中与不同的员工合作[109]。他们在花时间思考后会审慎决定，并根据逻辑和经验行事。此外，管理者的同理心、激励下属以及出色的社交技巧等较强的社会机敏性可以促使他们充满自信地评估自身的领导力。他们既拥有高水平的协调与下属工作关系的能力，也能够增强自身掌控组织环境的信心和对管理行为的信念[278]，最终提高他们的领导角色效能。多项研究也显示，自我调节和社会机敏性较强的管理者往往有更高的领导角色效能[10,174,305]。因此，当管理者在成长过程中培养发展了自我调节和社会机敏性，在他们进入工作组织承担领导任务后，他们相信能够成功发挥自身的领导力，并在下属的合作和努力下，实现组织团队所设定的预期目标。

5.5.3 自我调节和社会机敏性的中介效应

研究的实证结果显示，自我调节在父母教养方式与领导角色效能之间的关系中发挥着中介作用（占据总间接效应的 57.30%），即父母教养方式对领导角色效能的影响是通过自我调节来实现的。依据人生领导力发展周期理论的观点[7,296]，父母回应性的高低，如温暖接纳和鼓励自主态度的强弱，关系着父母和子女之间能否建立良好的关系，并影响着他们与孩子之间的关联感。而且，不同的父母教养方式对子女自主选择的尊重程度不同，这关系着未来能否诱发孩子的自主意识[20,296]。此外，不同的父母教养方式还通过情感态度

和双向沟通的顺畅性来影响子女自我效能感的强弱[68]。因此，不同类型的父母教养方式能否满足子女的三种心理需求（关联感、自主性和效能感），关系着子女长期的自我调节水平的高低，进而影响他们成年工作后组织管理过程中的领导角色效能。

研究结果也证实了社会机敏性在父母教养方式与领导角色效能之间的关系中发挥着中介作用（占据总间接效应的 42.70%），即父母教养方式对领导角色效能的影响是通过社会机敏性来实现的。依据人生领导力发展周期理论和社会学习理论的观点[7,40,278]，与专制型与放任型教养相比较，权威型教养方式与个体的社会机敏性有更强的正相关性。父母回应性的养育因素，如微笑和赞美的积极影响，对子女的情绪做出反馈，以及非等级性的沟通，能够为子女提供安全的家庭情感环境并引导他们内化对特定人际关系的理解与把握，这些均对学习和发展贯穿一生的社会机敏性具有支持和强化作用[67,296]。因此，由父母教养发展出的子女沟通交流技能，满足了他们的关联感和效能感等心理需求，关系着子女长期的社会机敏性水平的高低，进而影响他们成年工作后组织管理过程中的领导角色效能。

总之，本研究的数据分析与检验结果符合所做出的中介假设和理论框架，即基于人生领导力发展周期理论和社会学习理论的视角，实证结果显示，自我调节和社会机敏性在父母教养方式与领导角色效能之间起到了中介作用，而且相较于社会机敏性，自我调节在总的间接效应中承担了更多的中介作用（57.30%>42.70%）。

5.5.4　父母认同感的调节作用

根据实证结果，父母认同感显著强化了权威型教养与自我调节（$\beta = 0.095$，$p < 0.001$）和社会机敏性（$\beta = 0.087$，$p < 0.01$）之间的正向关系。父母认同感的水平越高，权威型教养对自我调节和社会机敏性的正向影响就越大；反之，

父母认同感的水平越低，其影响就越小。同时，父母认同感显著强化了专制型教养与自我调节（$\beta=-0.060$，$p<0.01$）和社会机敏性（$\beta=-0.068$，$p<0.01$）之间的负相关关系。父母认同感的水平越高，专制型教养对自我调节和社会机敏性的负向影响就越大；反之，父母认同感的水平越低，其影响就越小。巴林等（1998）的研究也表明，父母认同感正向调节了权威型教养与子女自我管理和人际关系管理之间的关系[38]。根据初级社会化理论[285]，对于父母认同感水平较高的孩子，父母的教养对他们的认知与行为有较为深化的影响。他们会以父母的价值体系作为他们未来在社会关系中的行动指南。在个体的成长期，高水平的父母认同感会给他们后来的自我和社会关系管理留下深刻的印记[288]。因此，有着较高父母认同感的孩子，更会遵循父母权威型教养或专制型教养培养的价值体系来指导他们的自我管理和人际关系技能，即自我调节和社会机敏性的发展。

但是实证结果显示，父母认同感未能显著调节放任型教养与自我调节间的负相关关系（$\beta=-0.036$，$p>0.05$）；父母认同感未能显著调节放任型教养与社会机敏性间的负相关关系（$\beta=0.021$，$p>0.05$）。而且，父母认同感的水平越高，放任型教养与社会机敏性间的负相关关系就越弱。这可能是因为，由于子女认同父母不控制和不做要求的教养方式[38,63]，他们会尽可能让自己来调节自身的行动以及参与社会的交往活动，在一定程度上发展了孩子的自我调节能力和社会机敏性。因而，放任型教养对自我调节和社会机敏性的负向作用并不会受到父母认同感的显著影响。

进一步，本研究检验了父母认同感的调节中介作用。结果显示，父母认同感显著调节了权威型教养、专制型教养以及放任型教养对领导角色效能的间接作用。父母认同感的水平越高，权威型教养对领导角色效能的间接正向作用就会越大；反之，父母认同感的水平越低，其间接正向作用就会越小。父母认同感的水平越高，专制型教养和放任型教养对领导角色效能的间接负向作用就会越大；反之，父母认同感的水平越低，它们的间接负向作用就会越小。这表明，当孩子有较高的父母认同感时，他们会有意识或无意识地将不同程度的父母价值理念应用于他们自身的心理和行为[309]，进而影响在工作中完成管理任务的信心与能力。根据人生领导力发展周期理论和初级社会化理论[7,288]，子女对父母认同感的水平越高，父母在他们成长发展中的印记就更深，这些印记也越易于从家庭关系转移到社会人际关系中，因而在作为管理者时的领导角色效能受父母教养方式的影响也就越大。

5.5.5 领导角色效能与领导力有效性的关系

本研究的实证结果显示，领导角色效能对领导力认可（$\beta = 0.402$，$p < 0.001$）存在显著的正向影响。领导力认可是指下属对上级领导能力的看法和认同程度，它也反映了领导对下属的影响力[194-195]。管理者的领导角色效能越高，他们对自身的领导能力也就越有信心[172]。上级能够以鼓舞人心的方式向下属传达他们在推动组织工作方面的作用，以及他们的计划、领导、决策等行为。下属对上级领导工作的目标、步骤以及任务处理和完成程度越了解，他们对领导的信任感和认可度也就越高。此外，效能感较高的管理者可以激发下属的创造力与参与热情[192]。他们能够从容地指导下属并适当沟通和分享，以激发员工的工作动力，最终获得来自下属对自身领导力的认可。已有的研究也指出，管理者在组织中的领导角色效能尤为重要，它在较大程度上关系着下属对上级领导力的看法和认同程度[174]。因此，管理者高水平的领导角色效能有助于提升下属的领导力认可程度。

此外，本研究也证实了领导角色效能对团队绩效（$\beta = 0.510$，$p < 0.001$）的正向影响。团队绩效是指团队完成特定任务的进度、效率与质量[208-209]。管理者的领导角色效能越高，他们越相信自身有能力成功地对团队进行领导[185]。作为高自我效能感的管理者，他们有动机和能力及时地与整个团队沟

通目标、计划和基准等方面的工作内容[182]。高效的团队管理意味着让拥有不同观点和经历的下属一起协作完成工作任务，管理者要有信心为团队提供支持，以应对团队可能经历的各种变化，并最终为所管理团队的绩效带来正向影响。此外，已有研究发现，当管理者的领导角色效能处于高水平状态时，管理者就能够融入团队成员之中，并充分听取团队各方的意见[185]。也就是说，管理者通过建立透明沟通、彼此信任、相互尊重和友爱的环境，让团队成员们感到坦诚相待，从而带动整个团队工作绩效的提升。因此，管理者高水平的领导角色效能有助于提升整个团队的绩效。

　　本章详细阐述了对问卷数据分析与检验的结果。首先，描述了样本数据的基本特征。其次，通过 Cronbach's α 值、探索性以及验证性因子分析，检验了样本数据的信度与效度。分析结果显示，样本数据的信效度较好，能够开展之后的检验分析。接着，借助独立样本 T 检验以及单因素方差分析这两种方法，检验了人口统计学相关变量对模型变量的影响程度。然后，通过直接效应检验、中介效应检验以及调节效应检验对本研究所提出的各个研究假设进行了检验。最后，对假设检验的结果进行了整理与讨论。

6 结论与展望

本章依次对研究的结论、创新点、实践启示、局限与未来展望进行系统和深入的总结、分析与说明。

6.1 研究结论

企业要赢得长期激烈的市场竞争，必须拥有具备良好领导能力和优秀领导素质的管理人才。领导力的发展并非一朝一夕之功，研究和实践也不应仅限于企业内部的领导能力培训，而是要在个体的一生之中不断地培养和发展。认识管理者早期成长的过程，特别是家庭养育经历对领导力发展的影响，已成为学术与企业界逐渐开始关注的研究课题[330]。鉴于此，本研究在人生领导力发展周期、社会学习以及初级社会化理论的基础上，以自我调节、社会机敏性和领导角色效能为中介变量，父母认同感为调节变量，建立了父母教养方式影响管理者领导力有效性的理论模型。本研究采用问卷调查的方法，运用统计处理程序将实证数据进行了分析，从而对理论模型的假设做出了验证。总结前文，本研究得出的结论如下：

（1）父母教养方式对管理者的领导力有效性有着至关重要的影响

现有研究关于领导力的前因主要集中在性格、组织支持、家庭工作冲突等方面。鲁宾等（Rubin et al.，2005）的研究显示，管理者的不同性格会对其领导力的有效性产生不同程度的影响[331]。海曼等（Hammer et al.，2011）的研究发现，管理者的家庭工作冲突会对其领导力的有效性产生负向影响[332]。此外，还有研究指出来自组织的支持能够提高管理者的领导力有效性[333]。然而，这些研究忽略了领导力的起源[7,24]。一些研究者指出，与家庭有关的早期经历是个体心理和行为模式形成的关键阶段[274,334-335]。本研究认为，父母的养育经历为子女早期的社会化提供了基础，这些个人际关系处理的基本能力会影响他们作为组织管理者的领导力有效性。为验证此观点，研究以父母教养方式作为研究前因进行了理论研究。

本研究的分析结果表明，父母教养方式对管理者的领导力有效性有着至关重要的影响。具体而言，权威型教养有助于提升管理者的领导力有效性，而专制型教养和放任型教养则有碍于管理者的领导力有效性。根据人生领导力发展周期理论[7,274]，管理者的领导力能够在整个生命周期中发生长期持续性的变化。早期的家庭经历为未来的管理者打下了必要的基础，并会影响其在组织中的领导工作。本研究发现，父母教养方式关系着孩子的个人际关系处理的基本能力，进而影响其组织管理工作中的领导角色效能，并最终影响其领导力有效性。权威型教养满足了子女在成长过程中的调节和社交领导基本能力的发展，因而他们在承担组织管理任务时相信能够成功发挥自身的领导力，促进下属认可其领导力并提升整个团队的绩效。与之相反，采取专制型教养和放任型教养的父母让子女不断积累了领导力发展的不利因素，导致他们缺乏执行领导角色的信心，从而不利于下属认可其领导力并降低了整个团队的绩效。

（2）权威型教养方式是发展子女领导力的最佳养育方式

关于父母的教养方式与子女成长和发展之间的联系，大部分研究认为权威型教养是不同类型的父母教养方式中的最佳形式[68,299]。本研究的结果与这些实证研究相呼应，并进一步探讨了三种父母教养方式与领导力有效性之间的关系，这是对父母不同类型教养方式下的结果研究的拓展。通过对比分析，本研究发现，相较于专制型教养以及放任型教养，权威型教养对子女未来工作中的领导力有效性是最积极且最理想的，权威型教养方式是发展子女领导力的最佳养育方式。

采用权威型教养的父母的低水平控制，能够引起子女对特定规范的遵守，可以最大限度地增强对规范的内化，并进一步帮助孩子在执行该特定规范时形成自我激励[67]。而且，在子女成长过程中，由于对自主性和尊重的需求提高，他们更易于接受父母的积极回应[296]，如自主性支持和温暖关怀。权威型教养的父母通过其低水平的控制和高水平的回应，向子女提供行动背后的理由、肯定子女的行为、理解子女的感受，并为孩子提供选择[55,298]。权威型教养方式满足了孩子的成长需求并促进了他们心理和行为的学习内化过程，这能够提升他们的调节能力。此外，权威型教养通过培养子女的积极情绪和内化人际沟通能力来帮助孩子发展社会机敏性。这些基础性的领导力培养会对子女在未来管理工作中的领导角色效能产生积极影响，并进一步提升其领导力的有效性。总之，研究的分析结果证实了理论框架中的权威型教养方式是三种教养方式中唯一的正向影响因素。因此，研究结论得出，父母权威型的教养方式对子女领导力的提升与发展是最为理想的。

（3）高父母认同感的子女成为管理者后会放大其父母养育经历的影响

研究结果表明，父母认同感显著强化了权威型教养对自我调节和社会机敏性的正向作用，父母认同感显著强化了专制型教养对自我调节和社会机敏性的负向作用。因此，父母认同感可以增强权威型和专制型父母教养方式对子女人际关系处理的基本能力的影响。根据初级社会化理论[285,288]，在子女的成长期间，高水平的父母认同感会给他们后来的自我和社会关系管理留下深刻的印记。当父母在养育子女时,父母认同感较高的孩子会更多地遵循父母的价值观与行为,并将父母作为模仿对象,父母的教养方式对这些孩子的影响更大[38]。与父母认同感较低的孩子相比,父母认同感较高的孩子会放大父母的权威型和专制型养育行为对他们自我调节与社会机敏性的影响。这意味着,有着较高父母认同感的孩子,会遵循着父母的价值体系来指导他们的自我管理和人际关系管理技能的培养,即自我调节和社会机敏性的发展。因此,父母认同感有助于放大权威型教养和专制型教养方式对自我调节与社会机敏性的影响。

进一步,本研究验证了父母认同感的调节中介作用。父母认同感反映了子女对父母价值观和行为的理解程度与态度[249]。孩子在成长过程中往往会选择父母作为模仿对象,通过学习他们的情感和行为来获得人生经验。父母认同感较高的孩子认为与父母的关系比与其他人员的关系更为重要,他们往往投入更多的时间精力学习父母的价值观,因而在情感和行为上更接近父母[38]。因此,当孩子有较高的父母认同感时,他们会有意识或无意识不同程度地将父母的价值理念应用于他们自身的心理和行为[309],进而影响在工作中完成管理任务的信心与能力。本研究的结果显示了高父母认同感的子女成为管理者后会放大其父母养育经历的影响。

(4) 领导角色效能可以显著地提升领导力有效性

本研究的实证分析结果表明,领导角色效能与领导力认可及团队绩效之间有着显著的正向关系。这显示了管理者的领导角色效能对其领导力有效性有着十分重要的影响。此结论和当前领导力方面的相关研究保持一致,即领导角色效能可以显著地提升领导力有效性。

本研究指出,父母教养方式最终是通过领导角色效能对领导力有效性起作用的。可以看出,领导角色效能对子女发挥其成长阶段所逐渐培养的领导力具有关键性的作用。管理者作为组织中的关键节点,他们对自身领导能力

的信心和判断，会对下属与团队产生重要的影响[174]。在组织中，管理者扮演着指导、帮助团队及其成员的角色。本研究的分析结果显示，领导角色效能可以显著提升管理者的领导力有效性。具体来说，一方面，管理者的领导角色效能较高时，他们易于与下属建立彼此信任和相互尊重的高效工作环境，让团队成员之间坦诚相待，进而带动整个团队工作绩效的提升。另一方面，效能感较高的管理者能够从容的指导下属并适当的沟通和分享，以激发员工的工作动力，最终获得来自下属对其领导力的认可。先前的国外研究也表明，领导角色效能有助于提升团队的绩效以及增加下属对领导力的认可程度[174,185]。本研究虽然是在中国情境下进行的，但同样证实了领导角色效能对领导力有效性发挥了重要的作用。

6.2 研究创新点

（1）从溯源性的视角理解管理者领导力的发展

本研究显示，管理者领导力发展的起点在管理者成年之前，是在个体整个生命周期中持续发生的。然而，当前有关领导力发展过程的研究大多局限于企业组织之中，而针对童年与青少年阶段领导力发展的相关研究却较少，没有系统地考虑早期父母的影响。正如人生领导力发展周期理论所述，个体领导技能的发展在一生中并非匀速进行的，在童年和青少年这些相对敏感时期[43-44]，领导力可以在父母适当的培养和干预下快速发展。而且，领导力的发展是一个自我强化的过程[35]，父母及时地正面评价将会增强子女对自我领导力评价的信心，为未来的领导发展提供持续的动力。此外，以往有关领导力发展的研究大多是建立在依恋、内隐领导等理论之上[40-41]，而在学者们提出人生领导力发展周期理论之后，迄今为止实证研究仍未对其进行充分的检验。本研究以人生领导力发展周期、社会学习和初级社会化理论为基础，融合管理学、心理学以及社会学等学科内容，探讨了子女成长阶段与父母的交互经历对其组织领导力的影响，从溯源性的视角突破了以往仅局限于组织中的领导力发展研究，并拓展了较为前沿的人生领导力发展周期理论的运用。

（2）揭示了父母教养方式对孩子作为管理者的领导力有效性的作用机理

本研究不仅从溯源性的视角来理解管理者领导力的发展，还进一步阐释了父母教养方式对子女领导力有效性的作用机制。先前关于分析家庭成长环境影响领导力有效性机理的研究相对较少[14,19]，研究响应了里吉奥和芒福德（Riggio and Mumford，2011）的呼吁[18]，揭示了父母教养方式对子女作为管理者的领导力有效性的理论机制。具体来说，本研究在人生领导力发展周期、社会学习和初级社会化理论的基础上，以自我调节、社会机敏性和领导角色效能为中介变量，建立了父母教养方式对领导力有效性的影响机制。父母教养方式先是会影响到孩子的自我调节和社会机敏性，进而影响其成为管理者后的领导角色效能，并最终影响到其下属对他的领导力有效性评价。此外，本研究还借助实证分析对该作用机制的有效性与可靠性进行了验证。本研究通过机制的建立及检验揭示了父母教养方式影响子女领导力有效性的"黑箱"，加深了对家庭成长环境与领导力有效性内在逻辑机理的认识，从而有助于理解父母教养方式为何会对子女作为管理者的领导力有效性产生正向或负向的影响，填补了该领域研究的不足。

（3）探讨了领导力发展的间接因素，即自我调节与社会机敏性的中介作用

本研究通过自我调节与社会机敏性的双重中介机制阐释了父母教养方式对子女作为管理者的领导角色效能的影响，从实证方面检验了达伊（2000）所提出的在领导力发展过程中具有关键性作用的自我调节和社会机敏性这两个因素[276]，更为深刻地揭示了领导力发展的机制，为长周期的领导力研究带来了一定启示。人生领导力发展周期理论指出，管理者个人的自我调节反映了其积极和有意识地改变情绪、认知和行为的自主性能力，人际的社会机敏性反映了其在社会环境和人际交往中准确观察和理解他人的社交能力，这两者均在父母教养方式与领导角色效能之间扮演着承上启下的作用[14,105,138]。实证结果也支持了刘争光等（2019）可以从管理者早期家庭因素中的心理与行为发展角度去探索领导力发展间接因素的观点[24]。因此，本研究有助于弥补管理者早期的发展因素影响其领导角色效能研究的不足，从而深化了对领导力发展的理解，也丰富了自我调节与社会机敏性作为间接因素的有关研究。

（4）分析了领导力发展的边界条件，即父母认同感的调节作用

本研究还进一步通过父母认同感的调节作用分析了父母教养方式对自我调节、社会机敏性的影响，以及父母教养方式对领导角色效能的间接影响。研究响应了墨菲与约翰逊（2011）关于探析个体早期发展相关因素和领导力发展结果间的边界条件的建议[7]，这填补了先前研究的不足。根据社会学习理论[36]，个体会选择他们所认为的具有更强的能力、更高的权威或更大的权力的人员作为模仿对象，通过学习他们的情感和行为来获得人生经验。父母认同感高的子女更乐于遵循父母的价值体系来作为他们未来在社会关系中的行动指南，并为自我和社会关系管理留下更为深刻的印记[288]。换言之，当孩子有较高的父母认同感时，他们会将父母的价值理念应用于自身的心理和行为[309]，进而影响其在工作中完成管理任务的信心与能力。由此，本研究完善了领导力发展的相关研究，也丰富了父母认同感作为边界条件的实证研究。

6.3 研究实践启示

（1）企业应关注管理者成长过程中的父母养育经历，做到有的放矢

本研究的结果显示了来自父母的养育经历对子女成年后领导力的重要性。因此，企业应向管理者提供心理咨询与评估，通过沟通了解管理者的早期父母养育经历。如果管理者在专制型教养或放任型教养的家庭环境中成长，就有必要在后期持续关注他们的心理健康和领导行为,并尽早采取行动提升他们的领导角色效能。企业通过提供支持和帮助,找出导致管理者领导角色效能较低的早期父母养育因素,通过分析问题的症结,进而寻求解决该问题的办法。而且,企业需要定期组织安排管理者和下属之间的团队建设活动。这样可以加强在专制型教养或放任型教养的家庭环境中成长起来的领导与下属的沟通和理解,增强下属对管理者领导力的认可程度,以营造和谐的团队氛围。此外,企业还应鼓励管理者对下属的指导、帮助与反馈行为,并将与下属接触频繁的领导岗位更多地分配给在权威型教养的家庭环境中成长起来的管理者,以优化组织的人力资源配置。

(2) 企业应全面审视长周期中的领导力,加大领导力发展项目的投入

目前,学术与企业界对于领导力的开发和培训仍是以已工作的组织人员为重点[8]。但是,本研究显示在个体成长的早期,领导力的发展就已经开始。因而,企业与社会需要改变当前短期领导力培训速成的观念,把有关领导力发展的理论成果应用于实践工作,全面审视与探索个体早期发展领导力的因素,增加对儿童与青少年领导力提升项目的资金投入,为管理者培养奠定良好的外部基础,并向企业提供充足的管理者后备遴选人才。

(3) 管理者应理解父母养育经历对领导力的影响,主动调整自身的心理与行为

本研究可以增强管理者对领导力有效性来自成长过程中父母养育根源的理解。研究发现,由于早期的父母教养方式塑造了管理者的自我调节能力和社会机敏性,进而对他们在企业中的领导角色效能以及最终的领导力有效性产生影响。当管理者注意到父母教养方式与领导力之间的联系时,有助于他们调整工作中的心理和行为,采取行动增强自身承担领导角色的信心,并培养与下属的积极工作关系。例如,管理者可以花更多时间与下属沟通,了解他们的工作状态,给予他们充分的指导和帮助,为他们提供良好的团队工作

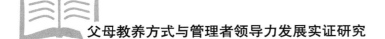

氛围。这样一来，即使管理者在专制型教养或放任型教养的家庭环境中成长，其负面影响也能够在一定程度上得到缓解。

（4）父母应把握孩子的成长规律，在子女小时候就培养他们的领导力

在孩子的成长过程中，父母要为他们创造一个温馨的环境，并对他们进行积极的引导与鼓励。这样做不仅能满足子女基本的心理需求，而且有助于其人际关系处理的基本能力不断向更深层次提升，进而有利于孩子领导力的早期培养阶段顺畅度过[276,296]。具体来说，父母应当以温暖的态度接纳孩子，给予孩子充分的自由发展空间，尊重子女的情绪表达与个人意愿，增加开亲子之间的交流互动，在子女成长的过程中，积极引导他们去解决问题，为孩子的领导力发展营造一个温暖且幸福的家庭环境。

（5）父母应关注子女成长期间领导力发展的敏感时期

本研究发现，相较于成年之后，管理者成长的早期阶段是其自我调节和社会机敏性领导力基础素质发展的相对敏感的时期。根据人生领导力发展周期理论，个体领导技能的发展在一生中并非匀速进行的，在儿童和青少年这些相对敏感时期[43-44]，领导力可以在父母适当的培养下快速发展。因而，处于成长早期的孩子更易于接受外部环境的领导力干预。父母合理把握孩子领导力发展的敏感时期，可以帮助他们获取到提升领导能力的宝贵经验。

6.4 研究局限与未来展望

在已有研究的基础上，本研究探讨了父母教养方式对子女的领导力有效性的影响，阐释了其中的内在作用机制，弥补了领导力发展研究的不足，并充实了相关的研究理论，同时也在实践方面提供了一些参考。然而，此项研究仍然存在着一定的局限性。现总结出研究的不足之处，以便对未来相关研究做进一步的探索。

(1) 本研究仅探讨了父母对子女领导力发展的影响，而未考虑其他潜在因素

本研究未分析管理者在成长期间的学校环境和其他潜在的社会因素。一些研究指出，上述这些因素也会影响个体心理与行为模式的形成[336-338]。虽然个体最重要的早期成长环境是由他们与父母的关系所构成的，但也涉及外部环境，如与老师、朋友、同学的关系。这些人员的行为以及他们与管理者成长期间的交往方式也可能会对管理者的领导力发展产生影响。在墨菲与约翰逊（2011）建立的人生领导力发展周期体系中，学校的经历（如参加集体活动、同学之间的交往）也会在一定程度上培养个体的领导力[7]。此外，研究者德–尼夫等（2013）已经指出，特定的先天基因与后天的领导角色具有一定的相关性[23]。因此，未来的研究应拓展关于领导力发展的实证研究范围，从一个更加综合的角度探讨遗传、早期家庭、学校综合因素影响下的领导力发展机制。

(2) 未来应采用纵向的研究方式，长期追踪管理者成长期间的领导力发展

本研究以横断研究的方式进行了研究设计，该种方法的优点是被试不易流失，能够在较短的时间周期内获得研究结果[339]。但是，横断研究的方法并不能完全确定各个变量关系间的因与果。比如，管理者可能会将自身较强的自我调节能力和社会机敏性归结于父母良好的教养。而在纵向研究中，可以在较长的时间段内将相同的被试群体重复进行测试，克服了横断研究的上述缺陷[339]。通过纵向的研究，能够进一步观察到管理者成长过程中心理特征的变化及稳定性。因此，未来应采用纵向研究的方式，对管理者成长期间的领导力发展进行长期追踪，并再次对本研究的结论进行验证。

(3) 文化因素与行业因素应纳为未来检验本研究理论模型的影响因素

东西方不同的文化因素可能在本研究所建立的理论机制中发挥着一定的作用。本研究是在中国开展进行的，并以企业中的管理者和他们的下属作为分析样本。中国是典型性的集体文化国家，密切的早期家庭亲子关系是中国传统家庭文化的重要组成部分[340-341]，因而相较于西式文化，父母更有可能影响子女成长阶段的领导力发展。目前，学术界对不同文化中父母教养方式对子女领导力有效性的影响差异仍然知之甚少。因此，在其他文化环境中复制本研究，并验证本研究理论模型的普遍性可以作为未来领导力发展研究的一个方向。此外，虽然本研究选择了适合验证理论模型的具有代表性的企业，但是为了进一步确认本研究的可靠性，建议未来的此类研究选取不同行业的企业样本来检验，并关注研究结论是否存在差异。

　　本章对研究的结论、创新点、实践启示、局限与未来展望进行了系统和深入的总结、分析与说明。

7 领导力的早期发展因素与领导力实证研究成果

7.1 父母权威型教养方式对子女管理者涌现的影响机制①

在中国国内产业转型升级和企业开拓海外市场的背景下，组织迫切需要具有高效领导力的领导者，培养和发展领导者的领导力对组织来说十分关键。高效的领导力要求领导者必须将思想传达给组织成员，制定满足组织需求的决策，激励成员采取行动，避免战略上的失误[1-2]。为了培养高效的管理者，组织在领导力的培训过程中会从团队管理技巧、自身情绪管理、思维习惯调整等方面来优化领导方式，以期提高组织整体的工作效率[3]。但是多项研究的结果表明，虽然组织的培训项目能够帮助管理者更好地履行领导职责，使管理者能够以新的方式思考和行动，但是这些培训的成效仍然十分有限[4-5]。

① 本节内容 2020 年 7 月刊发于《经济管理》第 42 卷第 7 期。通讯作者：李代珩。张明玉，李代珩，武文，等. 父母权威教养方式对子女领导者涌现的影响机制 [J]. 经济管理，2020, 42 (7)：141-157.

因此，突破现有管理研究与实践中遇到的瓶颈，从更深入的视角来探索领导力的有效培养和发展十分有必要。

管理者发展是指个体以遗传因素为基础而成长为管理者的连续化、系统化过程，该过程主要涉及两部分，包括早期（0~18 岁）经历和成年后的工作经历等[6-7]。管理者发展的相关研究起源于对组织中成员领导力的开发和培训。然而，相当多的管理者在参加领导力的培训项目时认为，如果能够从更早的时间开始进行领导力的提升工作，效果会更加显著[8]。组织成员很可能在进入组织之前就已经有了管理者的发展经验，这些早期的发展经验对成年时期的领导工作十分重要[7]。"全球青年领袖计划"是一个旨在培养在校高中生和大学生领导力的国际培训项目，该培训的持续追踪结果显示，项目发展了一批具有高效的组织领导力的管理者。鉴于此，本研究认为关注领导力在儿童和青少年阶段的早期培养意义重大。然而，现有的关于管理者发展的研究大多是针对组织中管理者的，忽略了管理者早期潜在的领导力发展[14]。近年来，学者们在基因以及其他早期领导力发展因素（如亲子依恋、家庭环境）方面的研究有所增加，这表明个体的成长发展轨迹正在逐渐吸引此方面研究者的注意力[22-24]。

由于个体早期主要成长在家庭环境之中，父母在领导力的早期发展中扮演着重要的角色，个体会受到亲子关系、情绪心理等因素的影响，因此，研究影响子女领导力发展的父母因素有着重要的意义。许多著名的企业家在自我剖析为何会获得巨大的商业成就时，都会将其归因于早年间深受父母的重要影响。例如，华为的创始人任正非在《我的父亲母亲》一文中谈及，童年时期父母对他在生活和教育上的付出巨大，在早年就培养了他自立、自强和勇于承担责任的意识。实证研究也表明，父母在个人领导力的发展上发挥着重要的作用。扎卡拉托斯等（2000）研究了青少年对父母所表现出的变革型领导行为的反应，以及他们如何将这种经验应用于提高在学校团队中的领导有效性上[25]。刘争光等（2019）的研究表明，父母的过度教养行为会对青少年的领导力产生的负面影响，并提出要继续探索父母养育与青少年领导力关系的主张[24]。此外，墨菲和约翰逊（2011）基于领导者早期发展的前因后果，从不同的角度考察了领导者发展的"种子"，这些"种子"包括早期个体因素、家庭因素、早期学习经历等早期发展因素，它们在个体成年之前的不同阶段生根和发芽[7]。他们认为，在儿童和青少年的成长过程中，特别是与父母相关的养育经历深刻地影响着子女身份意识和调节能力的形成与发展，进而影响他们未来领导力涌现和有效性。

在墨菲和约翰逊（2011）提出个体早期的发展经历可能对其未来领导力的发展产生影响的观点后，还未得到实证数据的充分检验。而且，目前关于个体领导力的早期发展因素与领导者涌现的影响机制还仍在探索中。此外，领导者发展的相关研究多是在国外情境下开展的。鉴于此，本研究基于人生领导力发展周期理论，结合当前中国父母在养育子女的方式由传统思维向现代观念的转变，认为父母权威型教养方式与子女后续领导力的正向发展有着相应的联系，并通过管理者发展中的自我意识和自我调节这两个核心概念，建立此联系的中介机制，以及探索这一机制的边界条件社会机敏性，来揭示年轻的领导者发展领导技能的"黑箱"，以期把握领导力早期发展的规律和特点，为领导力的开发与培养提供科学的依据。

7.1.1 理论背景

7.1.1.1 人生领导力发展周期理论

人生领导力发展周期理论认为，管理者发展是在一生中长期持续的领导力变化，发展早期阶段的经验和实践（如家庭因素、学习经历）为将来所需的领导能力提供了基础，并持续影响个人的一生[7,274]。管理者发展是变化的一种形式，领导力不能在没有变化的情况下发展[275]。该理论涉及管理者发展的两个方面：认识和改变。认识被定义为一个人因为经验或实践而获得的持续性改变，然后驱动领导者发展[275]。管理者发展来自思维模式的改变和新的行为，从经验中产生的新思维模式，可以帮助管理者发展他们的领导力。

在墨菲和约翰逊（2011）的领导力发展模型中，来自早期家庭环境的成长经历会改变个人的潜在领导力及其领导力的发展轨迹[7]。该论点主要基于两点原因：第一，领导力的发展存在相对敏感的时期。有多项研究表明，个体领导力的发展在整个人生阶段不是平均增长的，而是有着一个敏感时期，特别是在个体早期的青少年阶段，如果适时适当地进行干预和培养，领导力能够获得快速发展[43-44]。由于个体在早期这一敏感阶段，会频繁地与父母接触和交互，所以父母的教养方式能够潜移默化地对个体的思维和行为方式产生影响，领导能力在此时就会取得基础性发展，而这一塑造在就业工作之后已经稳定，难以再发生大方向的改变。第二，领导力的发展是自我强化的过程。有研究表明，个体在领导力获得基础性的发展之后，若及时地给予积极的评价，会增强个体对自身领导能力的判断，相信自己能够继续承担领导的职责[34]。这种情况类似于滚雪球效应，是自我强化的过程，个体在此过程中获得了一个自我实现预言的效应[35]。因此，来自早期家庭的激励可以对未来领导力的发展产生持续推动的作用。

此外，在管理者发展的长周期中，与领导力发展最相关的是个人自我意识和自我调节能力的发展[277]。自我意识是领导力发展的首要条件，自我调节是管理者发展的另一个重要组成部分[20,342]。而且，两者都是管理者发展研究中被关注的因素，被认为与潜在的领导力和领导力的有效性有着很强的联系。综上所述，可以认为人生领导力发展周期理论能够为本研究提供扎实的理论基础。

7.1.1.2 管理者发展与领导者涌现的概念界定

（1）管理者发展

管理者发展是指个体基于遗传、早期成长经历、工作经历等因素而构成

的领导力持续发展过程[6]。管理者发展是一个动态的过程，本质是多层次和
纵向的[20]。具体来说，管理者发展涉及个体基因、技能、经验、学习、个性
等方面，在发展过程中个体逐步理解自我和外部环境的组织原则，领导力也
随着此过程的推移而获得发展和应用。在墨菲和约翰逊（2011）的模型框架
中，管理者发展包括了随着时间的推移，遗传基因、父母的教养方式、亲子
依恋类型、早期的学习经历等因素对个体知识和能力的持续塑造[7]。早期管
理者发展的主要内容为：成长经历在管理者发展中扮演的角色，发展中的管
理者面对问题时的处理方式，个体的特质（如性格、智力）对管理者发展的
影响，管理者的早期培养是否有助于未来在组织中成长为高效的领导者等。
管理者发展的重点是与领导角色相关的个人知识和能力的发展，这些成为领
导所必需的知识和能力使个体能够以组织领导的方式思考和行动[343]。与管理
者发展相关的个体内在因素包括自我意识（如自我概念、自信心）、自我调节
（如自我控制、可信度、适应性），这些方面有助于增长个体的知识、信任和
能力，被认为是领导力的基本要素。

（2）领导者涌现

领导者涌现是广泛存在于组织中的一种领导身份识别现象，指组织中的
个体是否或者多大程度上能够被组织成员视为领导者[344]。在一个人可以影响
他人达到共同目标之前，应先被视为组织的领导者，即作为领导者涌现十分
重要，它是个体未来成为有效领导者的第一步[24]。主要可以从三个方面来理
解领导者涌现背后的含义：第一，只有当个体涌现为组织中的领导者之后，
领导风格、领导行为、领导力的有效性等概念才能够显现出实际意义；第二，
某个个体涌现为组织中的管理者，体现了组织成员对其基本领导素质的认可；
第三，没有涌现为组织中管理者的个体，可能是因为存在个体自身、外部环
境等限制因素。领导者涌现是管理者身份识别过程的起点，这是从新手到专
家漫长而连续的过程[24,41]。这个过程多起步在青少年时期，如大学阶段的班

级、社团、学生会干部等，不仅是个体未来走向工作中组织领导的第一步，还是考察个体后续在组织中领导力的基础。

7.1.2　理论模型与假设

7.1.2.1　父母权威型教养方式与子女领导者涌现

"当我难过时，父母会给予我安慰和理解""父母在要求我做某件事之前会考虑我的意愿"。近年来，随着中国的发展与进步，传统思想里家庭中长幼尊卑有序和不平等的观念正在逐渐转变。父母越来越注重与子女的平等协作，在很多孩子的成长过程中，都形成了父母对子女严格要求与理解沟通的养育模式，学术界将这种养育行为称为"父母权威教养方式"或"父母权威民主教养方式"[345-346]。父母权威型教养方式是一种以子女为中心且对子女的心理成熟度拥有高期望的养育方式，这种父母能够理解子女的感受，并指导和调节子女的行为。由于父母的理解和支持及鼓励子女的自主发展，此类子女有着相比于同龄人更高的成熟度和独立性。父母权威教养方式在中国当前的背景下具有相当的普遍性，在将来更是有大范围的扩展性。现有研究已经证实，父母对子女的权威型教养方式会激发孩子自主需要、能力需要和关系需要的满足，维护孩子自主性与亲子联结的平衡，增强自我效能感和自我认同感的发展，促进情绪调整能力的发展。父母为子女打造相对理性的家庭成长环境，有利于提高子女自信、自尊、品德等内在素养，以及社会行为、操守等外在素养[33,47]。

根据人生领导力发展周期理论，家庭是个人早期主要的成长环境，子女在与父母的接触过程中，接受他们的温暖关怀和自主性培养后，有利于其茁壮成长，会促进子女未来领导力的发展和作为领导者涌现[7,40]。父母权威型教养方式主要通过温暖接纳、引导说理、鼓励自主三个方面[296]对领导者涌现产生影响。首先，父母会为子女提供温暖的家庭环境并积极回应子女的困境。此类父母会在子女表现良好的时候给予表扬；当子女难过时，父母会鼓励子女谈论自己的烦恼；在子女遇到问题时，会在一定程度上帮助子女找到合适的解决方法。成长在这种环境下的子女能够体验到家庭的温暖，自信心得到父母不断地培养，有利于形成独立人格。其次，父母能够宽容子女的缺点并正确引导子女的行为。也就是说，父母在子女做错事时，首先不是对其进行惩罚，而是让子女基于常识来做出判断，若判断不合理，父母会与子女探讨行为的后果，以及为什么要遵守此种规则。此类父母对子女的养育方法是引导说理性的，这种亲子关系会引导子女在成长中注重规则和秩序，有助于与他人进行真诚的交往，促进子女责任意识的培养。最后，父母会鼓励子女在成长过程中自主进行探索。采用权威型教养方式的父母所养育的子女是独立且自力更生的，他们不会严格限制子女可以做什么，不可以做什么。父母做事之前会考虑子女的意愿，他们期望子女变得成熟自主并鼓励子女做出自身的选择。父母的这种做法会让子女在成长中早日摆脱父母的影响，充分拥有自主选择和决策的机会，有利于子女自主意识和自律能力的培养。关于儿童发展的研究发现，采用上述温暖接纳、引导说理和鼓励自主的父母所培养的子女拥有主见、自律能力、社会责任感，以及较强的合作意识[347]，促进了他们沟通、组织、决策等领导技能的发展，有助于将来他们在组织中能够涌现为领导者，并承担管理者的角色。由此，本研究提出以下假设：

假设1：父母的权威型教养方式对子女的领导者涌现具有正向影响。

7.1.2.2　自我意识的中介作用

达伊（2010）认为，管理者的发展伴随着个人认知和行为的变化。它是通过管理者不断明晰自我概念以及不断调整自我行为来实现的[348]。因此，管理者的发展主要包括两个方面：自我意识和自我调节[277,342]。自我意识和自我调节是有关管理者发展的两种内省能力，它们允许管理者学习新技能或培养新能力。自我意识反映了个人对自身身份的认知程度，以及自我认知与他人对个人认知的一致性程度[349]。

根据人生领导力发展周期理论，具有管理者潜质的个人自我意识主要体现在三个方面：准确的自我概念、情感自知程度和自信心[276]。首先，拥有准确自我概念的个体通常会努力了解自己，并结合周边的环境，不断地进行自我反思，注意自己的内心感受，检查自己的动机，尽力去明晰形成准确的自我认知和评价。其次，情感自知能力强的个体在解决问题时有自己的思维方式，能够注意到自身随环境变化而发生的情绪变化，并能调整自己的情绪态度。最后，自我意识强的个体对自身能力有信心，在面对外界的变化时，能够坦然地面对，相信可以通过自身的行动来解决问题。

父母对子女权威型的教养方式促进了子女自我概念、情感自知和自信心等方面自我意识的形成和发展。由于父母温暖的关怀和鼓励自主发展，这种环境下成长的孩子通常能够充分了解自己，感受到自身情绪的变化，可以对自身的行为产生有效的反思，易于形成准确的自我概念[350]。此外，由于父母鼓励子女自身进行探索，这促进了子女的思维和行动方式的培养，有利于将来形成独立的人格。在与他人交往的过程中，他们可以充分产生对自身身份的感知，能够从容地进行沟通和协商。比如：在小组合作解决问题时，这类孩子拥有对自身思维方式的感知，不容易受到他人的干扰，即使自身的观点受到反驳，也能够进行批判性的思考或接受；在小组面前发言时，他们不容易出现紧张和焦虑的情绪。相关研究也表明，父母权威型教养方式会从自我身份、自我价值和自信心等多方面促进子女自我意识的正常发展[351]。由此，本研究提出以下假设：

假设2：父母的权威型教养方式对子女的自我意识具有正向影响。

自我意识对于一个人成为管理者至关重要，它反映了具有管理者潜质的个人对自我的概念、情绪、思维模式、行动能力的感知和把握[352]。首先，自我意识强的个人能够正确评估自己的长处和弱点，了解自己的动机、感受和需求，认识到自己的思考和行动所带来的影响。其次，他们能够把握生活中面对各种事情所应有的态度，进而用积极的情绪去处理。最后，他们能够感知到自己的思维模式和行动方式，相信自身有能力去应对和解决各种问题。

根据人生领导力发展周期理论，管理者领导力的早期发展是个人在成长的时候，在多方面的交互经历过程中获得的发展[7,274]。交互经历包括环境和他人，其中最重要的是与父母的交互经历，这是一个人自我意识逐步增强的过程[353]。当父母为子女提供了充分的引导、自主性和温暖关怀，就会促进他们自我意识的发展，进而提高他们准确的自我概念、情感自知和自信心这些基本领导力潜质涌现的可能性，有利于子女将来在组织团体中承担领导者的角色。奥利弗等（Oliver et al.，2011）的研究指出，父母采用不同养育子女的方式，会影响子女自我概念的形成，进而影响到他们未来领导力的涌现[354]。这说明子女的自我意识在父母的养育方式和子女作为领导者涌现的关系中具有中介作用。由此，本研究提出以下假设：

假设3：子女的自我意识对其作为领导者涌现具有正向影响。

假设4：子女的自我意识在父母权威型教养方式与子女作为领导者涌现的关系中具有中介作用，父母权威型教养方式会促进子女自我意识的产生，进而提高子女作为领导者涌现的可能性。

7.1.2.3 自我调节的中介作用

自我调节是自我主动地、有意识地参与并改变自身情感、认知和行为的过程[105]。通过这一过程，个体积极地参与并调节自身的情绪和活动，以实现短期或长期的目标，此过程具体包括设定目标、计划、策略安排、控制等其他为达到目标而进行的自我管理活动[105,109]。

父母对子女的权威型教养方式有利于他们自我调节能力的培养。从早

期发展的角度来看，自我调节能力是个人在与外界环境和他人的交互过程中逐步形成的，尤其是与父母间的关系[275]。父母权威型教养的特征是采用温暖接纳、引导说理和鼓励自主的方式养育子女，为子女提供多种关怀和支持，进而促进亲子间的关系，这种教养方式能够提高子女的自我控制和适应能力。研究发现，父母权威型教养方式与子女心理调节能力的有正向关系[355]。威廉姆斯等（2012）的研究也表明，父母权威型教养方式有利于子女对情绪的把控，以及增强外部适应能力，进而提升子女的自我调节能力[110]。海姆佩尔等（2018）的研究指出，父母的权威型教养方式能够促进子女自我管理能力和环境适应能力的发展，进而增强子女的自我调节能力[111]。因此，父母的权威教养方式有利于子女的情绪控制、适应性等方面能力的培养，从而促进子女自我调节能力的发展。由此，本研究提出以下假设：

假设5：父母的权威型教养方式对子女的自我调节具有正向影响。

个体自我调节的过程对领导力的发展至关重要。自我调节会对个体的心理和行动产生影响。一方面，个体依据外界环境的变化及时调控自身的情绪和行为。另一方面，个体确定自己的行动目标，评估自身的行动与其所设立的目标之间的差距，通过及时的计划调整来消除差距。正如索斯克等（Sosik et al.，2002）的研究所述，"个体希望通过自身的行动与目标达成一致，因此，通过心理和行动的不断调整，朝着消除差距的目标努力，并提高行动的有效性"[356]。根据人生领导力发展周期理论，自我调节能力是判断一个人是否具有领导者潜质的重要条件，它主要体现在四个方面：自我控制、可信度、个人责任和适应性[7,276]。自我调节能力强的个人能够控制自身的情绪和行为，面对多变的环境沉着应对，能够很快适应当前环境的变化[105]。此外，自我调节能力强的个人还能够控制计划安排的进展情况[356]。他们具有很强的执行力，为达到自身的目标，制定相应的计划，并在实际情况变化时及时进行调整;若未达到目标,也敢于承担行动失败的后果。

成长在父母权威型教养方式这种积极家庭环境中的孩子,由于父母提供的多种支持和引导,促进了他们自我调节能力的发展。这些孩子拥有自我控制和适应能力,执行力、自控力、责任意识等领导者必备的素质在他们身上易于形成,有利于他们将来在组织团体中承担管理者的角色。多项研究指出,无论是为子女提供温暖关怀的父母,还是在子女成长过程中给予充分自主性的父母,他们的子女往往都具有较强的自我调节能力,而这与青少年的领导能力密切相关[69,357]。这说明子女的自我调节能力在父母的权威型教养方式和子女作为领导者涌现的关系中具有中介作用。由此,本研究提出以下假设:

假设6:子女的自我调节对其作为领导者涌现具有正向影响。

假设7:子女的自我调节在父母权威型教养方式与子女在领导者涌现的关系中具有中介作用,父母权威型教养方式会提升子女自我调节的能力,进而提高子女领导者涌现的可能性。

7.1.2.4 社会机敏性的调节作用

根据人生领导力发展周期理论,管理者的发展不仅需要自我意识和自我调节能力这些个人的自我因素,在此基础上还有赖于人际的社会意识[7,277]。也就是说,个体在认识自身的基础上,还需要运用社会技能去认识他人并影响他人,才能更易于涌现为组织的领导者。社会机敏性是指个体准确观察他人的能力。社会机敏性高的个体对社会环境中的人际交往有着更准确和深入的理解[138],这类人善于观察他人,能够准确地解释他人在社会环境中的行为[302]。

本研究认为,社会机敏性可以调节自我意识与领导者涌现,以及自我调节与领导者涌现的关系。在与他人的交往时,高社会机敏性的个体拥有较高的直觉和悟性,擅长察觉他人行为幕后的动机。与低社会机敏性的个体相比,他们能够在把握自身的基础上，更好地认识和了解他人，建立与他人之间的关系。此外，高社会机敏性的个体为了影响他人，知道应该说什么、做什么，从而在自我意识和自我调节这些自我因素的基础上，放大它们对领导者涌现带来的正向影响。当子女接触外部环境，与组织中的人员交往时，高社会机敏性的子女拥有更强的社会意识，更容易把握好人际间的关系，从而增强自我因素对领导者涌现的影响，在组织中脱颖而出。萨恩和埃默里克（Sun and Emmerik，2015）也在研究中证实了社会机敏性的调节作用[358]。由此，本研究提出以下假设：

假设8：子女的社会机敏性在自我意识和领导者涌现间起正向调节作用，即子女的社会机敏性水平越高，自我意识对领导者涌现的影响越大。

假设9：子女的社会机敏性在自我调节和领导者涌现间起正向调节作用，即子女的社会机敏性水平越高，自我调节对领导者涌现的影响越大。

综合以上分析，本研究构建了一个贯穿个人成长时期的领导力发展理论模型，如图7-1所示。

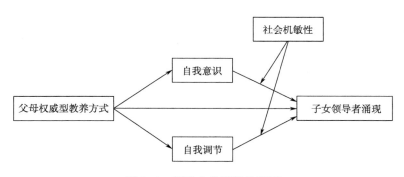

图7-1　领导力发展理论模型

7.1.3　研究方法

7.1.3.1　研究样本

调研样本来自北京、天津、郑州等地区的5所高校的大学生。本研究的问卷由大学生报告其感知到的父母权威型教养方式、自身的自我意识、自我调节、社会机敏性和领导者涌现。问卷采用现场调研的形式，并在高校学生的协助下完成。为提高此次问卷调研的回收率，强调了问卷的结果只用于科学研究，确保调研数据的隐私性和保密性。此外，还要求填答者仔细阅读并根据个人实际情况回答所有问题。此次调研共收回 698 份问卷，其中有 23 份问卷学生成长过程中没有与父亲和母亲在一起，28 份问卷填答不当、未通过注意力检查选项（选项"本题请您直接选择'不同意'"勾选错误），剔除这部分问卷后得到有效样本 647 份，问卷有效回收率为 92.69%。

在有效样本中，性别方面：男生 299 人，占 46.21%，女生 348 人，占 53.79%；年龄方面：平均年龄为 20.30 岁；学业成绩方面：获得国家学业奖学金占 0.46%，获得一等学业奖学金占 3.55%，获得二等学业奖学金占 6.34%，获得三等学业奖学金占 10.36%，未获得学业奖学金占 79.29%；父亲接受的教育水平方面：高中以下占 3.09%，高中占 57.65%，大专占 20.56%，本科占 13.14%，本科以上占 5.56%；母亲接受的教育水平方面：高中以下占 19.78%，高中占 53.48%，大专占 12.98%，本科占 10.66%，本科以上占 3.09%；家庭年收入方面：5 万元以下占 4.02%，5 万~10 万元占 51.16%，10 万~15 万元占 21.17%，15 万~20 万元占 17.77%，20 万元以上占 5.87%。

7.1.3.2　测量工具

本研究使用的测量工具均为国外学者编制的成熟英文量表。为了保证测量工具的信度和效度，本研究严格依照"回译法"的要求将英文量表转换成中文量表[359]。首先，邀请了两位熟悉领导者发展领域的研究者将英文量表翻译为中文量表。然后，邀请该领域英语水平较高的另外两位研究者将翻译的中文量表再次翻译回英文。最后，由这四名研究者比较中英文量表的差异性，并调整和修改了其中的差异，从而确定中英文版本的量表具有相同的语义。如未特别指出，本研究的量表均采用七点法的李克特量表，1~7 代表从"完全不同意"到"完全同意"由低至高的测量水平。

（1）权威型教养方式

采用罗宾逊等（1995）开发并由吴佩霞等（2002）修订的15题项量表对父母权威型教养方式进行测量，量表包含三个维度：温暖接纳（7项），引导说理（4项）以及鼓励自主（4项）[296,360]。各维度包括"当我难过时，父母会给予我安慰和理解""当我有行为不端的情况时，父母会对我讲道理并一起进行探讨""父母鼓励我表达自己的意见，即使我与他们的意见不一致"等。在本研究中，量表的 Cronbach's α 值为 0.903。

（2）自我意识

采用费尼格施泰因等（Fenigstein et al.，1975）开发的23题项量表对自我意识进行测量，量表包含三个维度：私我意识（10项），公我意识（7项）以及社会焦虑（6项）[361]。各维度包括"我通常会留意自己的内心感受""我关心别人对我的看法""在陌生的环境里，我能很快克服害羞"等。在本研究中，量表的 Cronbach's α 值为 0.879。

（3）自我调节

采用帕迪拉–沃克和克里斯滕森（2011）研究中使用的13题项量表对自我调节进行测量[312]。包括"我能够控制自己的脾气""一旦有了目标，我就会制订实现目标的计划"等。在本研究中，量表的 Cronbach's α 值为 0.907。

（4）社会机敏性

采用菲利斯等（2005）开发的5题项量表对社会机敏性进行测量[138]。包括"我特别擅长察觉他人行为幕后的动机""为了影响他人，我似乎总是本能地知道该说什么或该做什么"等。在本研究中，量表的 Cronbach's α 值为 0.894。

（5）领导者涌现

领导者涌现可以通过领导者在等级结构中占据的角色来衡量[19]。采用刘争光等（2019）的测量方式[24]，本研究调查了学生从小组级别到学校级别所担任的最高级别的领导角色，学生的领导角色编码如下：未担任任何领导职务得 0 分，担任课堂小组长得 1 分，担任班级领导职务（班委、课代表等）得 2 分，担任学院或学校领导职务（学生会、社团、协会等）得 3 分。研究中的编码分数遵循正态分布（偏度 = 0.042，峰度 = −0.369）。

（6）控制变量

本研究将可能对研究变量造成影响的学生性别、学业成绩、父亲教育水平、母亲教育水平和家庭收入五个变量作为控制变量。

7.1.4　数据分析

本研究采用 MPLUS 8.1 和 SPSS 25.0 对数据进行验证性因子分析、共同方法偏差检验、描述性统计分析、相关性分析、直接效应检验、中介效应检验、调节效应检验。

7.1.4.1　验证性因子分析

本研究对权威型教养方式、自我意识、自我调节、社会机敏性四个变量分别测试了四因子、三因子、双因子和单因子模型，检验了各变量间的区别效度，如表 7-1 所示。研究结果显示，四因子基准模型（权威教养方式、自我意识、自我调节、社会机敏性）的拟合效果最佳（$X^2/df < 3$，$RMSEA < 0.08$，$CFI > 0.9$，$TLI > 0.9$，$SRMR < 0.05$），均达到了相关研究的建议标准[362]。四因子基准模型的拟合效果明显比三因子、双因子和单因子模型要好，说明了测量模型的判别有效性。

7.1.4.2　共同方法偏差检验

为最大程度降低数据来源等原因导致的共同方法偏差，本研究在数据收集过程中从两方面加强了收集程序控制[320]。第一，在问卷设计方面，不显示研究目的，并将研究中所使用的各变量名称进行了隐藏，问卷内的各

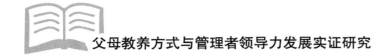

父母教养方式与管理者领导力发展实证研究

项题目尽量做到清晰、完整。第二，向调研对象告知此次数据收集的匿名性及保密性，根据自身情况真实填答问卷。在统计控制方面，对搜集到的数据的验证性因子分析表明（如表7-1所示），以一个共同方法因子包括所有变量的单因素模型拟合情况并不好（$\chi^2/df = 4.426$，$RMSEA = 0.073$，$CFI = 0.561$，$TLI = 0.545$，$SRMR = 0.089$）。此外，采用哈曼（Harman）的单因素检验方法，未旋转的探索性因素分析析出四个公共因子，第一个公共因子的方差解释率为21.593%，小于波德萨科夫等（Podsakoff et al.，2003）提出的40%的临界点[320]。因此，共同方法偏差对本研究不存在明显的影响。

表7-1 验证性因子分析

模型	χ^2	df	χ^2/df	$RMSEA$	CFI	TLI	$SRMR$
四因子模型（APS；SA；SR；SAT）	1 874.071	1 478	1.268	0.020	0.966	0.964	0.033
三因子模型（APS；SA+SR；SAT）	3 684.050	1 481	2.488	0.048	0.810	0.802	0.067
双因子模型（APS；SA+SR+SAT）	5 293.214	1 483	3.569	0.063	0.671	0.659	0.079
单因子模型（APS+SA+SR+SAT）	6 568.582	1 484	4.426	0.073	0.561	0.545	0.089

注：APS代表权威教养方式，SA代表自我意识，SR代表自我调节，SAT代表社会机敏性，+代表合并为一个因素。

7.1.4.3 描述性统计及相关性分析

各变量的均值、标准差、相关系数如表7-2所示。变量间的相关性为：权威型教养方式与自我意识（$r = 0.465$，$p < 0.01$）呈显著正相关，与自我调节（$r = 0.483$，$p < 0.01$）呈显著正相关，与领导者涌现（$r = 0.415$，$p < 0.01$）呈显著正相关；自我意识与领导者涌现（$r = 0.343$，$p < 0.01$）呈显著正相关；自我调节与领导者涌现（$r = 0.307$，$p < 0.01$）呈显著正相关。上述相关性分析结果初步说明了变量之间的关系，基本符合之前的理论预期，为下一步假设验证提供初步证据。

表7-2 变量的均值、标准差与相关系数

变量	均值	标准差	1	2	3	4	5	6	7	8	9	10
1. 性别	1.538	0.499										
2. 年龄	4.304	1.752	0.016									
3. 学业成绩	1.355	0.791	0.072	−0.007								
4. 父亲教育水平	2.604	0.948	−0.063	−0.044	0.008							
5. 母亲教育水平	2.238	0.989	−0.031	−0.003	0.086*	0.439**						
6. 家庭年收入	2.703	0.999	−0.012	−0.024	−0.050	0.402**	0.363**					
7. 权威教养方式	5.620	1.067	−0.044	0.030	0.039	0.004	−0.012	−0.021				
8. 自我意识	4.282	0.784	0.017	0.028	0.062	−0.033	−0.010	−0.052	0.465**			
9. 自我调节	4.237	1.064	0.055	0.006	0.079*	0.010	−0.036	−0.022	0.483**	0.365**		
10. 社会机敏性	3.912	1.460	0.057	−0.033	0.022	−0.024	−0.057	0.033	0.171**	0.234**	0.199**	
11. 领导者涌现	1.430	0.768	−0.043	−0.048	0.174**	0.019	−0.043	−0.023	0.415**	0.343**	0.307**	0.214**

注：样本量 $N=647$，*$p<0.05$，**$p<0.01$，双侧检验。

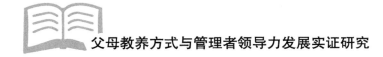

7.1.4.4　假设检验

（1）直接效应检验

本研究将学生性别、学业成绩、父亲教育水平、母亲教育水平和家庭收入作为控制变量，一并纳入研究模型进行数据分析。如表 7-3 所示，为直接效应的检验结果。权威型教养方式与领导者涌现呈正相关（$\beta = 0.201$，$p < 0.001$），假设 1 得到了实证数据支持；权威型教养方式与自我意识呈正相关（$\beta = 0.341$，$p < 0.001$），假设 2 得到了实证数据支持；权威型教养方式与自我调节呈正相关（$\beta = 0.482$，$p < 0.001$），假设 5 得到了实证数据支持；自我意识与领导者涌现呈正相关（$\beta = 0.167$，$p < 0.001$），假设 3 得到了实证数据支持；自我调节与领导者涌现呈正相关（$\beta = 0.071$，$p < 0.05$），假设 6 得到了实证数据支持。

表 7-3　直接效应检验的结果

假设	解释变量	被解释变量	标准化路径系数	标准误	P 值	结果
1	权威型教养方式	领导者涌现	0.201 **	0.034	0.000	支持
2	权威型教养方式	自我意识	0.341 **	0.038	0.000	支持
3	自我意识	领导者涌现	0.167 **	0.041	0.000	支持
5	权威型教养方式	自我调节	0.482 **	0.035	0.000	支持
6	自我调节	领导者涌现	0.071 *	0.030	0.018	支持

注：$* p < 0.05$、$** p < 0.01$、双侧检验。

（2）中介效应检验

为了深入探索父母权威型教养方式对子女领导者涌现的影响机制，本研究构建了自我意识和自我调节作为中介变量影响子女领导者涌现的理论模型。如表 7-4 所示，基于 5 000 次 Bootstrap 样本抽样，为自我意识和自我调节间接效应的检验结果。若 95% 的置信区间不包含零，则中介效应的点估计是显著的[324]。数据处理结果显示：自我意识和自我调节这两个中介变量在权威型教养方式和领导者涌现之间存在显著的间接效应。这一效应由两个中介路径构成：第一，从权威型教养方式经自我意识到领导者涌现的中介路径一，其 Bootstrap 95%置信区间为 [0.028, 0.089]，表明自我意识在权威型教养方式与领导者涌现之间具有显著的中介作用（中介路径一的间接效应系数为 0.057，占总间接效应的 62.64%），假设 4 得到了实证数据支持；第二，从权威型教养方式经自我调节到领导者涌现的中介路径二，其 Bootstrap 95%置信区间为 [0.007, 0.063]，表明自我调节在权威型教养方式与领导者涌现之间具有显著的中介作用（中介路径二的间接效应系数为 0.034，占总间接效应的 37.36%），假设 7 得到了实证数据支持。

表 7-4　中介效应检验的结果

假设	中介路径	间接效应系数	95%置信区间		中介效果
			下界	上界	
4	中介路径一 权威型教养方式→自我意识→领导者涌现	0.057	0.028	0.089	支持
7	中介路径二 权威型教养方式→自我调节→领导者涌现	0.034	0.007	0.063	支持

(3) 调节效应检验

为了进一步探索本研究的边界条件，本研究构建了社会机敏性作为调节变量影响的子女领导者涌现理论模型。如表 7-5 所示，为社会机敏性调节效应的检验结果，因变量为领导者涌现。由于自我意识和社会机敏性交互项产生的调节效应（$\beta = 0.096$，$p < 0.001$）是显著的，且数值大于零，因此调节变量社会机敏性在自我意识和领导者涌现之间存在显著的正向调节效应，假设 8 得到了实证数据支持。由于自我调节和社会机敏性交互项产生的调节效应（$\beta = 0.058$，$p < 0.001$）是显著的，且数值大于零，因此调节变量社会机敏性在自我调节和领导者涌现之间存在显著的正向调节效应，假设 9 得到了实证数据支持。

为更直观地解释社会机敏性的调节作用，本研究绘制了调节作用图，如

父母教养方式与管理者领导力发展实证研究

图 7-2 和图 7-3 所示。图 7-2 表明社会机敏性越高，自我意识与领导者涌现之间的正向关系越强。图 7-3 表明社会机敏性越高，自我调节与领导者涌现之间的正向关系越强。因此，进一步验证了假设 8 和假设 9。

表 7-5　调节效应检验的结果

假设	交互项	因变量	调节效应系数	P 值	调节效果
8	自我意识·社会机敏性	领带者涌现	0.096**	0.000	支持
9	自我调节·社会机敏性	领导者涌现	0.058**	0.000	支持

注：$*p<0.05$，$**p<0.01$；双侧检验。

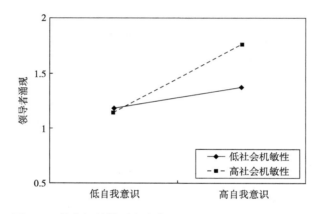

图 7-2　社会机敏性对自我意识和领导者涌现的调节效应

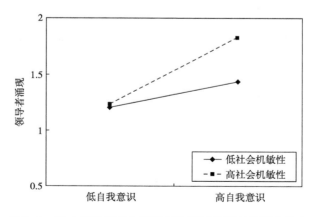

图 7-3　社会机敏性对自我调节和领导者涌现的调节效应

7.1.5 权威型教养方式对领导者涌现的积极影响

在中国企业扩大国内市场，开拓国际市场，以国内为基础逐步走向世界的过程中，获取具有潜在领导能力以及高效领导素质的管理人才，是企业在长期市场竞争中获胜的必要条件。领导力的发展不是一蹴而就的，研究与实践不应局限于企业中的领导力培训，而应该进行个人一生之中的持续培养与开发。教育与人生际遇会影响人格的塑造，理解管理者的早期成长过程，已经越来越成为学术界和企业界共同思考和研究的话题[361]。本研究基于人生领导力发展周期理论，从管理者发展的视角出发，探索了父母权威型教养方式对子女的领导者涌现的影响机制。研究主要得到以下结论：第一，父母权威型教养方式对子女的领导者涌现具有正向影响，其中介机制包含子女的自我意识和自我调节两条路径。第二，父母采用权威型教养方式，给予子女积极的引导和自主性，有利于培养子女自我意识的发展，进而影响领导者涌现。第三，父母采用权威型教养方式，有利于培养子女自我调节能力的发展，进而影响领导者涌现。第四，子女的社会机敏性水平越高，他们的自我意识和自我调节对领导者涌现的正向影响程度就越大。

7.1.5.1 理论意义

（1）从前瞻性的理论视角来理解领导力的发展

研究表明，领导力发展的根源可能早在成年之前就已开始，领导力的发展是一个持续存在于个体人生周期的过程。但是，目前领导力发展的研究相对集中在成年时期，关于儿童和青少年时期领导力发展的研究仍相对较少。此外，先前关于领导力发展的研究多是基于内隐领导、依恋等理论[41,364]，而在达伊（2000）以及墨菲和约翰逊（2011）等学者建立人生领导力发展周期理论模型后[7,276]，目前相关的实证研究还未对其进行充分的检验。本研究在该理论的基础上，融合管理学、社会学和心理学，分析了个人成长时期与父母积极的交互经历对领导者涌现的影响，深化了领导力和管理者发展的相关研究，拓展了人生领导力发展周期理论的应用。

（2）揭示了父母权威型教养方式对领导者涌现的正向影响

本研究从父母权威型教养方式角度入手，对领导者涌现的前因变量进行了分析，且为领导者涌现的研究带来了一定的启示。研究结果支持了从个人早期发展因素之中的父母养育行为角度来探索领导者涌现的前因变量的观点[24]，有利于更深刻地理解领导者涌现背后重要的家庭成长环境的作用机制。

（3）探讨了自我意识和自我调节的中介作用

本研究从自我意识和自我调节双重中介机制层面解释了父母权威教养方式对子女作为领导者涌现的积极影响，从实证角度验证了达伊（2000）提出的在管理者发展过程中应具有重要作用的自我意识和自我调节这两个内在自我因素[276]，更加深刻地揭示了管理者发展的机制。

（4）分析了领导者涌现的边界条件，即社会机敏性的调节作用

本研究在个人自我因素的基础上，更深入地探索了人际社会因素对领导者涌现的影响，回应了墨菲和约翰逊（2011）探索个体早期因素与未来领导力结果之间边界条件的呼吁[7]，填补了以往研究的不足。本研究实证检验了社会机敏性对自我意识和领导者涌现，以及自我调节和领导者涌现的正向调节作用，完善了领导者涌现的相关研究。

7.1.5.2 实践意义

（1）全面地审视长周期中的领导力，将领导力的开发实践引入到个人生命早期阶段当中

当前，学术界和企业界对领导力开发与培训的重点关注方向还集中在已就业的人群上。但本研究表明，领导力的发展在个人成长早期就已开始。因此，企业和社会有必要转变现阶段领导力培训短期速成的观念，将早期领导者发展的相关学术研究成果应用于实践之中，重点审视和探索个人生命早期之中领导力发展的有效因素，提前为领导者的培养打好基础，增加对儿童和青少年的领导力发展项目的资金投入，为将来企业遴选有效的管理者提供充足的后备人才。

（2）父母需要尊重子女的成长规律，从小就开始培养孩子的领导力

父母要在子女成长过程中创造良好的环境，积极地引导和鼓励子女的自主发展，有利于满足他们的基本心理需求，有利于个人内在因素朝着稳定和深化的方向发展，从而使得子女早期领导力的发展持续且顺畅地进行。因此，父母应给予子女足够的自主发展空间，温暖地接纳子女为家庭中的一员，尊重他们的情感表达和个人意愿，加强亲子间的沟通与互动，遇到问题时积极引导，共同努力去化解子女成长过程中的难题，为子女领导力的培养提供一个幸福、温暖且持续的成长环境。

（3）父母需要把握好子女成长过程中领导力培养的敏感时期

研究表明，与成年时期相比，青少年时期是个人自我意识和自我调节能力发展的敏感时期，此时他们对外界刺激更为敏感，外界变化对他们心理和行为的影响更为深刻。因此，处于青少年时期的孩子更容易接受来自外界的领导力培养过程。父母把握好子女领导力培养的敏感时期，有助于他们获得重要的领导力发展经验。

（4）青少年需要在学校和社会环境中培养自身的社交能力

本研究显示，个体的领导者涌现不仅需要自我因素的健康发展，同样还需要拥有人际交往社会意识。因此，青少年在学校、社会等人际交往环境中，需要尝试去锻炼自身的社交技能，如提高社会机敏性、增强冲突管理能力等，与他人交往的过程中投入情感、分享感受、彼此信任尊重，都在一定程度上有助于人际关系的培养以及领导力的发展。

7.1.5.3　局限性及未来展望

虽然本研究的结果均支持了研究模型中所提出的假设，但是在研究的范围、数据收集等方面上存在一定的局限性。

首先，本研究仅从父母权威型教养方式对领导者涌现的影响进行分析，并没有进一步分析父母权威型教养方式可能与社会机敏性间的联系。父母在塑造子女自我因素的同时，可能会进一步增强子女在融入社会环境时的社会机敏性。在墨菲和约翰逊（2011）所建立的框架中，个体早期学校中的经历（如同学交往的实践经历、参与集体体育运动）相较于父母对子女自我因素的影响，可能会更深入地影响本研究分析的社会机敏性等社会人际因素[7]。因此，未来应继续扩展早期个人经历的实证研究范围，进一步探讨早期家庭、学校综合环境下的自我和社会人际因素对领导者涌现的影响机制。

其次，本研究在研究设计方面，采用的是横断研究的方式。因此，研究不能完全确定各变量间的因果关系，比如个人可能会将自身强烈的自我意识和自我调节能力归因于父母良好的教养方式。因此，未来可采用纵向研究的方式，追踪个体在长期成长过程中领导力的发展，并再次检验研究结果。

最后，本研究仅探讨了自我意识和自我调节这两种中介机制，其他中介路径如领导动机、性格等因素也都有可能对未来的领导者涌现产生影响，此方面的机制还有待进一步研究发现。

7.2　管理者的早期家庭环境对下属反应的影响机制①

管理者的工作行为是组织研究中的一项重要课题。许多研究者探讨了组织中不同种类的管理者行为，包括积极和消极的类型。一些管理者对他们的下属有着积极的行为，如：对员工需求的敏感、体贴、支持、指导、促进、

---

① 本节内容 2021 年 6 月刊发于《Chinese Management Studies》第 15 卷第 3 期，此为中译版本。LI D, ZHANG Y, ZHANG M, et al. Why do you treat me in such ways? An attachment examination on supervisors' early family environment and subordinates' responses [J]. Chinese Management Studies, 2021, 15 (3): 575-597.

启发、问题解决和情感治疗等[365-367]。管理者也可能对他们的下属有着消极的行为，如粗心大意、滥用职权、粗暴欺凌、过度控制、不道德的行为、缺乏可信度、固执己见等[368-369]。此外，研究人员还探讨了领导行为的前因变量，如个人性格[331]、家庭—工作冲突[332] 和感知组织支持[333]。

虽然多项研究已经调查分析了为何管理者以积极或消极的方式对待下属[11-13]，但现有文献中仍存在一些不足。首先，很少有研究探讨管理者的早期（婴儿期、儿童期和青少年期）家庭环境如何影响他们对待下属的方式。由于管理者的早期生活围绕着家庭，因而家庭环境成为这段时间他们社会化的主要因素[15]。家庭环境可能会影响管理者的社会技能、社会认知以及人际关系[16-17]。其次，现有的研究只考察了家庭背景下的单一视角，即要么是积极的家庭视角（如温暖、支持性）[370-371]，要么是消极的视角（如冷漠、不支持和忽视）[17,372]。因而，有必要从全面的角度来研究家庭环境对管理者成长的影响，这同时包括积极和消极的背景。最后，现有研究发现，管理者的发展是一个可以跨越整个生命周期的过程[14,18]。一些学者也指出，管理者早期生活中的不良经历（如贫困、过度养育）会限制未来的领导者涌现[7,19,24]。然而，这些研究并没有分析此类人员如果的确进入领导岗位，及其可能展现的工作行为。

从综合的视角来研究领导工作行为的根源早期家庭环境是十分重要的。多位研究者呼吁关注领导的早期生活[7,20,24]。然而，就本研究而言，管理者的早期家庭环境还没有在组织研究中得到充分检验。因此，目前对管理者的早期家庭环境影响其下属反应的机制仍未有清晰的认识。为了填补现有文献的这些空白，本研究探讨了在不同家庭环境中成长的人员成为领导后的工作行为。

本研究在以下几个方面做出了探索。首先，本研究阐明了管理者的早期家庭环境对组织成员的影响。现有研究表明，管理者的工作行为会影响员工的反应，如工作满意度[373]、任务绩效[374]、建言行为[375]、角色外行为[333]

和组织承诺[376]。然而，管理者早期生活中家庭环境的影响还没有被深入研究。一些研究者指出，与家庭有关的生命早期阶段是塑造个体情感和行为模式的关键时期[274,334-335]。因此，在不同家庭环境中成长的管理者可能会有不同的行为。本研究分析、考察了管理者的早期家庭环境是否会影响下属的反应。

其次，本研究通过正反两方面的平行逻辑线索来分析家庭环境影响的综合路径。以往关于成长家庭环境的研究主要集中在消极方面，如冲突、攻击[17]和过度养育[24]。一些研究也指出，在积极的家庭环境中成长可以为个体提供社会支持并加强生活满意度[371,377-378]。这些研究只分析了单方面的积极或消极的影响。以往的研究认为，早期家庭环境对个体的影响机制可以从单一的角度来理解，即要么是积极的方面（如温暖、支持性[370]），要么是消极的方面（如贫困、过度养育[19,24]）。然而，一些学者指出，单一性的视角缺乏积极与消极的比较，并呼吁从综合角度探索不同的早期家庭环境是否会产生相同或不同的结果[7,24]。本研究认为，这种比较可以更好地揭示早期家庭环境对个体发展的关键性。此外，为了探讨不同的管理者工作行为与早期家庭环境之间的关系，以往单一的研究视角已经不能满足本研究的需要。为了更深入地理解其中的作用机理，本研究从更全面的角度尝试探析早期家庭环境的两条路径。

最后，本研究通过阐释管理者的早期家庭环境与下属反应的关系，对依恋理论做出了贡献[379-381]。依恋理论从需求的角度描述了孩子所占据的角色。孩子在家庭中所依赖的亲人，特别是他们的父母，扮演着照顾者或依恋对象的角色。现有的依恋理论文献主要集中在三种依恋模式（安全型、焦虑型和回避型）[382]，它们可以影响员工行为[383-384]、领导者涌现[385]以及管理者与下属的关系[386]。很少有研究涉及早期家庭环境与工作关系之间的探讨。在本研究中，通过依恋理论来研究设计的早期家庭环境如何影响他们对待下属的行为和下属的反应，从而填补了此方面的空白。

7.2.1 模型及假设

7.2.1.1 依恋理论和管理者的早期家庭环境

鲍尔比基于进化而提出的依恋理论认为,孩子来到这个世界时,在生物学上已经预设了与他人形成依恋的程序,这将会帮助他们的生存和成长[379-381]。该理论还认为,早期经验有助于发展孩子对自我以及他人的内部工作模式(心理表征的发展,特别是对自我价值和他人对自我反应的期望)[387-388]。内部工作模式是与主要照顾者互动并内化的结果,这是一个自动化的过程。因此,在个体早期成长的家庭环境中,父母的关怀和支持对孩子内部工作模式的形成和发展有着至关重要的影响。孩子在家庭中与照顾者的亲密互动形成了自我积极内部工作模式的发展。也就是说,他们认为自我是有价值的,应该得到亲密人员的爱和照顾[387]。具有积极内部工作模式的孩子也比具有消极工作模式的孩子(他们较为内向,避免亲密关系,缺乏对他人的信任)更有可能发展出对他人与外部社会环境的信任和坚定的看法[389]。

此外,鲍尔比和一些研究者声称,依恋关系和内部工作模式不仅对个体的早期婴儿期、儿童期和青少年时期有影响,而且也与未来的社会认知和社会行为相关[390-393]。个体与父母的早期经历逐渐产生了关于自我和他人的思想、记忆、信念、期望、情绪和行为的系统[387]。该系统一旦建立起来,内部工作模式就会随着时间的推移基本保持一致,并随着时间、环境和经验的发展而变得复杂而精密[394]。年纪较大的儿童和成人的内部工作模式相比幼儿的内部工作模式整合了更高级的认知能力[395]。此后,内部工作模式在整个成年时期继续发展,并帮助个体面对友谊[396]、爱情[382]和工作关系[37],所有这些都涉及不同的行为和感受[379]。因此,管理者在早期家庭生活中形成的内部工作模式可能会影响他们对下属的行为。

总之,基于依恋理论,本研究建立了一个将管理者的早期家庭环境与他们对待下属行为和下属反应（工作满意度、工作–家庭增益和任务绩效）联系起来的模型。图 7-4 描绘了本研究的理论模型。

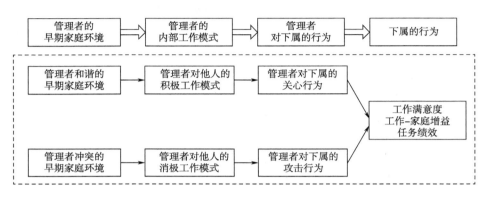

图 7-4   理论模型

7.2.1.2   管理者的早期家庭环境和内部工作模式

作为孩子早期心理健康成长的关键因素，家庭环境可以深刻影响他们的社会认知和社会行为[17,27]。根据依恋理论，孩子需要与他们的主要照顾者发展关系以满足情感和社会发展的需要[28]。因此，孩子早期与父母密切联系的家庭环境代表了理解其整个生命周期心理和身体健康发展的重要环节。例如，有研究表明处于消极家庭环境中的孩子更有可能经历社会心理功能的破坏，特别是在情绪处理和社会能力方面[17,24,29]。在生理学研究中，消极的家庭环境会破坏应激反应的生物调节系统[30]，并导致不健康的行为，如药物滥用和危险的性行为[31-32]。因此，早期家庭环境的质量对孩子至关重要，它影响着他们心理和行为模式的产生和发展。

在区分不同孩子的家庭环境时，一些研究者将其分为两种类型：和谐的家庭环境（提供支持、情感安全和身体安全，促进沟通和问题解决）和冲突的家庭环境（冷漠、不支持和不接受，并导致敌意特征的形成）[372,397-399]。在和谐的早期家庭环境中，父母和其他家庭成员尊重和信任，并经常相互沟通。

此外，这些父母是反应及时和敏感的，他们为孩子提供必要的支持、温暖和安全。和谐的早期家庭环境也为孩子的成长提供了关键的社会化经验[400]。当孩子在冲突的家庭环境中成长时，他们不被其他家庭成员接受。他们很难从家庭中培养出支持、尊重和温暖的感受。冲突的早期家庭环境可能导致他们的情绪和行为问题。例如，在这种环境中长大的孩子可能会表现出对他人的敌意行为[372,401]。

早期家庭环境是个体心理和行为模式形成和发展的基础[17,400]。在依恋理论中，这种模式被称为社会关系的内部工作模式。基于他人积极或消极的形象，可以定义两种不同的内部工作模式[389]。对父母有安全感的孩子将父母视为安全基础，并愿意探索他们的环境，他们对他人持有一种积极的内部工作模式。因而，他们对亲密关系和自主性感到舒适。反之，形成对他人消极工作模式的孩子会构建防御机制，以保护自己不被他人拒绝。由于缺乏对他人的信任，因而他们避免亲密关系，不具有开放性并主要依靠自己[389]。

在和谐和冲突这两种不同家庭环境中成长的孩子，塑造了他们各自对他人的工作模式。当管理者在和谐的家庭环境中成长时，父母对他们的支持、关心和沟通都很到位。例如，如果父母满足子女的要求，就会传达出亲密关系应该被普遍接受，从而产生亲近感。因此，这些管理者的工作模式沿袭着他们生活中很早时候就有的情感安全感。他们信任人与人之间的亲密关系，积极探索外部世界。这种对他人的积极工作模式鼓励他们发展社会技能，并从亲密关系中获得满足感[402]。相比之下，当管理者成长在充满冲突的家庭环境中时，他们与父母的关系是冷漠、疏远和冲突的。这些管理者倾向于认为一般情况下应该避免亲密关系[403]，进而在成长的过程中运用这种对待他人的消极工作模式[404]。由此，本研究提出以下假设：

假设1a：管理者和谐的早期家庭环境正向影响领导对他人的积极工作模式。

假设1b：管理者冲突的早期家庭环境正向影响领导对他人的消极工作模式。

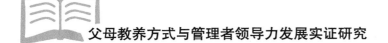

7.2.1.3 管理者的内部工作模式和对下属的行为

根据依恋理论，个体的内部工作模式指导他们在整个生命周期中对关系的期望，并影响他们对他人的看法和社会行为[390]。管理者成长的家庭环境为其早期的内部关系模式奠定了基础，这个模式伴随着管理者从婴儿期、童年期、青春期和成年时期的成长不断增强。继鲍尔比之后，其他研究者也指出个体内部工作模式的心理表征会影响其未来的情绪健康和社会行为[390-391,395,405]。因此，在早期生活中形成的内部工作模式可能会塑造管理者对其下属的行为。

在组织中，管理者应与他们的下属进行有效的沟通，指导他们完成工作任务[406]。管理者的社会认知指导他们与下属的互动方式[274,392]。在如何对待下属方面，拥有积极工作模式的管理者与拥有消极工作模式的管理者有着明显的不同[407]。在管理者与下属的工作关系中，拥有对他人积极的工作模式的管理者可能会表现得像强大且睿智的照顾者，为他们的下属提供避风港和安全基础[408]。换句话说，管理者可以被视作敏锐的、积极响应的和有效的照顾者，为下属提供情感安全感和个人成长与发展的平台[408]。他们为下属解决问题且提供完成任务的支持和资源，使下属感到被关怀。

对他人有消极工作模式的管理者，在对下属关系的理解方面往往有负面的心理和行为模式。他们在早期家庭环境中形成的冲突和敌对的心理表征影响了他们处理与下属工作关系的方式，他们倾向于批评或避免与下属的沟通。管理者的不安全感和对关系的不信任可能导致他们表现出消极行为，如严格控制、使用严厉语言和对下属的敌意[372,409-410]。这些管理者的行为具有一定程度的攻击性[411]，他们在工作中可能经常说伤人的话或者对下属表现得较为粗鲁。他们倾向于以辱虐下属的方式来处理相关问题，并侵犯下属的尊严和权利。因此，对他人有消极工作模式的管理者更有可能对下属表现出攻击行为。基于此，研究提出如下假设：

假设2a：管理者对他人积极的工作模式正向影响他们对下属的关心行为。

假设 2b：管理者对他人消极的工作模式正向影响他们对下属的攻击行为。

7.2.1.4　管理者对下属的行为和下属的反应

根据依恋理论，管理者对下属表现出关怀行为，就像家庭中父母对下属的关怀一样，这些行为体现在以下三个方面[391,412-413]。第一，管理者与下属保持亲近关系，特别是在压力下或需要帮助的时候。第二，管理者通过提供避风港来缓解下属的苦恼，并为他们提供安慰、鼓励和支持。第三，管理者通过增加下属的情感安全感，反过来又支持了他们的探索和自我发展。

下属对管理者在工作中关心行为的看法会对下属的反应产生关键影响。首先，管理者可以保证下属在工作中的舒适度[414]。他们之间的积极亲密关系令下属对工作充满热情，下属因此对自身的工作感到满意。其次，在这种亲密关系下，下属可以在工作中感受到快乐并拥有良好的心情，积极的工作经历可能会提高他们的家庭满意度和任务绩效，下属对工作的参与有助于他们成为更好的家庭成员。最后，管理者的支持和鼓励促进了下属的自我发展[333,415]，下属拥有了掌握工作任务知识的意愿和能力。因此，管理者对下属的关心行为正向影响下属的工作满意度、工作–家庭增益和任务绩效。

管理者的言语和非言语攻击与下属的消极反应有关。首先，在此种情况下，管理者经常对下属说伤害性的言语，并在工作中对他们表现得较为粗鲁。此外，由于下属过去与管理者的恐惧或愤怒经历，下属意识到与管理者的互动会引起他们的负面情绪，因此很可能在未来避免与管理者互动[411]。其次，由于与管理者的负面关系，处于不愉快情绪的下属无法获得个人成就感[416]，这种消极的工作经历可能会削弱他们家庭满意度和任务绩效。由于下属无法在工作中获得成就感，因而他们可能会把这种不良情绪带入家庭中去，这不利于他们成为和谐家庭一分子。最后，由于缺乏管理者的支持和关怀，下属很难获得自我成长的资源、知识和技能。因此，管理者对下属的攻击行为负向影响下属的工作满意度、工作–家庭增益和任务绩效。基于此，研究提出如下假设：

假设 3a：管理者对下属的关心行为正向影响下属的工作满意度、工作-家庭增益和任务绩效。

假设 3b：管理者对下属的攻击行为负向影响下属的工作满意度、工作-家庭增益和任务绩效。

7.2.2 设计及方法

7.2.2.1 研究样本

本研究的样本来自上海的一家大型制造企业，本研究选择这家公司主要有以下四个原因：第一，这家企业聚集了来自全国各地的员工，他们来自不同的、多样化的家庭背景，这可以真实地反映出目前我国企业人员的普遍情况。第二，密切的早期家庭关系是中华传统家庭文化的重要组成部分[417]，研究采访了该企业的一些管理者，证实他们早年存在着和谐或冲突的家庭环境。他们中的大多数还认为，早期的家庭环境对他们未来的行为有影响，其中就包括了领导行为。第三，研究对一些员工的访谈表明，管理者和下属在工作中互动频繁，管理者需要在多数任务中给予下属必要的指导，他们需要通过沟通来解决工作中的问题。第四，遵循墨菲和约翰逊（2011）的呼吁，研究通过横断面和回顾性调查来检验早期生活经历对成年领导力的影响[7]。本研究向这家企业的员工发放调查问卷正是源于上述建议。因此，该企业是检验本研究理论模型合适的调研对象。

在开始数据收集前，人力资源部门向员工介绍了调查信息，要求他们自愿参与并保证回答的保密性。当一位管理者有多个下属报名参加调查时，随机选择该名管理者的一位下属。最终，本研究面向 549 组管理者和下属并确保一位下属只评价一位管理者。该做法的目的是捕捉不同管理者对待下属的差异，因为不同的管理者对待下属的状况可能不同。研究使用匹配的四位数代码来辨别每位领导（如 1001）和下属（如 2001），所有的调查问卷都在企业现场发放。在人力资源部门的协助下，参与者被陆续召集到会议室，调查成员为每位参与者提供了笔、调查问卷和小礼物。此外，调查成员向参与者告知了电子邮件地址和电话号码，以防他们有任何问题。问卷完成后，参与者把问卷放在密封的信封里。

研究采用了三个轮次（轮次 1、轮次 2 和轮次 3）、两个来源（管理者和他们的下属）的研究设计来收集数据。三次数据收集的时间间隔为两周以减少潜在的共同方法偏差[320]，研究只向已经完成前一轮调查的领导和下属发放问卷。研究在时间 1（管理者评价）收集了管理者的早期家庭环境、内部工作模式和控制变量的数据，在时间 2（下属评价）收集了管理者对下属的工作行为，在时间 3（管理者和下属评价）收集了下属的反应及其婚姻状态。每轮初始样本的回答率为 87.25%、76.50% 和 60.84%。在数据收集结束时获得了 334 对领导-下属匹配的完整数据，研究使用这些数据来检验假设。

管理者样本包括 177 名男性（53.0%）和 157 名女性（47.0%），平均年龄为 33.3 岁（SD = 0.30）。他们在总的职业生涯中平均工作了 9.39 年（SD = 6.48），在这家企业平均工作了 7.02 年（SD = 5.38）。从管理者的教育程度来看，大专以下占 41.6%，大专占 52.7%，大专以上占 5.7%（SD = 0.59）。从管理者的职位来看，一线管理者占 68.9%，中层管理者占 30.8%，高层管理者占 0.3%（SD = 0.46）。方差分析（ANOVA）未显示一线管理者和非一线管理者在关心行为（F [2, 331] = 0.44, ns）和攻击行为（F [2, 331] = 1.22, ns）上的显著差异。62.6% 的下属是已婚的。

7.2.2.2 测量工具

本研究中所使用的量表最初是英文的，研究采用翻译/回译程序以保持测量工具的可靠性和有效性[418]。所有项目均采用 7 点李克特式量表（1 = "完全不同意"，7 = "完全同意"）。

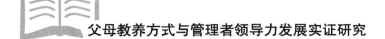

（1）早期家庭环境

采用福柯（Fok，2014）开发的测量量表[419]。该量表的开发过程符合丘吉尔（Churchill，1979）提出的量表开发程序[420]。在常用的家庭环境量表中，萨普特拉等（Saputra et al.，2017）推荐了此量表，因为它对建构的概念清晰且准确[421]。同时，该量表也有良好的可靠性报告[422-423]。这 16 个项目（和谐家庭环境的 10 个项目和冲突家庭环境的 6 个项目）被用于评估管理者的早期家庭环境。前者包括："在我的成长过程中，家庭成员相互帮助和支持"（$\alpha = 0.92$）。后者包括："在我的成长过程中，家庭成员之间经常争吵"（$\alpha = 0.90$）。此外，为了便于管理者理解，研究在问卷的开头向管理者介绍了相关信息："家庭在个人的早期成长中起着一定的作用，它可能提供支持、情感保障和身体安全，以及促进沟通和问题解决，它也可能是冷漠的、不支持的或不接受的。请选择最能反映您早期家庭环境状况的说法。"

（2）内部工作模式

继苏美尔和奈特（Sumer and Knight，2001）之后，研究使用巴塞洛缪和霍洛维茨（Bartholomew and Horowitz，1991）的关系问卷来测量管理者的内部工作模式[384,389]。关系问卷在依恋理论的研究中被广泛使用，它也符合本研究的测量要求[384,424]。关系问卷由四个简短的段落组成，描述了四种依恋模式，包括安全型、痴迷型、疏离型和恐惧型。安全型和痴迷型被归类为对他人的积极工作模式，疏离型和恐惧型被归类为对他人的消极工作模式[389]。

在本研究中，关系问卷是以其原始形式使用的。关于对他人的积极工作模式包括："我很容易在情感上与他人接近，我对依赖他人和让他人依赖我感到舒服，我不担心孤独或别人不接受我。（$\alpha = 0.86$）"关于对他人的消极工作模式包括："我在没有密切情感关系的情况下也很舒服，对我来说感到独立和自给自足是非常重要的，我宁愿不依赖别人或让别人依赖我。（$\alpha = 0.91$）"

（3）工作行为

下属被要求评价管理者对他们的工作行为。首先，研究采用阿诺德等（Arnold et al.，2000）的 10 个项目的量表来评测管理者对下属的关心[425]。此量表评估了管理者对下属的关怀行为，显示了管理者对下属的普遍关注，它与本研究中管理者关心下属的背景是一致的，该量表包括："我的领导关心我的个人问题。（α=0.96）"

第二，研究使用斯图尔特等（Stewart et al.，2009）的 4 个项目的量表来测量管理者对下属的攻击[426]。此量表衡量了管理者对下属的攻击或敌意的程度。它是通过详尽的文献分析、访谈和预测试过程而制定的，能够捕捉到管理者的攻击行为，该量表包括："我的领导在工作中对我说过一些伤害性的言语。（α=0.95）"

（4）工作满意度

下属采用嘉奇等（Judge et al.，1998）的 5 题项量表评价他们的工作满意度[427]。该量表被广泛使用，具有良好的可靠性[428-429]，该量表包括："我对我现在的工作感到相当满意。（α=0.91）"

（5）工作-家庭增益

下属使用卡尔森等（Carlson et al.，2006）开发的 9 题项量表对他们的工作-家庭增益进行评分[430]。亨特等（Hunter et al.，2010）也使用了该量表且可靠性很高[431]，该量表包括："我对工作的参与使我拥有好心情，这有助于我成为更好的家庭成员。（α=0.96）"

（6）任务绩效

下属的任务绩效是由管理者使用提遂等（Tsui et al.，1997）的 5 个项目的任务绩效量表进行评估[432]。这些项目也被尼法德卡和鲍尔（Nifadkar and Bauer，2016）使用，评测显示可靠性良好[433]，该量表包括："该名员工在执行工作任务时的准确性很高。（α=0.91）"

（7）控制变量

先前的研究指出，管理者的工作行为可能受到管理者感知到的组织支持的影响[333]。因此，本研究采用艾森伯格等（Eisenberger et al.，1986）的6题项感知组织支持量表（α=0.89），将管理者的感知组织支持作为控制变量。研究控制了管理者-成员交换（管理者和下属之间交换关系的质量[434]）对管理者与下属反应之间关系的影响。研究使用斯堪杜拉和格拉恩（Scandura and Graen，1984）开发的7题项管理者-成员交换量表来测量管理者和下属之间的交换关系（α=0.93）[435]。虽然本研究的重点是管理者的早期家庭环境，但下属的婚姻状态也可能影响管理者对待他们的方式。例如，研究人员发现，管理者倾向于给已婚下属更多的时间用于自由支配[436]。因此，本研究选择下属的婚姻状态作为控制变量。研究还控制了管理者的性别、年龄、教育程度、职位层级、总工龄和公司工龄。

7.2.3 分析及检验

7.2.3.1 描述性统计分析

本研究采用 SPSS 25.0 进行描述性统计分析。表7-6显示了研究中各变量的均值、标准差和相关系数。所有变量间的关系与假设一致，均具有明显的相关性，这些结果为后续的假设检验提供了基础。

7.2.3.2 验证性因子分析

本研究使用 Mplus 7.0 进行验证性因子分析。在检验假设之前进行验证性因子分析以确认各变量间的区别效度，如表7-7所示。假设的9因子模型通过将指标加载到它们各自的潜变量上而指定，从而可以自由估计这9个因子之间的相关性。分析结果显示：9因子模型的拟合度最好，拟合指数如下：$\chi^2/df = 2176.70$，$CFI = 0.96$，$TLI = 0.96$，$RMSEA = 0.05$，$SRMR = 0.03$。本研究还执行了另外6个替代模型（将一些潜在的构架合并为一个单一的因素），分析结果显示，这些模型不能很好地拟合数据，CFI 和 TLI 都小于0.90，而且 $RMSEA$ 和 $SRMR$ 的值也大于0.10。因此，这9个因子是不同的。

表7-6　变量的均值、标准差与相关系数

变量	均值	标准差	1	2	3	4	5	6	7	8	9	10	11	12
1 管理者和谐的早期家庭环境	5.09	1.92	1											
2 管理者对他人的积极工作模式	4.22	1.15	0.35**	1										
3 管理者冲突的早期家庭环境	3.19	1.91	−0.20**	−0.11*	1									
4 管理者对他人的消极工作模式	3.09	1.84	−0.14*	−0.25**	0.41**	1								
5 管理者对下属的关心行为	4.87	1.31	0.39**	0.40**	−0.21**	−0.13*	1							
6 管理者对下属的攻击行为	3.36	1.81	−0.21**	−0.22**	0.39**	0.58**	−0.22**	1						
7 任务绩效	4.76	1.25	0.17**	0.19**	−0.13*	−0.24**	0.21**	−0.28**	1					
8 工作满意度	4.99	1.21	0.26**	0.29**	−0.15*	−0.19**	0.42**	−0.29**	0.38**	1				
9 工作-家庭增益	4.74	1.26	0.11*	0.22**	−0.14*	−0.24**	0.24**	−0.27**	0.41**	0.26**	1			
10 管理者的感知组织支持	5.05	1.22	0.14**	0.17**	−0.08	−0.12*	0.29**	−0.24**	0.18**	0.19**	0.20**	1		
11 领导成员交换	5.23	1.15	0.09	0.14**	−0.12*	−0.26**	0.30**	−0.27**	0.32**	0.31**	0.14**	0.20**	1	
12 下属的婚姻状态	—	—	−0.07	0.06	−0.03	0.05	0.09	−0.06	−0.09	0.02	−0.22**	0.12*	0.10	1

注：$n=334$. * $p<0.05$，** $p<0.01$。

表 7-7　验证性因子分析

模型	因子	χ^2	df	χ^2/df	CFI	TLI	RMSEA	SRMR
模型1	9因子：Ham, Conf, Pos, Neg, Aggr, Care, Task, Job, Enrichment	2 176.70	1 289	1.69	0.96	0.96	0.05	0.03
模型2	8因子：Ham + Conf, Pos, Neg, Aggr, Care, Task, Job, Enrichment	6 203.01	1 297	4.78	0.79	0.78	0.11	0.11
模型3	7因子：Ham + Conf + Pos, Neg, Aggr, Care, Task, Job, Enrichment	6 493.02	1 304	4.98	0.78	0.77	0.11	0.12
模型4	6因子：Ham + Conf + Pos + Neg, Aggr, Care, Task, Job, Enrichment	7 021.78	1 310	5.36	0.76	0.74	0.11	0.13
模型5	5因子：Ham + Conf + Pos + Neg, Aggr, Care, Task+ Job, Enrichment	7 918.84	1 315	6.02	0.72	0.70	0.12	0.14
模型6	4因子：Ham + Conf + Pos + Neg, Aggr, Care, Task+ Job+Enrichment	8 947.10	1 319	6.78	0.67	0.66	0.13	0.16
模型7	3因子：Ham + Conf + Pos + Neg, Aggr+Care, Task+Job +Enrichment	10 354.85	1 322	7.83	0.61	0.60	0.14	0.17

注：Ham=管理者和谐的早期家庭环境，Conf=管理者冲突的早期家庭环境，Pos=管理者对他人的积极工作模式，Neg=管理者对他人的消极工作模式，Aggr=管理者对下属的攻击行为，Care=管理者对下属的关心行为，Task=任务绩效，Job=工作满意度，Enrich=工作-家庭增益。

7.2.3.3 假设检验

本研究采用SPSS 25.0进行假设检验。本研究假设，管理者对他人的积极工作模式和消极工作模式是由其早期家庭环境影响的。成长于和谐早期家庭环境的管理者更有可能对他人产生积极的工作模式，而那些成长于冲突家庭环境的管理者则更有可能对他人产生消极的工作模式。

首先，本研究采用了霍拉翰和莫斯（Holahan and Moos，1985）的设计方式，根据和谐的早期家庭环境和冲突的早期家庭环境的平均分，将管理者分为两组[437]。对于管理者来说，和谐的早期家庭环境测量的平均值为5.09，低于平均值的低条件编码为 0（$n=138$），高于平均值的高条件编码为 1（$n=196$）；冲突的早期家庭环境测量的平均值为 3.19，低于平均值的低条件编码为 0（$n=215$），高于平均值的高条件编码为 1（$n=119$）。

其次，本研究分析了管理者在积极工作模式和消极工作模式上的评分。比较高和谐的早期家庭环境条件（$M=4.49$）和低和谐的早期家庭环境条件（$M=3.83$）下的领导对他人工作模式的得分有着显著的差异，$t(332)=28.15$，$p<0.001$，这表明和谐的早期家庭环境产生了对他人更积极的工作模式，支持假设 1a。此外，研究还比较了冲突的早期家庭环境中每个条件下对他人的消极工作模式的平均值。结果证实，在高冲突的早期家庭环境（$M=4.08$）和低冲突的早期家庭环境（$M=2.54$）中，管理者对他人的消极工作模式有着显著差异，$t(332)=63.51$，$p<0.001$，这表明冲突的早期家庭环境让管理者产生了对他人更消极的工作模式，支持假设 1b。

本研究假设，管理者对他人的积极工作模式与他们对下属的关心行为正相关，管理者对他人的消极工作模式与他们对下属的攻击行为正相关。同样地，研究仍然通过管理者对他人的积极和消极工作模式的平均分，将管理者分为高和低两种情况。对于管理者对他人的积极工作模式，其平均值为 4.22，低条件（低于平均值）被编码为 0（$n=135$），高条件（高于平均值）被编码为 1（$n=199$）。对于管理者对他人的消极工作模式，其平均值为 3.09，低条件（低于平均值）被编码为 0（$n=228$），高条件（高于平均值）被编码为 1（$n=106$）。

为了检验假设，本研究进行了独立样本 T 检验，将积极工作模式和消极工作模式中的高条件和低条件作为分组变量，管理者对下属的关心行为和攻击行为作为因变量。结果显示，在对他人的积极工作模式高的条件下，管理者对下属的关心行为（$M=5.31$）比对他人的积极工作模式低的管理者（$M=4.24$）评分更高，$t(332)=7.96$，$P<0.001$。同样，在高对他人的消极工作模式下的管理者比低对他人的消极工作模式下的管理者对下属的攻击行为（$M=4.63$）评分更高（$M=2.76$），$t(332)=10.03$，$p<0.001$。综合来看，这些发现与本研究的假设2a和假设2b是一致的。

本研究还假设，管理者对下属的关心行为和攻击行为会影响下属的反应（工作满意度、工作-家庭增益和任务绩效）。为了检验这些假设，研究依据穆勒等（Muller et al.，2005）的方法[438]，在SPSS 25.0中进行了层次回归分析。如表7-8所示，在第一步中将结果变量中放入控制变量（管理者的性别、管理者的年龄、管理者的教育程度、管理者的职位层级、管理者的总工龄、管理者的公司工龄、管理者的感知组织支持、下属的婚姻状态和领导成员交换）后，研究在第二步放入两个前因变量（管理者对下属的关心行为和管理者对下属的攻击行为）。如表7-8的模型2、模型4和模型6所示，管理者对下属的关心行为正向影响了下属的工作满意度（$\beta=0.34$，$p<0.01$）、工作-家庭增益（$\beta=0.16$，$p<0.01$）和任务绩效（$\beta=0.12$，$p<0.05$），管理者对下属的攻击行为负向影响了下属的工作满意度（$\beta=-0.18$，$p<0.01$）、工作-家庭增益（$\beta=-0.22$，$p<0.01$）和任务绩效（$\beta=-0.23$，$p<0.01$）。因此，假设3a和假设3b被支持。

表7-8 工作满意度、工作-家庭增益和任务绩效的层次回归分析

	工作满意度		工作-家庭增益		任务绩效	
	模型1	模型2	模型3	模型4	模型5	模型6
截距	2.97	2.31	2.48	2.55	1.93	2.03
控制变量						
管理者的性别	-0.11^*	-0.09	-0.19^{**}	-0.09	-0.11^*	0.01
管理者的年龄	0.05	0.05	0.08	0.09	0.08	0.09

	工作满意度		工作-家庭增益		任务绩效	
	模型 1	模型 2	模型 3	模型 4	模型 5	模型 6
管理者的教育程度	0.03	0.01	0.02	-0.02	-0.04	-0.09
管理者的职位层级	0.04	-0.03	-0.04	-0.04	-0.14*	-0.15**
管理者的总工龄	-0.04	-0.04	-0.10	-0.10	-0.08	-0.08
管理者的公司工龄	-0.03	-0.02	0.02	0.02	-0.01	0.00
管理者的感知组织支持	0.19**	0.08	0.20**	0.07	0.18**	0.05
下属的婚姻状态	0.02	0.02	-0.22**	-0.15**	-0.09	-0.04
领导成员交换	0.31**	0.13*	0.14*	0.10	0.32**	0.14*
自变量						
管理者对下属的关心行为		0.34**		0.16**		0.12*
管理者对下属的攻击行为		-0.18**		-0.22**		-0.23**
F	6.06**	10.01**	4.65**	5.99**	3.21**	5.05**
R^2	0.14	0.26	0.11	0.17	0.08	0.15
ΔR^2		0.12**		0.06**		0.07**

注：$*p<0.05$、$**p<0.01$。

7.2.4 不同管理者的早期家庭环境对下属反应的影响

在本研究中，以依恋理论为理论框架，研究了管理者的早期家庭环境对下属反应的影响。研究发现，管理者和谐的家庭环境通过领导对他人积极的工作模式和关心行为对下属反应有着积极的影响。相反，在管理者冲突的家庭环境通过管理者对他人消极的工作模式和攻击行为对下属反应有着负面的影响。总之，本研究表明，当下属面对的管理者在和谐或冲突的家庭环境中成长，下属会产生不同的反应。

7.2.4.1 理论意义

本研究有以下三点理论上的贡献。首先，研究通过揭示探析的早期家庭环境对其工作行为和下属反应的影响丰富了依恋理论研究。基于依恋理论，

研究揭示了领导力的发展是一个能够发生在整个生命期的过程。以往关于依恋理论的研究主要集中在管理者–下属成年后的依恋关系上[386,439]，以及不同员工的依恋风格（如安全型依恋、焦虑–矛盾型依恋）如何产生良好或不良的工作结果[384,440]。然而，这些研究并没有利用依恋理论探讨早期家庭环境对管理者行为模式的影响。此外，虽然一些研究者将依恋关系应用到工作情境中，但他们并没有基于依恋关系来揭示管理者的早期家庭环境对下属反应的影响机理。因此，本研究通过引入依恋关系的内部工作模型来研究此种联系，从而弥补了先前研究的不足。

其次，本研究指出管理者的早期家庭环境是影响其社会技能与社会认知形成和发展的主要因素。管理者的家庭环境为他们早期的社会化提供了基础，这些社会技能和社会认知会影响他们的社会行为，其中就包括他们的工作行为。以往关于管理工作行为前因的研究主要集中在以下几个方面，如性格、家庭–工作冲突和组织支持等。现有的研究忽略了管理工作行为的起源[21-22]，本研究将管理者的早期生活阶段与他们的早期家庭环境作为前因变量进行分析，并追溯管理者工作行为和与下属工作关系的根源。因此，本研究为探讨管理者在组织环境中对下属的工作行为提供了新的视角。

最后，本研究通过积极和消极两个方面分析了从管理者的早期家庭环境到下属反应的综合路径，从综合的角度研究了家庭环境对管理者成长过程中的影响。此前，研究者呼吁关注管理者的早期经历[7,24]，一些研究从单方面的角度分析了对管理者成长不利的早期成长环境[19,24]。为了填补研究的空白，本研究通过建立包括两条平行正负链条的理论模型建立了管理者的早期家庭环境综合路径。本研究通过比较这两条路径，有助于理解不同的早期家庭环境对管理者工作行为的影响。

7.2.4.2 实践意义

本研究有以下三点实践上的贡献。首先，本研究可以帮助组织深入了解管理者早期家庭环境的重要性。组织应向管理者提供心理评估和咨询，通过沟通了解管理者的早期家庭环境。如果管理者在冲突的家庭环境中成长，就有必要在后期继续关注其心理健康和行为，并及早采取措施处理他们的负面行为。组织应通过提供支持和帮助，找出导致管理者心理问题的早期家庭原因，分析问题的症结所在，并寻求解决问题的办法。进而，组织应帮助管理者恢复心理平衡，提高他们对组织人际关系的适应能力，以及改善心理健康状况。组织需要定期安排管理者和下属之间的团队建设活动，这样可以增强在冲突家庭环境中成长起来的管理者与下属之间的沟通和理解，减少矛盾的发生，并营造和谐的组织环境。此外，组织还应制定可接受行为的具体标准，鼓励管理者和下属相互关心和尊重。通过这种方式，组织可以让管理者知道哪些行为是不合适的，以及哪些行为是在工作场所是禁止的。最后，组织应将更多的与下属接触频繁的领导岗位分配给在和谐的家庭环境中成长起来的管理者，以优化组织的人力资源配置。

其次，本研究可以提高管理者对其行为根源的认知。由于早期家庭环境塑造了管理者的内部工作模式，因而他们在组织中的不同工作行为就会对下属反应产生影响。当管理者注意到早期家庭环境与工作行为之间的联系时，有助于他们及时调整工作中的行为，并采取行动培养与下属的积极工作关系。例如，管理者可以花更多的时间与下属进行沟通，了解他们的心理状态，并给予他们足够的关心和支持，为他们提供一个和谐的工作环境。管理者还要尽量减少工作中的攻击行为，这样一来，即使管理者成长于冲突的家庭环境，其负面影响也可能在一定程度上得到减缓。

最后，本研究表明管理者的工作行为深受早期家庭环境因素的影响。因此，在管理者的成长过程中，家庭成员应该为他们创造良好的环境：提供足够的独立发展空间，热情地接纳他们，尊重他们的情感表达和个人意愿。此外，家庭成员还要加强与管理者的沟通和交流，共同解决管理者成长过程中的问题，为他们提供一个快乐、温馨的成长环境。这样做有利于满足子女领导力发展的基本心理需求，也有助于其内部工作模式和行为朝向稳定性和深入性发展。

7.2.4.3　局限性及未来展望

本研究可能有以下潜在的局限性。首先，研究未分析管理者在成长期间的学校环境和其他社会环境。一些研究指出，这些环境背景也会影响个体心理和行为模式的形成[336-338]。虽然管理者早期主要的成长环境是与父母的关系所构成的，但也涉及外部环境，如与同学、老师和朋友的关系。这些关键人物的行为以及他们在早期生活中对待管理者的方式也会对领导的后期行为产生影响。此外，先前的研究已显示，特定的基因与领导角色占据有关[23]。因此，未来的研究应该从更综合的角度对领导行为进行研究，其中应该包括遗传和内外部环境的影响。

其次，本研究没有将管理者分成两组（正向和反向）来回答问卷，每位管理者都回答了关于他们早期家庭环境的所有项目。本研究建议相关学者在今后的研究中采用根据早期家庭环境的得分将参与者分成两组的方法，然后由成长于积极早期家庭环境的管理者回答和谐家庭环境部分，而由成长于消极早期家庭环境的管理者回答冲突家庭环境部分。

最后，文化因素在此机制中也可能发挥着一定作用。本研究是在中国的企业中进行的，并以管理者和他们的下属为样本，而中国具有典型的集体主义文化[441]。由于密切的早期家庭关系是中国传统家庭文化的重要组成部分，因而它更有可能塑造管理者在成年后的工作行为。与中国的管理者相比，相关研究对其他国家/文化中管理者的早期家庭环境与下属反应之间的关系仍然知之甚少。在其他国家/文化中复制这些结果并验证研究模型的普适性可以作为未来研究的重要目标。此外，虽然本研究选择了适合验证此模型的有代表性的中国企业，但为了进一步确认本研究的可靠性，本研究建议未来的研究选择其他行业的企业样本来检验本研究的结论，并关注研究结论是否存在差异。

　　本章节从两方面研究了领导力的早期发展因素与领导力之间的关系。一方面，父母权威型教养方式对子女管理者涌现有正向影响，其中自我意识和自我调节起到了中介作用，社会机敏性起到了正向调节作用。另一方面，管理者和谐的早期家庭环境通过对他人产生积极的工作模式和对下属的关心行为，进而对下属的行为产生正向影响。反之，管理者冲突的早期家庭环境通过对他人产生消极的工作模式和对下属的攻击行为，进而对下属的行为产生负向影响。

附录　父母教养方式与领导力研究调查问卷

领导调查问卷（第一轮）

先生/女士：

　　您好！

　　感谢参与此次问卷调查（编号：　　　　）。此次调查是科研团队开展的一项课题研究，调查目的旨在揭示有哪些因素影响领导力与团队建设。问卷不是很长，约需十分钟完成，具体的填写要求请您阅读本页的内容！

　　1. 请您认真阅读并如实作答。部分问题看似重复，但是有实质性的作用，请您认真阅读。

　　2. 请您独立完成。问卷中题目均无绝对答案，您只需根据个人情况诚实回答。

　　3. 我们积极地保护您的隐私。

　　4. 此次调查的结果高度保密，您的上级、下属与同事均不会看到本问卷填写的答案。

5. 每道题目只有一个答案（漏答、多答均视为无效的问卷），请在打分时尽可能的显示出区分度。

问卷说明：

（1）请根据您同意的程度在每个问题之后的1~7间勾选"√"或划上"○"。

（2）随本问卷附有一信封，请您填写完成后将问卷装进信封并密封。

（3）当您完成了这份问卷请将全份问卷交给负责人。

十分感谢您参与本研究计划！您的填答对整项研究非常重要！

真实的答案是最好的答案！

第一部分：以下题项是关于您的父母，请根据实际情况进行作答。

请问您在成长过程中是否与父亲、母亲生活在一起，若是请继续填答，若否请停止此次问卷填答。

□是　□否

以下的问题采用七分制评价，各数字表示内容见下表：

完全不同意	不同意	有些不同意	不确定	有些同意	同意	完全同意
1	2	3	4	5	6	7

针对下面的陈述，请在您认为最能代表您同意程度的数字（1~7）上打"√"或划"〇"。请根据您的情况，回答在您的成长过程中，您的父母会做出下列每一行为的同意程度	完全不同意	不同意	有些不同意	不确定	有些同意	同意	完全同意
1. 当我家做决策时，我父母会和我讨论选择的原因	1	2	3	4	5	6	7
2. 我父母告诉我可以和他们讨论是否制定了过于严格的家庭规范	1	2	3	4	5	6	7
3. 我父母和我讨论我做的事情和我应该如何表现	1	2	3	4	5	6	7
4. 我父母规定我应该做什么，但当我认为这些规矩太严苛时，我也可以说出自己的感受	1	2	3	4	5	6	7
5. 我父母告诉我如何行动并向我解释原因	1	2	3	4	5	6	7
6. 我父母会倾听我的想法，但不会因为我的想法就去做一件事情	1	2	3	4	5	6	7
7. 尽管我父母制定了清楚的家庭规范，但是我父母愿意根据现实情况进行动态调整	1	2	3	4	5	6	7
8. 我父母对我应该如何表现制定了严格的规范，但我父母也会愿意倾听我的想法并和我讨论	1	2	3	4	5	6	7
9. 当我不按照父母喜欢的方式做事时，我父母可以理解我	1	2	3	4	5	6	7
10. 当我父母发现他们的决定是错误的并且伤害到我时，他们愿意向我承认自己的错误	1	2	3	4	5	6	7

针对下面的陈述，请在您认为最能代表您同意程度的数字（1~7）上打"√"或划"○"。请根据您的情况，回答在您的成长过程中，您的父母会做出下列每一行为的同意程度	完全不同意	不同意	有些不同意	不确定	有些同意	同意	完全同意
1. 我父母会强制我做他们认为是对的事情，他们认为这是为我好	1	2	3	4	5	6	7
2. 我父母希望我不要问任何问题，可以很顺从的立刻做他们要求我做的事情	1	2	3	4	5	6	7
3. 我父母不允许我询问他们做一件事情的原因	1	2	3	4	5	6	7
4. 我父母强制我要按照他们说的做	1	2	3	4	5	6	7
5. 我父母很早就对我进行教育并掌握在家里的话语权	1	2	3	4	5	6	7
6. 当我不同意父母时，我父母会很生气	1	2	3	4	5	6	7
7. 我知道我父母要我做什么，并且当我没有按照他们的想法做事情时，我会被惩罚	1	2	3	4	5	6	7
8. 当我在家没有遵守规矩时，我父母会对我很严厉	1	2	3	4	5	6	7
9. 我父母总是告诉我什么和如何去做	1	2	3	4	5	6	7
10. 我父母总是强制我做他们想要我做的事情	1	2	3	4	5	6	7
针对下面的陈述，请在您认为最能代表您同意程度的数字（1~7）上打"√"或划"○"。请根据您的情况，回答在您的成长过程中，您的父母会做出下列每一行为的同意程度	完全不同意	不同意	有些不同意	不确定	有些同意	同意	完全同意
1. 父母认为我可以做任何我想做的事	1	2	3	4	5	6	7
2. 即使父母不认同，他们也会允许我自由决定我去做什么	1	2	3	4	5	6	7
3. 我父母不认为我需要遵守老师或他们给我制定的规则	1	2	3	4	5	6	7
4. 我父母没有规定我必须如何行动	1	2	3	4	5	6	7
5. 我要我父母做什么，他们就做什么	1	2	3	4	5	6	7
6. 我父母不阻止我做我想做或喜欢的事情	1	2	3	4	5	6	7
7. 大部分事情，我父母都允许我自己做选择	1	2	3	4	5	6	7
8. 我父母不认为他们应该规定我的行为	1	2	3	4	5	6	7
9. 我父母允许我做我想做的事情	1	2	3	4	5	6	7
10. 我父母从不告诉我我能做什么或不能做什么	1	2	3	4	5	6	7

第二部分：以下题项是关于您自己，请根据实际情况进行作答。

以下的问题采用七分制评价，各数字表示内容见下表：

完全不同意	不同意	有些不同意	不确定	有些同意	同意	完全同意
1	2	3	4	5	6	7

针对下面的陈述，请在您认为最能代表您同意程度的数字（1~7）上打"√"或划"○"。请根据您的情况，回答在您的成长过程中，您对自己下列每一题项的同意程度。	完全不同意	不同意	有些不同意	不确定	有些同意	同意	完全同意
1. 我的性格很像父母	1	2	3	4	5	6	7
2. 我和父母的生活方式相像	1	2	3	4	5	6	7
3. 我和父母具有共同的信念	1	2	3	4	5	6	7
4. 总体而言，我和父母很像	1	2	3	4	5	6	7

第三部分：以下问题是关于您自己的个人信息，请您根据个人真实情况作答。

1. 性别（请勾选）：□男　□女

2. 年龄（请填写）：＿＿＿＿岁

3. 教育程度（请勾选）：□大专及以下　□本科　□硕士及以上

4. 工龄（请勾选）：□少于或等于 10 年　□11~20 年　□21~30 年
　　　　　　　　　□大于 30 年

5. 担任领导职务的工龄（请勾选）：□少于或等于 10 年　□11~20 年
　　　　　　　　　　　　　　　　□大于 20 年

问卷到此结束，感谢您的参与！

领导调查问卷（第二轮）

先生/女士：

您好！

感谢参与此次问卷调查（编号：　　　　）。此次调查是科研团队开展的一项课题研究，调查目的旨在揭示有哪些因素影响领导力与团队建设。问卷不是很长，约需五分钟完成，具体的填写要求请您阅读本页的内容！

1. 请您认真阅读并如实作答。部分问题看似重复，但是有实质性的作用，请您认真阅读。

2. 请您独立完成。问卷中题目均无绝对答案，您只需根据个人情况诚实回答。

3. 我们积极的保护您的隐私。

4. 此次调查的结果高度保密，您的上级、下属与同事均不会看到本问卷填写的答案。

5. 每道题目只有一个答案（漏答、多答均视为无效的问卷），请在打分时尽可能的显示出区分度。

问卷说明：

（1）请根据您同意的程度在每个问题之后的 1~7 间勾选"√"或划上"○"。

（2）随本问卷附有一信封，请您填写完成后将问卷装进信封并密封。

（3）当您完成了这份问卷请将全份问卷交给负责人。

十分感谢您参与本研究计划！您的填答对整项研究非常重要！

真实的答案是最好的答案！

第一部分：以下题项是关于您自己，请根据实际情况进行作答。

以下的问题采用七分制评价，各数字表示内容见下表：

完全不同意	不同意	有些不同意	不确定	有些同意	同意	完全同意
1	2	3	4	5	6	7

针对下面的陈述，请在您认为最能代表您同意程度的数字（1~7）上打"√"或划"○"。请根据您的情况，回答在您的成长与工作过程中，您对自己下列每一题项的同意程度。	完全不同意	不同意	有些不同意	不确定	有些同意	同意	完全同意
1. 我很难控制自己的脾气	1	2	3	4	5	6	7
2. 当我感到非常沮丧时，我觉得我要爆炸了	1	2	3	4	5	6	7
3. 我很容易心烦意乱	1	2	3	4	5	6	7
4. 我时常害怕我的情绪会失控	1	2	3	4	5	6	7
5. 我生气的时候会摔门	1	2	3	4	5	6	7
6. 我为所有重要的目标制订计划	1	2	3	4	5	6	7
7. 我考虑我的行为将会带来的后果	1	2	3	4	5	6	7
8. 一旦有了目标，我就会制定实现目标的计划	1	2	3	4	5	6	7
9. 我因为小事分心	1	2	3	4	5	6	7
10. 只要我看到事情没有进展，我就会采取行动	1	2	3	4	5	6	7
11. 如果让我坐着不动，几分钟后我就会坐立不安	1	2	3	4	5	6	7
12. 在完成重要任务时，我很难坐着不动	1	2	3	4	5	6	7
13. 我经常发现自己抖腿或摆弄物品	1	2	3	4	5	6	7

针对下面的陈述，请在您认为最能代表您同意程度的数字（1~7）上打"√"或划"○"。请根据您的情况，回答在您的成长与工作过程中，您对自己下列每一题项的同意程度。	完全不同意	不同意	有些不同意	不确定	有些同意	同意	完全同意
1. 我对人性了解很透彻	1	2	3	4	5	6	7
2. 我特别擅长察觉他人行为幕后的动机	1	2	3	4	5	6	7
3. 我对于如何将自己介绍给别人有很好的直觉或悟性	1	2	3	4	5	6	7
4. 我几乎凭直觉就知道如何用言语和行动来影响其他人	1	2	3	4	5	6	7
5. 我密切注意他人的面部表情	1	2	3	4	5	6	7

第二部分：以下问题是关于您自己的个人信息，请您根据个人真实情况作答。

1. 性别（请勾选）：□男　□女

2. 年龄（请填写）：＿＿＿＿岁

3. 教育程度（请勾选）：□大专及以下　□本科　□硕士及以上

4. 工龄（请勾选）：□少于或等于 10 年　□11～20 年　□21～30 年

　　　　　　　　　　□大于 30 年

5. 担任领导职务的工龄（请勾选）：□少于或等于 10 年　□11～20 年

　　　　　　　　　　　　　　　　□大于 20 年

问卷到此结束，感谢您的参与！

领导调查问卷（第三轮）

先生/女士：

您好！

感谢参与此次问卷调查（编号：　　　　）。此次调查是科研团队开展的一项课题研究，调查目的旨在揭示有哪些因素影响领导力与团队建设。问卷不是很长，约需三分钟完成，具体的填写要求请您阅读本页的内容！

1. 请您认真阅读并如实作答。部分问题看似重复，但是有实质性的作用，请您认真阅读。

2. 请您独立完成。问卷中题目均无绝对答案，您只需根据个人情况诚实回答。

3. 我们积极的保护您的隐私。

4. 此次调查的结果高度保密，您的上级、下属与同事均不会看到本问卷填写的答案。

5. 每道题目只有一个答案（漏答、多答均视为无效的问卷），请在打分时尽可能的显示出区分度。

问卷说明：

（1）请根据您同意的程度在每个问题之后的 1~7 间勾选"√"或划上"〇"。

（2）随本问卷附有一信封，请您填写完成后将问卷装进信封并密封。

（3）当您完成了这份问卷请将全份问卷交给负责人。

十分感谢您参与本研究计划！您的填答对整项研究非常重要！

真实的答案是最好的答案！

第一部分：以下题项是关于您自己，请根据实际情况进行作答。

以下的问题采用七分制评价，各数字表示内容见下表：

完全不同意	不同意	有些不同意	不确定	有些同意	同意	完全同意
1	2	3	4	5	6	7

针对下面的陈述，请在您认为最能代表您同意程度的数字（1~7）上打"√"或划"○"。请根据您的情况，回答在您的工作过程中，您对自己下列每一题项的同意程度。	完全不同意	不同意	有些不同意	不确定	有些同意	同意	完全同意
1. 作为一名管理者，我觉得我以出色的方式掌握了领导工作的每一个方面	1	2	3	4	5	6	7
2. 作为一名管理者，我很清楚我在领导工作中的优势	1	2	3	4	5	6	7
3. 作为一名管理者，我是非常以目标为导向的	1	2	3	4	5	6	7
4. 作为一名管理者，一旦有问题引起我的注意，我就会立即采取行动进行处理	1	2	3	4	5	6	7
5. 作为一名管理者，当我做决定时，我感到很有信心	1	2	3	4	5	6	7

第二部分：以下问题是关于您自己的个人信息，请您根据个人真实情况作答。

1. 性别（请勾选）：□男　□女

2. 年龄（请填写）：_____岁

3. 教育程度（请勾选）：□大专及以下　□本科　□硕士及以上

4. 工龄（请勾选）：□少于或等于 10 年　□11~20 年　□21~30 年
　　　　　　　　　□大于 30 年

5. 担任领导职务的工龄（请勾选）：□少于或等于 10 年　□11~20 年
　　　　　　　　　　　　　　　　□大于 20 年

问卷到此结束，感谢您的参与！

员工调查问卷（第四轮）

先生/女士：

您好！

感谢参与此次问卷调查（编号：　　　　）。此次调查是科研团队开展的一项课题研究，调查目的旨在揭示有哪些因素影响领导力与团队建设。问卷不是很长，约需五分钟完成，具体的填写要求请您阅读本页的内容！

1. 请您认真阅读并如实作答。部分问题看似重复，但是有实质性的作用，请您认真阅读。

2. 请您独立完成。问卷中题目均无绝对答案，您只需根据个人情况诚实回答。

3. 我们积极的保护您的隐私。

4. 此次调查的结果高度保密，您的上级与同事均不会看到本问卷填写的答案。

5. 每道题目只有一个答案（漏答、多答均视为无效的问卷），请在打分时尽可能的显示出区分度。

问卷说明：

（1）请根据您同意的程度在每个问题之后的 1~7 间勾选"√"或划上"○"。

（2）随本问卷附有一信封，请您填写完成后将问卷装进信封并密封。

（3）当您完成了这份问卷请将全份问卷交给负责人。

十分感谢您参与本研究计划！您的填答对整项研究非常重要！

真实的答案是最好的答案！

第一部分：以下题项与您的领导和团队有关，请问您的领导是＿＿＿＿＿＿＿＿。

以下的问题采用七分制评价，各数字表示内容见下表：

完全不同意	不同意	有些不同意	不确定	有些同意	同意	完全同意
1	2	3	4	5	6	7

针对下面的陈述，请在您认为最能代表您同意程度的数字（1~7）上打"√"或划"○"。请根据您的情况，回答在您的工作过程中，您对自己的领导下列每一题项的同意程度。	完全不同意	不同意	有些不同意	不确定	有些同意	同意	完全同意
1. 他/她是担任团队管理者的合适人选	1	2	3	4	5	6	7
2. 他/她是一名有效的团队管理者	1	2	3	4	5	6	7
3. 他/她担任团队管理者是合情合理的	1	2	3	4	5	6	7
4. 他/她应该继续担任团队的管理者	1	2	3	4	5	6	7

第二部分：以下题项是关于您的工作团队，请根据您所在团队的实际情况进行作答。

以下的问题采用七分制评价，各数字表示内容见下表：

完全不同意	不同意	有些不同意	不确定	有些同意	同意	完全同意
1	2	3	4	5	6	7

针对下面的陈述，请在您认为最能代表您同意程度的数字（1~7）上打"√"或划"○"。请根据您的情况，回答在您的工作过程中，您对自己所在的团队下列每一题项的同意程度。	完全不同意	不同意	有些不同意	不确定	有些同意	同意	完全同意
1. 我的团队实现了它的目标	1	2	3	4	5	6	7
2. 我的团队实现了高绩效	1	2	3	4	5	6	7
3. 我的团队为公司做出了巨大的贡献	1	2	3	4	5	6	7
4. 我的团队在整体成就方面非常成功	1	2	3	4	5	6	7

第三部分：以下问题是关于您自己的个人信息，请您根据个人真实情况作答。

1. 性别（请勾选）：□男　□女

2. 年龄（请填写）：＿＿＿＿＿岁

3. 教育程度（请勾选）：□大专及以下　□本科　□硕士及以上

4. 工龄（请勾选）：□少于或等于 10 年　□11~20 年　□大于 20 年

问卷到此结束，感谢您的参与！

参考文献

［1］ HAMBRICK D C, LOVELACE J B. The role of executive symbolism in advancing new strategic themes in organizations: A social influence perspective ［J］. Academy of Management Review, 2018, 43 (1): 110-131.

［2］ KREMER H, VILLAMOR I, AGUINIS H. Innovation leadership: best-practice recommendations for promoting employee creativity, voice, and knowledge sharing ［J］. Business Horizons, 2019, 62 (1): 65-74.

［3］ LACERENZA C N, REYES D L, MARLOW S L, et al. Leadership training design, delivery, and implementation: a meta-analysis ［J］. Journal of Applied Psychology, 2017, 102 (12): 1686-1718.

［4］ AVOLIO B J, REICHARD R J, HANNAH S T, et al. A meta-analytic review of leadership impact research: experimental and quasi-experimental studies ［J］. The Leadership Quarterly, 2009, 20 (5): 764-784.

［5］ EDEN D, GELLER D, GEWIRTZ A, et al. Implanting pygmalion leadership style through workshop training: seven field experiments ［J］. The Leadership Quarterly, 2000, 11 (2): 171-210.

［6］ 刘鹏, 马丽, 杜艺珊, 席酉民. 基于社会网络视角的依恋方式与领

导成长关系研究［J］.软科学，2017，31（9）：84-87.

［7］MURPHY S E, JOHNSON S K. The benefits of a long-lens approach to leader development: understanding the seeds of leadership［J］. The Leadership Quarterly, 2011, 22（3）：459-470.

［8］刘争光，孙丽萍，边玉芳.个体领导力早期发展及家庭因素的作用［J］.北京师范大学学报（社会科学版），2016（5）：64-72.

［9］DARLING N, STEINBERG L. Parenting style as context: an integrative model［J］. Psychological Bulletin, 1993, 113（3）：487-496.

［10］张明玉，李代珩，武文，等.父母权威教养方式对子女领导者涌现的影响机制［J］.经济管理，2020，42（7）：141-157.

［11］CAMPAGNA R L, DIRKS K T, KNIGHT A P, et al. On the relation between felt trust and actual trust: examining pathways to and implications of leader trust meta-accuracy［J］. Journal of Applied Psychology, 2020, 105（9）：994-1012.

［12］HAMMER L B, WAN W H, BROCKWOOD K J, et al. Supervisor support training effects on veteran health and work outcomes in the civilian workplace［J］. Journal of Applied Psychology, 2019, 104（1）：52-69.

［13］LIAO Z, YAM K C, JOHNSON R E, et al. Cleansing my abuse: a reparative response model of perpetrating abusive supervisor behavior［J］. Journal of Applied Psychology, 2018, 103（9）：1039-1056.

［14］DAY D V, FLEENOR J W, ATWATER L E, et al. Advances in leader and leadership development: a review of 25 years of research and theory［J］. The Leadership Quarterly, 2014, 25（1）：63-82.

［15］LIU J, CHEN X, ZHOU Y, et al. Relations of shyness-sensitivity and unsociability with adjustment in middle childhood and early adolescence in suburban chinese children［J］. International Journal of Behavioral Development, 2017, 41

(6): 681-687.

[16] HARTER S, ALEXANDER P C, NEIMEYER R A. Long-term effects of incestuous child abuse in college women: social adjustment, social cognition, and family characteristics [J]. Journal of Consulting and Clinical Psychology, 1988, 56 (1): 5-8.

[17] REPETTI R L, TAYLOR S E, SEEMAN T E. Risky families: family social environments and the mental and physical health of offspring [J]. Psychological Bulletin, 2002, 128 (2): 330-366.

[18] RIGGIO R E, MUMFORD M D. Introduction to the special issue: longitudinal studies of leadership development [J]. The Leadership Quarterly, 2011, 22 (3): 453-456.

[19] BARLING J, WEATHERHEAD J G. Persistent exposure to poverty during childhood limits later leader emergence [J]. Journal of Applied Psychology, 2016, 101 (9): 1305-1318.

[20] DAY D V. Integrative perspectives on longitudinal investigations of leader development: from childhood through adulthood [J]. The Leadership Quarterly, 2011, 22 (3): 561-571.

[21] LIU Z, VENKATESH S, MURPHY S E, et al. Leader development across the lifespan: a dynamic experiences-grounded approach [J]. The Leadership Quarterly, 2021, 32 (5): 101382.

[22] DAVIDOVITZ R, MIKULINCER M, SHAVER P R, et al. Leaders as attachment figures: leaders' attachment orientations predict leadership - related mental representations and followers' performance and mental health [J]. Journal of Personality and Social Psychology, 2007, 93 (4): 632-650.

[23] DE NEVE J E, MIKHAYLOV S, DAWES C T, et al. Born to lead? A

twin design and genetic association study of leadership role occupancy [J]. The Leadership Quarterly, 2013, 24 (1): 45-60.

[24] LIU Z, RIGGIO R E, DAY D V, et al. Leader development begins at home: overparenting harms adolescent leader emergence [J]. Journal of Applied Psychology, 2019, 104 (10): 1226-1242.

[25] ZACHARATOS A, BARLING J, KELLOWAY E K. Development and effects of transformational leadership in adolescents [J]. The Leadership Quarterly, 2000, 11 (2): 211-226.

[26] LI D, ZHANG Y, ZHANG M, et al. Why do you treat me in such ways? an attachment examination on supervisors' early family environment and subordinates' responses [J]. Chinese Management Studies, 2021, 15 (3): 575-597.

[27] EDWARDS V J, HOLDEN G W, FELITTI V J, et al. Relationship between multiple forms of childhood maltreatment and adult mental health in community respondents: results from the adverse childhood experiences study [J]. American Journal of Psychiatry, 2003, 160 (8): 1453-1460.

[28] LAIBLE D. Attachment with parents and peers in late adolescence: links with emotional competence and social behavior [J]. Personality and Individual Differences, 2007, 43 (5): 1185-1197.

[29] LUECKEN L J, ROUBINOV D S, TANAKA R. Childhood family environment, social competence, and health across the lifespan [J]. Journal of Social and Personal Relationships, 2013, 30 (2): 171-178.

[30] TAYLOR S E, LERNER J S, SAGE R M, et al. Early environment, emotions, responses to stress, and health [J]. Journal of Personality, 2004, 72 (6): 1365-1394.

[31] GILHOOLY T, BERGMAN A J, STIEBER J, et al. Posttraumatic stress

参考文献

disorder symptoms, family environment, and substance abuse symptoms in emerging adults [J]. Journal of Child & Adolescent Substance Abuse, 2018, 27 (3): 196-209.

[32] LOHMAN B J, BILLINGS A. Protective and risk factors associated with adolescent boys' early sexual debut and risky sexual behaviors [J]. Journal of Youth and Adolescence, 2008, 37 (6): 723-735.

[33] TURNER E A, CHANDLER M, HEFFER R W. The influence of parenting styles, achievement motivation, and self-efficacy on academic performance in college students [J]. Journal of College Student Development, 2009, 50 (3): 337-346.

[34] HANNAH S T, AVOLIO B J, LUTHANS F, et al. Leadership efficacy: review and future directions [J]. The Leadership Quarterly, 2008, 19 (6): 669-692.

[35] WHITELEY P, SY T, JOHNSON S K. Leaders' conceptions of followers: implications for naturally occurring pygmalion effects [J]. The Leadership Quarterly, 2012, 23 (5): 822-834.

[36] BANDURA A, CAPRARA G V, BARBARANELLI C, et al. Impact of family efficacy beliefs on quality of family functioning and satisfaction with family life [J]. Applied Psychology, 2011, 60 (3): 421-448.

[37] POPPER M, MAYSELESS O. Back to basics: applying a parenting perspective to transformational leadership [J]. The Leadership Quarterly, 2003, 14 (1): 41-65.

[38] BARLING J, DUPRE K E, HEPBURN C G. Effects of parents' job insecurity on children's work beliefs and attitudes [J]. Journal of Applied Psychology, 1998, 83 (1): 112-118.

[39] MACEWEN K E, BARLING J. Effects of maternal employment experiences

· 225 ·

on children's behavior via mood, cognitive difficulties, and parenting behavior [J]. Journal of Marriage and the Family, 1991, 53 (3): 635-644.

[40] KELLER T. Parental images as a guide to leadership sensemaking: an attachment perspective on implicit leadership theories [J]. The Leadership Quarterly, 2003, 14 (2): 141-160.

[41] POPPER M, AMIT K. Attachment and leader's development via experiences [J]. The Leadership Quarterly, 2009, 20 (5): 749-763.

[42] KNAFO A, SCHWARTZ S H. Relational identification with parents, parenting, and parent-child value similarity among adolescents [J]. Family Science, 2012, 3 (1): 13-21.

[43] AVOLIO B J, HANNAH S T. Developmental readiness: accelerating leader development [J]. Consulting Psychology Journal: Practice and Research, 2008, 60 (4): 331-347.

[44] BORNSTEIN M H. Sensitive periods in development: structural characteristics and causal interpretations [J]. Psychological Bulletin, 1989, 105 (2): 179-197.

[45] TURNER E A, CHANDLER M, HEFFER R W. The influence of parenting styles, achievement motivation, and self-efficacy on academic performance in college students [J]. Journal of College Student Development, 2009, 50 (3): 337-346.

[46] AMINAYI M, ROSHAN CHESLI R, SHAIRI M R, et al. Comparative study of parenting styles and parenting self-efficacy in mothers of children with and without anxiety symptoms [J]. Journal of Fundamentals of Mental Health, 2015, 17 (4): 186-191.

[47] PINQUART M, KAUSER R. Do the associations of parenting styles with behavior problems and academic achievement vary by culture? Results from a meta-analysis [J]. Cultural Diversity and Ethnic Minority Psychology, 2018, 24 (1):

75-100.

[48] BALDWIN A L. Socialization and the parent-child relationship [J]. Child Development, 1948, 19: 127-136.

[49] SEARS R R, MACCOBY E E, LEVIN H. Patterns of child rearing [J]. 1957.

[50] SYMONDS P W. The psychology of parent-child relationships [J]. 1939.

[51] BAUMRIND D. Effects of authoritative parental control on child behavior [J]. Child Development, 1966, 37 (4): 887-907.

[52] BAUMRIND D. Child care practices anteceding three patterns of preschool behavior [J]. Genetic Psychology Monographs, 1967, 75 (1): 43-88.

[53] MCCOBY E E, MARTIN J A. Socialization in the context of the family: parent-child interaction [J]. Handbook of Child Psychology, 1983, 4 (1): 1-101.

[54] SEPTEMBER S J, RICH E G, ROMAN N V. The role of parenting styles and socio-economic status in parents' knowledge of child development [J]. Early Child Development and Care, 2016, 186 (7): 1060-1078.

[55] OLIVARI M G, TAGLIABUE S, CONFALONIERI E. Parenting style and dimensions questionnaire: a review of reliability and validity [J]. Marriage & Family Review, 2013, 49 (6): 465-490.

[56] CHAN T W, KOO A. Parenting style and youth outcomes in the UK [J]. European Sociological Review, 2011, 27 (3): 385-399.

[57] COBB-CLARK D A, SALAMANCA N, ZHU A. Parenting style as an investment in human development [J]. Journal of Population Economics, 2019, 32 (4): 1315-1352.

［58］ISHAK Z, LOW S F, LAU P L. Parenting style as a moderator for students' academic achievement ［J］. Journal of Science Education and Technology, 2012, 21 （4）: 487-493.

［59］BAUMRIND D, LARZELERE R E, OWENS E B. Effects of preschool parents' power assertive patterns and practices on adolescent development ［J］. Parenting: Science and Practice, 2010, 10 （3）: 157-201.

［60］HUVER R M E, OTTEN R, DE VRIES H, et al. Personality and parenting style in parents of adolescents ［J］. Journal of Adolescence, 2010, 33 （3）: 395-402.

［61］PARK H, WALTON-MOSS B. Parenting style, parenting stress, and children's health-related behaviors ［J］. Journal of Developmental & Behavioral Pediatrics, 2012, 33 （6）: 495-503.

［62］VENTOLA P, LEI J, PAISLEY C, et al. Parenting a child with ASD: comparison of parenting style between ASD, anxiety, and typical development ［J］. Journal of Autism and Developmental Disorders, 2017, 47 （9）: 2873-2884.

［63］BARNHART C M, RAVAL V V, JANSARI A, et al. Perceptions of parenting style among college students in india and the united states ［J］. Journal of Child and Family Studies, 2013, 22 （5）: 684-693.

［64］BERGE J M, WALL M, LOTH K, et al. Parenting style as a predictor of adolescent weight and weight-related behaviors ［J］. Journal of Adolescent Health, 2010, 46 （4）: 331-338.

［65］KERR M, STATTIN H, ÖZDEMIR M. Perceived parenting style and adolescent adjustment: revisiting directions of effects and the role of parental knowledge ［J］. Developmental Psychology, 2012, 48 （6）: 1540-1553.

［66］AUNOLA K, STATTIN H, NURMI J E. Parenting styles and adolescents' achievement strategies [J]. Journal of Adolescence, 2000, 23 (2): 205-222.

[67] 苏永荣. 权威民主型教养方式: 学理分析、价值探赜及实践策略 [J]. 平顶山学院学报, 2016, 31 (4): 108-111.

[68] DORNBUSCH S M, RITTER P L, LEIDERMAN P H, et al. The relation of parenting style to adolescent school performance [J]. Child Development, 1987, 58 (5): 1244-1257.

[69] LAMBORN S D, MOUNTS N S, STEINBERG L, et al. Patterns of competence and adjustment among adolescents from authoritative, authoritarian, indulgent, and neglectful families [J]. Child Development, 1991, 62 (5): 1049-1065.

[70] BASSETT J F, SNYDER T L, ROGERS D T, et al. Permissive, authoritarian, and authoritative instructors: applying the concept of parenting styles to the college classroom [J]. Individual Differences Research, 2013, 11 (1), 1-11.

[71] FLETCHER A C, JEFFERIES B C. Parental mediators of associations between perceived authoritative parenting and early adolescent substance use [J]. The Journal of Early Adolescence, 1999, 19 (4): 465-487.

[72] GONZALEZ A R, HOLBEIN M F D, QUILTER S. High school students' goal orientations and their relationship to perceived parenting styles [J]. Contemporary Educational Psychology, 2002, 27 (3): 450-470.

[73] ZHANG W, WEI X, JI L, et al. Reconsidering parenting in Chinese culture: subtypes, stability, and change of maternal parenting style during early adolescence [J]. Journal of Youth and Adolescence, 2017, 46 (5): 1117-1136.

[74] PHILIPS N, SIOEN I, MICHELS N, et al. The influence of parenting

style on health related behavior of children: findings from the ChiBS study [J].
International Journal of Behavioral Nutrition and Physical Activity, 2014, 11 (1):
1-14.

[75] PIKO B F, BALÁZS M Á. Authoritative parenting style and adolescent
smoking and drinking [J]. Addictive Behaviors, 2012, 37 (3): 353-356.

[76] SIMONS L G, CONGER R D. Linking mother-father differences in
parenting to a typology of family parenting styles and adolescent outcomes [J].
Journal of Family Issues, 2007, 28 (2): 212-241.

[77] MILEVSKY A, SCHLECHTER M, KLEM L, et al. Constellations of
maternal and paternal parenting styles in adolescence: congruity and well-being
[J]. Marriage & Family Review, 2008, 44 (1): 81-98.

[78] BRONTE-TINKEW J, MOORE K A, CARRANO J. The father-child
relationship, parenting styles, and adolescent risk behaviors in intact families [J].
Journal of Family Issues, 2006, 27 (6): 850-881.

[79] DEGARMO D S, FORGATCH M S, MARTINEZ, et al. Parenting of
divorced mothers as a link between social status and boys' academic outcomes:
unpacking the effects of socioeconomic status [J]. Child Development, 1999, 70
(5): 1231-1245.

[80] KELLY J B, EMERY R E. Children's adjustment following divorce: risk
and resilience perspectives [J]. Family Relations, 2003, 52 (4): 352-362.

[81] LAU W W F, YUEN A H K. Adolescents' risky online behaviours: the
influence of gender, religion, and parenting style [J]. Computers in Human
Behavior, 2013, 29 (6): 2690-2696.

[82] WILLIAMS K L, WAHLER R G. Are mindful parents more authoritative
and less authoritarian? an analysis of clinic-referred mothers [J]. Journal of Child

and Family Studies, 2010, 19 (2): 230-235.

[83] AUNOLA K, NURMI J E. The role of parenting styles in children's problem behavior [J]. Child Development, 2005, 76 (6): 1144-1159.

[84] LUYCKX K, TILDESLEY E A, SOENENS B, et al. Parenting and trajectories of children's maladaptive behaviors: a 12-year prospective community study [J]. Journal of Clinical Child & Adolescent Psychology, 2011, 40 (3): 468-478.

[85] QUERIDO J G, WARNER T D, EYBERG S M. Parenting styles and child behavior in african american families of preschool children [J]. Journal of Clinical Child and Adolescent Psychology, 2002, 31 (2): 272-277.

[86] GINSBURG G S, BRONSTEIN P. Family factors related to children's intrinsic/extrinsic motivational orientation and academic performance [J]. Child Development, 1993, 64 (5): 1461-1474.

[87] KAWABATA Y, ALINK L R A, TSENG W L, et al. Maternal and paternal parenting styles associated with relational aggression in children and adolescents: a conceptual analysis and meta-analytic review [J]. Developmental Review, 2011, 31 (4): 240-278.

[88] RINALDI C M, HOWE N. Mothers' and fathers' parenting styles and associations with toddlers' externalizing, internalizing, and adaptive behaviors [J]. Early Childhood Research Quarterly, 2012, 27 (2): 266-273.

[89] WISCHERTH G A, MULVANEY M K, BRACKETT M A, et al. The adverse influence of permissive parenting on personal growth and the mediating role of emotional intelligence [J]. The Journal of Genetic Psychology, 2016, 177 (5): 185-189.

[90] BERGE J M, WALL M, NEUMARK-SZTAINER D, et al. Parenting

style and family meals: cross-sectional and 5-year longitudinal associations [J]. Journal of the American Dietetic Association, 2010, 110 (7): 1036-1042.

[91] GUNNOE M L. Associations between parenting style, physical discipline, and adjustment in adolescents' reports [J]. Psychological Reports, 2013, 112 (3): 933-975.

[92] HUNTSINGER C S, JOSE P E. Relations among parental acceptance and control and children's social adjustment in Chinese american and european american families [J]. Journal of Family Psychology, 2009, 23 (3): 321-330.

[93] LEE E H, ZHOU Q, LY J, et al. Neighborhood characteristics, parenting styles, and children's behavioral problems in Chinese american immigrant families [J]. Cultural Diversity and Ethnic Minority Psychology, 2014, 20 (2): 202-212.

[94] LI Y, COSTANZO P R, PUTALLAZ M. Maternal socialization goals, parenting styles, and social-emotional adjustment among Chinese and european american young adults: testing a mediation model [J]. The Journal of Genetic Psychology, 2010, 171 (4): 330-362.

[95] YU J, CHEAH C S L, CALVIN G. Acculturation, psychological adjustment, and parenting styles of Chinese immigrant mothers in the united states [J]. Cultural Diversity and Ethnic Minority Psychology, 2016, 22 (4): 504-516.

[96] HUANG C Y, CHEAH C S L, LAMB M E, et al. Associations between parenting styles and perceived child effortful control within Chinese families in the united states, the united kingdom, and taiwan [J]. Journal of Cross-Cultural Psychology, 2017, 48 (6): 795-812.

[97] HUANG G H C, GOVE M. Asian parenting styles and academic achievement: views from eastern and western perspectives [J]. Education, 2015, 135 (3):

389-397.

［98］CHEN-BOUCK L, PATTERSON M M, CHEN J. Relations of collectivism socialization goals and training beliefs to Chinese parenting ［J］. Journal of Cross - Cultural Psychology, 2019, 50 (3): 396-418.

［99］CHEAH C S L, LEUNG C Y Y, TAHSEEN M, et al. Authoritative parenting among immigrant Chinese mothers of preschoolers ［J］. Journal of Family Psychology, 2009, 23 (3): 311-320.

［100］SHEN J J, CHEAH C S L, YU J. Asian american and european american emerging adults' perceived parenting styles and self-regulation ability ［J］. Asian American Journal of Psychology, 2018, 9 (2): 140-148.

［101］TANG J, LI N, SANDOVAL J R, et al. Parenting styles and academic motivation: a sample from Chinese high schools ［J］. Journal of Child and Family Studies, 2018, 27 (10): 3395-3401.

［102］KAWABATA Y, ALINK L R A, TSENG W L, et al. Maternal and paternal parenting styles associated with relational aggression in children and adolescents: a conceptual analysis and meta-analytic review ［J］. Developmental Review, 2011, 31 (4): 240-278.

［103］PINQUART M, KAUSER R. Do the associations of parenting styles with behavior problems and academic achievement vary by culture? Results from a meta-analysis ［J］. Cultural Diversity and Ethnic Minority Psychology, 2018, 24 (1): 75-100.

［104］陈建安, 程爽, 陈瑞. 一致性文化和成就动机对自我导向型工作重塑行为的双核驱动: 基于自我调节理论的实证研究 ［J］. 管理评论, 2020, 32 (11): 170-183.

［105］VOHS K D, BAUMEISTER R F, CIAROCCO N J. Self-regulation and self-presentation: regulatory resource depletion impairs impression management and effortful self-presentation depletes regulatory resources [J]. Journal of Personality and Social Psychology, 2005, 88 (4): 632-657.

[106] DIAMOND A. Executive functions [J]. Annual Review of Psychology, 2013, 64 (1): 135-168.

[107] BAUMEISTER R F, VOHS K D. Self-regulation, ego depletion, and motivation [J]. Social and Personality Psychology Compass, 2007, 1 (1): 115-128.

[108] JANG H, REEVE J, DECI E L. Engaging students in learning activities: it is not autonomy support or structure but autonomy support and structure [J]. Journal of Educational Psychology, 2010, 102 (3): 588-600.

[109] MANZ C C. Self-leadership: toward an expanded theory of self-influence processes in organizations [J]. Academy of Management Review, 1986, 11 (3): 585-600.

[110] WILLIAMS K E, CIARROCHI J, HEAVEN P C L. Inflexible parents, inflexible kids: a 6-year longitudinal study of parenting style and the development of psychological flexibility in adolescents [J]. Journal of Youth and Adolescence, 2012, 41 (8): 1053-1066.

[111] HEIMPEL N F, QIAN X, SONG W. Parenting and child self-regulation in Chinese families: a multi-informant study [J]. Journal of Child and Family Studies, 2018, 27 (7): 2343-2353.

[112] ROBSON D A, ALLEN M S, HOWARD S J. Self-regulation in childhood as a predictor of future outcomes: a meta-analytic review [J]. Psychological Bulletin, 2020, 146 (4): 324-354.

[113] 雷雳, 汪玲, TANJA CULJAK. 目标定向在自我调节学习中的作用 [J]. 心理学报, 2001 (4): 349-353.

[114] 薛璐璐，姜媛.高中生自我调节学习与自尊：感知教师支持及性别的调节作用 [J].心理学探新，2020，40（6）：562-567.

[115] 方平，姜媛，马英.初中生自我调节学习发展模式研究 [J].心理科学，2014，37（5）：1160-1166.

[116] MORAWSKA A, DITTMAN C K, RUSBY J C. Promoting self-regulation in young children: the role of parenting interventions [J]. Clinical Child and Family Psychology Review, 2019, 22 (1): 43-51.

[117] CRANDALL A A, MAGNUSSON B M, NOVILLA M L B, et al. Family financial stress and adolescent sexual risk-taking: the role of self-regulation [J]. Journal of Youth and Adolescence, 2017, 46 (1): 45-62.

[118] 梁九清，薛朝霞，李晗，等.父母教养方式、家庭环境与3~6岁儿童抑制控制关系的初步研究 [J].中国健康心理学杂志，2021，29（2）：277-281.

[119] 李彩娜，张曼，冯建新.家庭功能与社会适应：个人自主的中介作用 [J].心理发展与教育，2010，26（4）：371-377.

[120] 刘啸莳，刘世宏，莫碧波，等.幼儿外倾性与攻击行为的关系：自我控制和母亲温暖教养的调节作用 [J].心理发展与教育，2020，36（5）：538-544.

[121] EVANS G W, KIM P. Childhood poverty, chronic stress, self-regulation, and coping [J]. Child Development Perspectives, 2013, 7 (1): 43-48.

[122] FARLEY J P, KIM-SPOON J. The development of adolescent self-regulation: reviewing the role of parent, peer, friend, and romantic relationships [J]. Journal of Adolescence, 2014, 37 (4): 433-440.

[123] LIN T J, CHEN J, JUSTICE L M, et al. Peer interactions in preschool

inclusive classrooms：the roles of pragmatic language and self-regulation ［J］. Exceptional Children，2019，85（4）：432-452.

［124］GARNER P W，WAAJID B. Emotion knowledge and self-regulation as predictors of preschoolers' cognitive ability，classroom behavior，and social competence ［J］. Journal of Psychoeducational Assessment，2012，30（4）：330-343.

［125］范金刚. 高中生的学习投入与班级心理气氛的关系 ［J］. 中国健康心理学杂志，2010，18（9）：1115-1117.

［126］邢强，黄玉兰. 初中生自我调节学习与学业求助行为的关系及其干预 ［J］. 教育测量与评价，2018（8）：56-62.

［127］DE CARLO N A，FALCO A，Pierro A，et al. Regulatory mode orientations and well-being in an organizational setting：the differential mediating roles of workaholism and work engagement ［J］. Journal of Applied Social Psychology，2014，44（11）：725-738.

［128］刘娜，柳琴，张银玲. 组织公平感在调节模式与护士工作倦怠间的中介效应 ［J］. 护理管理杂志，2018，18（9）：614-617.

［129］PIERRO A，GIACOMANTONIO M，PICA G，et al. On the psychology of time in action：regulatory mode orientations and procrastination ［J］. Journal of Personality and Social Psychology，2011，101（6）：1317-1331.

［130］PERREWÉ P L，HOCHWARTER W A，FERRIS G R，et al. Developing a passion for work passion：future directions on an emerging construct ［J］. Journal of Organizational Behavior，2014，35（1）：145-150.

［131］LEGAULT L，INZLICHT M. Self-determination，self-regulation，and the brain：autonomy improves performance by enhancing neuroaffective responsiveness to self-regulation failure ［J］. Journal of Personality and Social Psychology，2013，105（1）：123-138.

［132］KRUGLANSKI A W, PIERRO A, HIGGINS E T. Experience of time by people on the go: a theory of the locomotion-temporality interface ［J］. Personality and Social Psychology Review, 2016, 20 (2): 100-117.

［133］BENJAMIN L, FLYNN F J. Leadership style and regulatory mode: value from fit? ［J］. Organizational Behavior and Human Decision Processes, 2006, 100 (2): 216-230.

［134］汪玲, 林晖芸, 逄晓鸣. 特质性与情境性调节定向匹配效应的一致性 ［J］. 心理学报, 2011, 43 (5): 553-560.

［135］PANNO A, PIERRO A, LAURIOLA M. Self-regulation predicts risk-taking through people's time horizon ［J］. International Journal of Psychology, 2014, 49 (3): 211-215.

［136］WEBB C E, COLEMAN P T, ROSSIGNAC-MILON M, et al. Moving on or digging deeper: regulatory mode and interpersonal conflict resolution ［J］. Journal of Personality and Social Psychology, 2017, 112 (4): 621-641.

［137］KIM H, SHIN S, HEATH C J, et al. Regulatory mode and willingness to increase retirement savings contributions ［J］. Journal of Applied Social Psychology, 2017, 47 (8): 436-445.

［138］FERRIS G R, TREADWAY D C, KOLODINSKY R W, et al. Development and validation of the political skill inventory ［J］. Journal of Management, 2005, 31 (1): 126-152.

［139］KWON H W. Performance appraisal politics in the public sector: the effects of political skill and social similarity on performance rating ［J］. Public Personnel Management, 2020, 49 (2): 239-261.

［140］HARTLEY J, SANCINO A, BENNISTER M, et al. Leadership for public value: political astuteness as a conceptual link ［J］. Public Administration,

2019, 97 (2): 239-249.

[141] FERRIS G R, TREADWAY D C, PERREWÉ P L, et al. Political skill in organizations [J]. Journal of Management, 2007, 33 (3): 290-320.

[142] HARRIS K J, HARRIS R B, BROUER R L. LMX and subordinate political skill: direct and interactive effects on turnover intentions and job satisfaction [J]. Journal of Applied Social Psychology, 2009, 39 (10): 2373-2395.

[143] MINTZBERG H. Power and organization life cycles [J]. Academy of Management Review, 1984, 9 (2): 207-224.

[144] PFEFFER J. Understanding the role of power in decision making [J]. Classics of Organization Theory, 1981, 3: 404-423.

[145] PERREWÉ P L, FERRIS G R, FRINK D D, et al. Political skill: an antidote for workplace stressors [J]. Academy of Management Perspectives, 2000, 14 (3): 115-123.

[146] THOMPSON J A. Proactive personality and job performance: a social capital perspective [J]. Journal of Applied Psychology, 2005, 90 (5): 1011-1017.

[147] KOLODINSKY R W, HOCHWARTER W A, FERRIS G R. Nonlinearity in the relationship between political skill and work outcomes: convergent evidence from three studies [J]. Journal of Vocational Behavior, 2004, 65 (2): 294-308.

[148] SHI J, JOHNSON R E, LIU Y, et al. Linking subordinate political skill to supervisor dependence and reward recommendations: a moderated mediation model [J]. Journal of Applied Psychology, 2013, 98 (2): 374-384.

[149] DOUGLAS C, AMMETER A P. An examination of leader political skill and its effect on ratings of leader effectiveness [J]. The Leadership Quarterly, 2004, 15 (4): 537-550.

［150］LIU Y, FERRIS G R, ZINKO R, et al. Dispositional antecedents and outcomes of political skill in organizations: a four-study investigation with convergence ［J］. Journal of Vocational Behavior, 2007, 71（1）: 146-165.

［151］刘军, 吴隆增, 许浚. 政治技能的前因与后果: 一项追踪实证研究［J］. 管理世界, 2010（11）: 94-104, 188.

［152］BLASS F R, FERRIS G R. Leader reputation: the role of mentoring, political skill, contextual learning, and adaptation ［J］. Human Resource Management, 2007, 46（1）: 5-19.

［153］BHATTARAI G. Impact of organizational politics on employees' behavioral outcomes: the role of social astuteness ［J］. The Journal of Asian Finance, Economics, and Business, 2021, 8（2）: 571-582.

［154］SHI J, CHEN Z, ZHOU L. Testing differential mediation effects of sub-dimensions of political skills in linking proactive personality to employee performance ［J］. Journal of Business and Psychology, 2011, 26（3）: 359-369.

［155］MCALLISTER C P, ELLEN III B P, FERRIS G R. Social influence opportunity recognition, evaluation, and capitalization: increased theoretical specification through political skill's dimensional dynamics ［J］. Journal of Management, 2018, 44（5）: 1926-1952.

［156］WIHLER A, BLICKLE G, ELLEN III B P, et al. Personal initiative and job performance evaluations: role of political skill in opportunity recognition and capitalization ［J］. Journal of Management, 2017, 43（5）: 1388-1420.

［157］EWEN C, WIHLER A, BLICKLE G, et al. Further specification of the leader political skill-leadership effectiveness relationships: transformational and transactional leader behavior as mediators ［J］. The Leadership Quarterly, 2013, 24（4）: 516-533.

［158］MUNYON T P, SUMMERS J K, THOMPSON K M, et al. Political skill and work outcomes: a theoretical extension, meta-analytic investigation, and agenda for the future ［J］. Personnel Psychology, 2015, 68 （1）: 143-184.

［159］RUSSELL Z A, FERRIS G R, THOMPSON K W, et al. Overqualified human resources, career development experiences, and work outcomes: leveraging an underutilized resource with political skill ［J］. Human Resource Management Review, 2016, 26 （2）: 125-135.

［160］王艳子, 罗瑾琏, 李倩. 中国"面子"文化情境下领导政治技能对团队领导社会网络的作用机制研究 ［J］. 预测, 2016, 35 （3）: 8-12, 80.

［161］HOCHWARTER W A, FERRIS G R, ZINKO R, et al. Reputation as a moderator of political behavior - work outcomes relationships: a two - study investigation with convergent results ［J］. Journal of Applied Psychology, 2007, 92 （2）: 567-576.

［162］BLICKLE G, WENDEL S, FERRIS G R. Political skill as moderator of personality - job performance relationships in socioanalytic theory: test of the getting ahead motive in automobile sales ［J］. Journal of Vocational Behavior, 2010, 76 （2）: 326-335.

［163］BROUER R L, HARRIS K J, KACMAR K M. The moderating effects of political skill on the perceived politics - outcome relationships ［J］. Journal of Organizational Behavior, 2011, 32 （6）: 869-885.

［164］MEURS J A, GALLAGHER V C, PERREÉ P L. The role of political skill in the stressor-outcome relationship: differential predictions for self-and other -reports of political skill ［J］. Journal of Vocational Behavior, 2010, 76 （3）: 520-533.

［165］SUN S, EMMERIK H I J. Are proactive personalities always beneficial?

political skill as a moderator［J］. Journal of Applied Psychology, 2015, 100（3）: 966-975.

［166］冯明, 李聪. 国有企业员工印象管理与职业生涯成功的关系研究: 政治技能的调节作用［J］. 中国软科学, 2010（12）: 115-124.

［167］EPITROPAKI O, KAPOUTSIS I, ELLEN III B P, et al. Navigating uneven terrain: the roles of political skill and LMX differentiation in prediction of work relationship quality and work outcomes［J］. Journal of Organizational Behavior, 2016, 37（7）: 1078-1103.

［168］TREADWAY D C, HOCHWARTER W A, KACMAR C J, et al. Political will, political skill, and political behavior［J］. Journal of Organizational Behavior, 2005, 26（3）: 229-245.

［169］TREADWAY D C, FERRIS G R, DUKE A B, et al. The moderating role of subordinate political skill on supervisors' impressions of subordinate ingratiation and ratings of subordinate interpersonal facilitation［J］. Journal of Applied Psychology, 2007, 92（3）: 848-855.

［170］刘军, 吴隆增, 林雨. 应对辱虐管理: 下属逢迎与政治技能的作用机制研究［J］. 南开管理评论, 2009, 12（2）: 52-58.

［171］顾远东, 彭纪生. 组织创新氛围对员工创新行为的影响: 创新自我效能感的中介作用［J］. 南开管理评论, 2010, 13（1）: 30-41.

［172］BASS B M, AVOLIO B J, JUNG D I, et al. Predicting unit performance by assessing transformational and transactional leadership［J］. Journal of Applied Psychology, 2003, 88（2）: 207-218.

［173］陆昌勤, 凌文辁, 方俐洛. 管理自我效能感与一般自我效能感的关系［J］. 心理学报, 2004（5）: 586-592.

［174］LADEGARD G, GJERDE S. Leadership coaching, leader role-efficacy, and trust in subordinates. A mixed methods study assessing leadership coaching as a leadership development tool [J]. The Leadership Quarterly, 2014, 25 (4): 631-646.

[175] CARLETON E L, BARLING J, TRIVISONNO M. Leaders' trait mindfulness and transformational leadership: the mediating roles of leaders' positive affect and leadership self-efficacy [J]. Canadian Journal of Behavioural Science, 2018, 50 (3): 185-194.

[176] 陆昌勤, 方俐洛, 凌文辁. 管理者的管理自我效能感 [J]. 心理学动态, 2001 (2): 179-185.

[177] WANG L, HINRICHS K T, PRIETO L, et al. The effect of followers' behavior on leader efficacy [J]. Journal of Business & Management, 2010, 16 (2): 139-152.

[178] ARMSTRONG J P, MCCAIN K D. Narrative pedagogy for leadership education: stories of leadership efficacy, self-identity, and leadership development [J]. Journal of Leadership Studies, 2021, 14 (4): 60-70.

[179] DUGAN J P, FATH K Q, HOWES S D, et al. Developing the leadership capacity and leader efficacy of college women in science, technology, engineering, and math fields [J]. Journal of Leadership Studies, 2013, 7 (3): 6-23.

[180] NG K Y, ANG S, CHAN K Y. Personality and leader effectiveness: a moderated mediation model of leadership self-efficacy, job demands, and job autonomy [J]. Journal of Applied Psychology, 2008, 93 (4): 733-743.

[181] KHORAKIAN A, SHARIFIRAD M S. Integrating implicit leadership theories, leader-member exchange, self-efficacy, and attachment theory to predict job performance [J]. Psychological Reports, 2019, 122 (3): 1117-1144.

［182］ STRAUSS K, GRIFFIN M A, RAFFERTY A E. Proactivity directed toward the team and organization: the role of leadership, commitment and role-breadth self-efficacy ［J］. British Journal of Management, 2009, 20 (3): 279-291.

［183］ MCCORMICK M J. Self-efficacy and leadership effectiveness: applying social cognitive theory to leadership ［J］. Journal of Leadership Studies, 2001, 8 (1): 22-33.

［184］ WALUMBWA F O, MAYER D M, WANG P, et al. Linking ethical leadership to employee performance: the roles of leader-member exchange, self-efficacy, and organizational identification ［J］. Organizational Behavior and Human Decision Processes, 2011, 115 (2): 204-213.

［185］ BUENAVENTURA-VERA G. The impact of leader self-efficacy on the characteristics of work teams ［J］. Intangible Capital, 2017, 13 (4): 824-849.

［186］ MACHIDA M, SCHAUBROECK J. The role of self-efficacy beliefs in leader development ［J］. Journal of Leadership & Organizational Studies, 2011, 18 (4): 459-468.

［187］ WALUMBWA F O, LAWLER J J, AVOLIO B J, et al. Transformational leadership and work-related attitudes: the moderating effects of collective and self-efficacy across cultures ［J］. Journal of Leadership & Organizational Studies, 2005, 11 (3): 2-16.

［188］ 陆昌勤, 凌文辁, 方俐洛. 管理自我效能感与管理者工作态度和绩效的关系 ［J］. 北京大学学报（自然科学版）, 2006 (2): 276-280.

［189］ GREGERSEN S, VINCENT-HÖPER S, NIENHAUS A. The relation between leadership and perceived well-being: what role does occupational self-efficacy play? ［J］. Journal of Leadership Studies, 2014, 8 (2): 6-18.

［190］HOYT C L, BLASCOVICH J. Leadership efficacy and women leaders' responses to stereotype activation ［J］. Group Processes & Intergroup Relations, 2007, 10 (4): 595-616.

［191］SPURK D, ABELE A E. Synchronous and time-lagged effects between occupational self-efficacy and objective and subjective career success: findings from a four-wave and 9-year longitudinal study ［J］. Journal of Vocational Behavior, 2014, 84 (2): 119-132.

［192］SEIBERT S E, SARGENT L D, KRAIMER M L, et al. Linking developmental experiences to leader effectiveness and promotability: the mediating role of leadership self-efficacy and mentor network ［J］. Personnel Psychology, 2017, 70 (2): 357-397.

［193］PAGLIS L L, GREEN S G. Leadership self-efficacy and managers' motivation for leading change ［J］. Journal of Organizational Behavior, 2002, 23 (2): 215-235.

［194］CHOU E Y. Naysaying and negativity promote initial power establishment and leadership endorsement ［J］. Journal of Personality and Social Psychology, 2018, 115 (4): 638-656.

［195］PLATOW M J, VAN KNIPPENBERG D. A social identity analysis of leadership endorsement: the effects of leader ingroup prototypicality and distributive intergroup fairness ［J］. Personality and Social Psychology Bulletin, 2001, 27 (11): 1508-1519.

［196］STEFFENS N K, WOLYNIEC N, OKIMOTO T G, et al. Knowing me, knowing us: personal and collective self-awareness enhances authentic leadership and leader endorsement ［J］. The Leadership Quarterly, 2021, 32 (6): 101498.

[197] RASINSKI K, TYLER T R, FRIDKIN K. Exploring the function of legitimacy: mediating effects of personal and institutional legitimacy on leadership endorsement and system support [J]. Journal of Personality and Social Psychology, 1985, 49 (2): 386-394.

[198] PLATOW M J, HOAR S, REID S, et al. Endorsement of distributively fair and unfair leaders in interpersonal and intergroup situations [J]. European Journal of Social Psychology, 1997, 27 (4): 465-494.

[199] HUANG X, RODE J C, SCHROEDER R G. Organizational structure and continuous improvement and learning: moderating effects of cultural endorsement of participative leadership [J]. Journal of International Business Studies, 2011, 42 (9): 1103-1120.

[200] HOHMAN Z P, HOGG M A, BLIGH M C. Identity and intergroup leadership: asymmetrical political and national identification in response to uncertainty [J]. Self and Identity, 2010, 9 (2): 113-128.

[201] SPISAK B R, GRABO A E, ARVEY R D, et al. The age of exploration and exploitation: younger-looking leaders endorsed for change and older-looking leaders endorsed for stability [J]. The Leadership Quarterly, 2014, 25 (5): 805-816.

[202] TYLER T R, RASINSKI K A, MCGRAW K M. The influence of perceived injustice on the endorsement of political leaders [J]. Journal of Applied Social Psychology, 1985, 15 (8): 700-725.

[203] THOMAS G, MARTIN R, RIGGIO R E. Leading groups: leadership as a group process [J]. Group Processes & Intergroup Relations, 2013, 16 (1): 3-16.

[204] PLATOW M J, HASLAM S A, REICHER S D, et al. There is no

leadership if no-one follows: why leadership is necessarily a group process [J]. International Coaching Psychology Review, 2015, 10 (1): 20-37.

[205] SUBASIC E, REYNOLDS K J, TURNER J C, et al. Leadership, power and the use of surveillance: implications of shared social identity for leaders' capacity to influence [J]. The Leadership Quarterly, 2011, 22 (1): 170-181.

[206] KOIVISTO S, RICE R E. Leader prototypicality moderates the relation between access to flexible work options and employee feelings of respect and leader endorsement [J]. The International Journal of Human Resource Management, 2016, 27 (22): 2771-2789.

[207] 方阳春. 包容型领导风格对团队绩效的影响: 基于员工自我效能感的中介作用 [J]. 科研管理, 2014, 35 (5): 152-160.

[208] MESMER-MAGNUS J R, DECHURCH L A. Information sharing and team performance: a meta-analysis [J]. Journal of Applied Psychology, 2009, 94 (2): 535-546.

[209] STEWART G L. A meta-analytic review of relationships between team design features and team performance [J]. Journal of Management, 2006, 32 (1): 29-55.

[210] DEVINE D J, PHILIPS J L. Do smarter teams do better: a meta-analysis of cognitive ability and team performance [J]. Small Group Research, 2001, 32 (5): 507-532.

[211] SCHAUBROECK J, LAM S S K, PENG A C. Cognition-based and affect-based trust as mediators of leader behavior influences on team performance [J]. Journal of Applied Psychology, 2011, 96 (4): 863-871.

[212] 刘冰, 谢凤涛, 孟庆春. 团队氛围对团队绩效影响机制的实证分析 [J]. 中国软科学, 2011 (11): 133-140.

[213] MOHAMMED S, ANGELL L C. Personality heterogeneity in teams: which differences make a difference for team performance? [J]. Small Group Research, 2003, 34 (6): 651-677.

[214] DIONNE S D, SAYAMA H, HAO C, et al. The role of leadership in shared mental model convergence and team performance improvement: an agent-based computational model [J]. The Leadership Quarterly, 2010, 21 (6): 1035-1049.

[215] MOHAMMED S, HARRISON D A. The clocks that time us are not the same: a theory of temporal diversity, task characteristics, and performance in teams [J]. Organizational Behavior and Human Decision Processes, 2013, 122 (2): 244-256.

[216] MALONEY M M, ZELLMER-BRUHN M E. Building bridges, windows and cultures: mediating mechanisms between team heterogeneity and performance in global teams [J]. Management International Review, 2006, 46 (6): 697-720.

[217] PELLED L H, EISENHARDT K M, XIN K R. Exploring the black box: an analysis of work group diversity, conflict and performance [J]. Administrative Science Quarterly, 1999, 44 (1): 1-28.

[218] O'NEILL T A, ALLEN N J. Personality and the prediction of team performance [J]. European Journal of Personality, 2011, 25 (1): 31-42.

[219] SAUER S J. Taking the reins: The effects of new leader status and leadership style on team performance [J]. Journal of Applied Psychology, 2011, 96 (3): 574-587.

[220] 白新文, 王二平, 李永娟. 大五人格与绩效: 团队水平的研究 [J]. 心理科学进展, 2006 (1): 120-125.

[221] 赵西萍, 杨扬, 辛欣. 团队能力、组织信任与团队绩效的关系研

究［J］．科学学与科学技术管理，2008（3）：155-159．

［222］张燕，章振．性别多样性对团队绩效和创造力影响的研究［J］．科研管理，2012，33（3）：81-88．

［223］卫旭华，王傲晨，江楠．团队断层前因及其对团队过程与结果影响的元分析［J］．南开管理评论，2018，21（5）：139-149+187．

［224］李楠，葛宝山．创业团队认知多样性对团队绩效的影响：一个有调节的双中介模型［J］．经济管理，2018，40（12）：123-137．

［225］SRIVASTAVA A，BARTOL K M，LOCKE E A．Empowering leadership in management teams：effects on knowledge sharing，efficacy，and performance［J］．Academy of Management Journal，2006，49（6）：1239-1251．

［226］DE HOOGH A H B，GREER L L，DEN HARTOG D N．Diabolical dictators or capable commanders？an investigation of the differential effects of autocratic leadership on team performance［J］．The Leadership Quarterly，2015，26（5）：687-701．

［227］陈晓红，赵可．团队冲突、冲突管理与绩效关系的实证研究［J］．南开管理评论，2010，13（5）：31-35，52．

［228］杨凯，马剑虹．变革型领导力和交易型领导力：团队绩效的预测指标［J］．心理学探新，2009，29（3）：82-88．

［229］王永丽，邓静怡，任荣伟．授权型领导、团队沟通对团队绩效的影响［J］．管理世界，2009（4）：119-127．

［230］VAN BREUKELEN W，VAN DER LEEDEN R，WESSELIUS W，et al．Differential treatment within sports teams，leader－member（coach－player）exchange quality，team atmosphere，and team performance［J］．Journal of Organizational Behavior，2012，33（1）：43-63．

［231］吴隆增，刘军，梁淑美，等．辱虐管理与团队绩效：团队沟通与

集体效能的中介效应 [J]. 管理评论, 2013, 25 (8): 151-159.

[232] MULLEN B, COPPER C. The relation between group cohesiveness and performance: an integration [J]. Psychological Bulletin, 1994, 115 (2): 210-227.

[233] MAN D C, LAM S S K. The effects of job complexity and autonomy on cohesiveness in collectivistic and individualistic work groups: a cross – cultural analysis [J]. Journal of Organizational Behavior, 2003, 24 (8): 979-1001.

[234] MATHIEU J E, KUKENBERGER M R, D'INNOCENZO L, et al. Modeling reciprocal team cohesion – performance relationships, as impacted by shared leadership and members' competence [J]. Journal of Applied Psychology, 2015, 100 (3): 713-734.

[235] 陈国权, 赵慧群, 蒋璐. 团队心理安全、团队学习能力与团队绩效关系的实证研究 [J]. 科学学研究, 2008, 26 (6): 1283-1292.

[236] 曾圣钧. 团队凝聚力对团队绩效影响机制的实证研究 [J]. 生产力研究, 2010 (9): 197-199.

[237] 郑鸿, 徐勇. 创业团队信任的维持机制及其对团队绩效的影响研究 [J]. 南开管理评论, 2017, 20 (5): 29-40.

[238] HIRST G, MANN L. A model of R&D leadership and team communication: the relationship with project performance [J]. R&d Management, 2004, 34 (2): 147-160.

[239] 郎淳刚, 曹瑄玮. 团队反思对创新项目团队绩效的作用研究 [J]. 科学学与科学技术管理, 2007 (9): 145-148.

[240] 莫申江, 谢小云. 团队学习、交互记忆系统与团队绩效: 基于 IMOI 范式的纵向追踪研究 [J]. 心理学报, 2009, 41 (7): 639-648.

[241] 王国猛, 赵曙明, 郑全全, 等. 团队心理授权、组织公民行为与团队绩效的关系 [J]. 管理工程学报, 2011, 25 (2): 1-7.

［242］孙卫，尚磊，程根莲，等．研发团队领导、团队反思与研发团队绩效关系研究［J］．管理工程学报，2011，25（3）：15-18．

［243］BEHFAR K J, FRIEDMAN R, OH S H. Impact of team（dis）satisfaction and psychological safety on performance evaluation biases［J］. Small Group Research, 2016, 47（1）: 77-107.

［244］BARRICK M R, MOUNT M K, LI N. The theory of purposeful work behavior: the role of personality, higher-order goals, and job characteristics［J］. Academy of Management Review, 2013, 38（1）: 132-153.

［245］BELL S T, VILLADO A J, LUKASIK M A, et al. Getting specific about demographic diversity variable and team performance relationships: a meta-analysis［J］. Journal of Management, 2011, 37（3）: 709-743.

［246］TANG C, NAUMANN S E. Team diversity, mood, and team creativity: the role of team knowledge sharing in Chinese R & D teams［J］. Journal of Management & Organization, 2016, 22（3）: 420-434.

［247］BRONFENBRENNER U. Freudian theories of identification and their derivatives［J］. Child Development, 1960, 31（1）: 15-40.

［248］刘宏根，郭乐祥，李云辉，等．当代师范大学生父母认同感现状及教育建议［J］．成都航空职业技术学院学报，2011，27（3）：15-18．

［249］蔡建红，黄玉纤，王玲．青少年对父亲认同结构模型研究［J］．心理学探新，2017，37（3）：283-288．

［250］唐海珍，李国强．当代大学生亲情观调查研究［J］．长沙民政职业技术学院学报，2006（3）：31-33．

［251］DOLLINGER S J, CLANCY S M. Identity, self, and personality: II. Glimpses through the autophotographic eye［J］. Journal of Personality and Social Psychology, 1993, 64（6）: 1064-1071.

［252］郭金山，车文博.自我同一性与相关概念的辨析［J］.心理科学，2004（5）：1266-1267+1250.

［253］SANKEY A M, YOUNG R A. Ego-identity status and narrative structure in retrospective accounts of parental career influence［J］. Journal of Adolescence, 1996, 19（2）：141-153.

［254］叶景山.大学生自我同一性、自尊与心理健康的相关研究［J］.中国学校卫生，2006（10）：896-897.

［255］BARLING J, ZACHARATOS A, HEPBURN C G. Parents' job insecurity affects children's academic performance through cognitive difficulties［J］. Journal of Applied Psychology, 1999, 84（3）：437-444.

［256］胡三嫚.父母工作不安全感对大学生生活满意感的影响：父母认同感的调节作用［J］.中国临床心理学杂志，2014，22（5）：868-872.

［257］ARVEY R D, ZHANG Z, AVOLIO B J, et al. Developmental and genetic determinants of leadership role occupancy among women［J］. Journal of Applied Psychology, 2007, 92（3）：693-706.

［258］JOHNSON A M, VERNON P A, HARRIS J A, et al. A behavior genetic investigation of the relationship between leadership and personality［J］. Twin Research and Human Genetics, 2004, 7（1）：27-32.

［259］JOHNSON A M, VERNON P A, MCCARTHY J M, et al. Nature vs nurture：Are leaders born or made? A behavior genetic investigation of leadership style［J］. Twin Research and Human Genetics, 1998, 1（4）：216-223.

［260］MUSCH J, GRONDIN S. Unequal competition as an impediment to personal development：a review of the relative age effect in sport［J］. Developmental Review, 2001, 21（2）：147-167.

［261］DHUEY E, LIPSCOMB S. What makes a leader? relative age and high school leadership [J]. Economics of Education Review, 2008, 27 (2): 173-183.

[262] BEDARD K, DHUEY E. The persistence of early childhood maturity: international evidence of long – run age effects [J]. The Quarterly Journal of Economics, 2006, 121 (4): 1437-1472.

[263] MATTHEWS M S. Leadership education for gifted and talented youth: a review of the literature [J]. Journal for the Education of the Gifted, 2004, 28 (1): 77-113.

[264] BARTONE P T, SNOOK S A, FORSYTHE G B, et al. Psychosocial development and leader performance of military officer cadets [J]. The Leadership Quarterly, 2007, 18 (5): 490-504.

[265] BRADY E H. Education for leadership [J]. Journal of Educational Sociology, 1948, 21 (1): 507-517.

[266] MITRA D. Increasing student voice and moving toward youth leadership [J]. The Prevention Researcher, 2006, 13 (1): 7-10.

[267] ENSHER E A, MURPHY S E. Power mentoring: how successful mentors and protégés get the most out of their relationships [M]. John Wiley & Sons, 2005.

[268] LARSON R W, HANSEN D M, MONETA G. Differing profiles of developmental experiences across types of organized youth activities [J]. Developmental Psychology, 2006, 42 (5): 849-863.

[269] CHELLADURAI P. Participation in sport and leader development [M]. Psychology Press/Routledge, 2011.

[270] MCCRAE R R, COSTA JR P T, OSTENDORF F, et al. Nature over nurture: temperament, personality, and life span development [J]. Journal of Personality and Social Psychology, 2000, 78 (1): 173-186.

［271］POPPER M. Narcissism and attachment patterns of personalized and socialized charismatic leaders ［J］. Journal of Social and Personal Relationships, 2002, 19（6）: 797-809.

［272］MACK D A, MACIK-FREY M, QUICK J C, et al. Early interdependent attachments: the power of a secure base ［M］. Psychology Press/Routledge, 2012.

［273］POPPER M. The development of "leaders in everyday life": an attachment perspective ［M］. Psychology Press/Routledge, 2011.

［274］DAY D V, SIN H P. Longitudinal tests of an integrative model of leader development: charting and understanding developmental trajectories ［J］. The Leadership Quarterly, 2011, 22（3）: 545-560.

［275］DAY D V, HARRISON M M. A multilevel, identity-based approach to leadership development ［J］. Human Resource Management Review, 2007, 17（4）: 360-373.

［276］DAY D V. Leadership development: a review in context ［J］. The Leadership Quarterly, 2000, 11（4）: 581-613.

［277］凌茜. 领导者的发展理论研究述评 ［J］. 科学与管理, 2012, 32（3）: 16-21.

［278］BANDURA A, WALTERS R H. Social learning theory ［M］. Prentice Hall: Englewood cliffs, 1977.

［279］王震, 明晓东, 杨轶清. 本性使然还是环境塑造?: CEO 道德领导行为的影响因素及其传递效应 ［J］. 经济管理, 2017, 39（1）: 100-113.

［280］MANZ C C, SIMS JR H P. Self-management as a substitute for leadership: a social learning theory perspective ［J］. Academy of Management Review, 1980, 5（3）: 361-367.

［281］LATHAM G P, SAARI L M. Application of social-learning theory to training supervisors through behavioral modeling［J］. Journal of Applied Psychology, 1979, 64（3）: 239-246.

［282］PERRY D G, BUSSEY K. The social learning theory of sex differences: Imitation is alive and well［J］. Journal of Personality and Social Psychology, 1979, 37（10）: 1699-1712.

［283］DAVIS T R V, LUTHANS F. A social learning approach to organizational behavior［J］. Academy of Management Review, 1980, 5（2）: 281-290.

［284］OETTING E R, DONNERMEYER J F. Primary socialization theory: the etiology of drug use and deviance. I［J］. Substance Use & Misuse, 1998, 33（4）: 995-1026.

［285］WHITBECK L B. Primary socialization theory: it all begins with the family［J］. Substance Use & Misuse, 1999, 34（7）: 1025-1032.

［286］陈武, 李董平, 鲍振宙, 等. 亲子依恋与青少年的问题性网络使用: 一个有调节的中介模型［J］. 心理学报, 2015, 47（5）: 611-623.

［287］OETTING E R, DEFFENBACHER J L, DONNERMEYER J F. Primary socialization theory: the role played by personal traits in the etiology of drug use and deviance. II［J］. Substance Use & Misuse, 1998, 33（6）: 1337-1366.

［288］PARSONS T, SHILS E A. The social system［M］. Routledge, 2017.

［289］PUTNEY N M, BENGTSON V L. Socialization and the family revisited［J］. Advances in Life Course Research, 2002, 7（1）: 165-194.

［290］MCMURRAY I, CONNOLLY H, PRESTON – SHOOT M, et al. Shards of the old looking glass: restoring the significance of identity in promoting positive outcomes for looked – after children［J］. Child & Family Social Work, 2011, 16（2）: 210-218.

［291］OETTING E R, DONNERMEYER J F, DEFFENBACHER J L.

Primary socialization theory. The influence of the community on drug use and deviance. Ill [J]. Substance Use & Misuse, 1998, 33 (8): 1629-1665.

[292] RYAN R M, KUHL J, DECI E L. Nature and autonomy: an organizational view of social and neurobiological aspects of self - regulation in behavior and development [J]. Development and Psychopathology, 1997, 9 (4): 701-728.

[293] LAVIGNE G L, VALLERAND R J, MIQUELON P. A motivational model of persistence in science education: a self - determination theory approach [J]. European Journal of Psychology of Education, 2007, 22 (3): 351-369.

[294] NIEMIEC C P, RYAN R M. Autonomy, competence, and relatedness in the classroom: applying self-determination theory to educational practice [J]. Theory and Research in Education, 2009, 7 (2): 133-144.

[295] JOUSSEMET M, LANDRY R, KOESTNER R. A self - determination theory perspective on parenting [J]. Canadian Psychology/Psychologie Canadienne, 2008, 49 (3): 194-200.

[296] ROBINSON C C, MANDLECO B, OLSEN S F, et al. Authoritative, authoritarian, and permissive parenting practices: development of a new measure [J]. Psychological Reports, 1995, 77 (3): 819-830.

[297] BERNSTEIN H. Modernization theory and the sociological study of development [J]. The Journal of Development Studies, 1971, 7 (2): 141-160.

[298] NIEMIEC C P, RYAN R M. Autonomy, competence, and relatedness in the classroom: applying self-determination theory to educational practice [J]. Theory and Research in Education, 2009, 7 (2): 133-144.

[299] GRAY M R, STEINBERG L. Unpacking authoritative parenting: reassessing a multidimensional construct [J]. Journal of Marriage and the Family,

1999, 61（3）：574-587.

［300］NYARKO K. The influence of authoritative parenting style on adolescents' academic achievement ［J］. American Journal of Social and Management Sciences, 2011, 2（3）：278-282.

［301］李洋, 方平. 父母教养方式与中学生自我调节学习的关系 ［J］. 心理学探新, 2005（3）：40-45.

［302］FANG R, CHI L, CHEN M, et al. Bringing political skill into social networks：findings from a field study of entrepreneurs ［J］. Journal of Management Studies, 2015, 52（2）：175-212.

［303］STRAGE A, BRANDT T S. Authoritative parenting and college students' academic adjustment and success ［J］. Journal of Educational Psychology, 1999, 91（1）：146-156.

［304］BARTHOLOMEU D, MONTIEL J M, FIAMENGHI JR G A, et al. Predictive power of parenting styles on children's social skills：a brazilian sample ［J］. Sage Open, 2016, 6（2）：1-7.

［305］KARADAǦ E, BEKTA s, ÇO ǦALTAY N, et al. The effect of educational leadership on students' achievement：a meta-analysis study ［J］. Asia Pacific Education Review, 2015, 16（1）：79-93.

［306］ROBBINS S B, LAUVER K, LE H, et al. Do psychosocial and study skill factors predict college outcomes? A meta-analysis ［J］. Psychological Bulletin, 2004, 130（2）：261-288.

［307］BROWN W, MAY D. Organizational change and development：the efficacy of transformational leadership training ［J］. Journal of Management Development, 2012, 31（6）：520-536.

［308］HARRELL A W, MERCER S H, DEROSIER M E. Improving the

social-behavioral adjustment of adolescents: the effectiveness of a social skills group intervention [J]. Journal of Child and Family Studies, 2009, 18 (4): 378-387.

[309] DOWNS K J M. Family commitment, role perceptions, social support, and mutual children in remarriage: a test of uncertainty reduction theory [J]. Journal of Divorce & Remarriage, 2004, 40 (1): 35-53.

[310] 张新安, 何惠, 顾锋. 家长式领导行为对团队绩效的影响: 团队冲突管理方式的中介作用 [J]. 管理世界, 2009 (3): 121-133.

[311] ANG R P. Effects of parenting style on personal and social variables for asian adolescents [J]. American Journal of Orthopsychiatry, 2006, 76 (4): 503-511.

[312] PADILLA-WALKER L M, CHRISTENSEN K J. Empathy and self-regulation as mediators between parenting and adolescents' prosocial behavior toward strangers, friends, and family [J]. Journal of Research on Adolescence, 2011, 21 (3): 545-551.

[313] GONZALEZ-MULÉ E, COURTRIGHT S H, DEGEEST D, et al. Channeled autonomy: the joint effects of autonomy and feedback on team performance through organizational goal clarity [J]. Journal of Management, 2016, 42 (7): 2018-2033.

[314] 杨国枢, 文崇一, 吴聪贤, 等. 社会及行为科学研究法 [M]. 重庆: 重庆大学出版社, 2006: 333-335.

[315] BRISLIN, R W. The wording and translation of research instruments [J]. Cross-cultural Research and Methodology Series, 1986, 8 (1): 137-164.

[316] FORNELL C, LARCKER D. Evaluating structural equation models with unobservable variables and measurement errors [J]. Journal of Marketing Research, 1981, 18 (2): 39-50.

［317］BAGOZZI R P. Evaluating structural equation models with unobservable variables and measurement error：a comment ［J］. Journal of Marketing Research，1981，18（3）：375-381.

［318］FABRIGAR L R，WEGENER D T，MACCALLUM R C，et al. Evaluating the use of exploratory factor analysis in psychological research ［J］. Psychological Methods，1999，4（3）：272-299.

［319］HINKIN T R. A brief tutorial on the development of measures for use in survey questionnaires ［J］. Organizational Research Methods，1998，1（1）：104-121.

［320］PODSAKOFF P M，MACKENZIE S B，LEE J Y，et al. Common method biases in behavioral research：a critical review of the literature and recommended remedies ［J］. Journal of Applied Psychology，2003，88（5）：879-903.

［321］HU L，BENTLER P M. Cutoff criteria for fit indexes in covariance structure analysis：conventional criteria versus new alternatives ［J］. Structural Equation Modeling：A Multidisciplinary Journal，1999，6（1）：1-55.

［322］吴明隆. 问卷统计分析实务：SPSS 操作与应用 ［M］. 重庆：重庆大学出版社，2010.

［323］PREACHER K J，HAYES A F. Asymptotic and resampling strategies for assessing and comparing indirect effects in multiple mediator models ［J］. Behavior Research Methods，2008，40（3）：879-891.

［324］ZHAO X，LYNCH JR J G，CHEN Q. Reconsidering baron and kenny：myths and truths about mediation analysis ［J］. Journal of Consumer Research，2010，37（2）：197-206.

［325］AIKEN L S，WEST S G，RENO R R. Multiple regression：testing and interpreting interactions ［M］. Newbary Park：Sage，1991.

［326］EDWARDS J R, LAMBERT L S. Methods for integrating moderation and mediation: a general analytical framework using moderated path analysis ［J］. Psychological Methods, 2007, 12 (1): 1-22.

［327］CALAFAT A, GARCÍA F, JUAN M, et al. Which parenting style is more protective against adolescent substance use? Evidence within the European context ［J］. Drug and Alcohol Dependence, 2014, 138 (5): 185-192.

［328］GARCIA F, GRACIA E. Is always authoritative the optimum parenting style? Evidence from Spanish families ［J］. Adolescence, 2009, 44 (1): 101-131.

［329］WOLFRADT U, HEMPEL S, MILES J N V. Perceived parenting styles, depersonalisation, anxiety and coping behaviour in adolescents ［J］. Personality and Individual Differences, 2003, 34 (3): 521-532.

［330］马永强, 邱煜, 金智 . CEO 贫困出身与企业创新: 人穷志短抑或穷则思变 ［J］. 经济管理, 2019, 41 (12): 88-104.

［331］RUBIN R S, MUNZ D C, BOMMER W H. Leading from within: The effects of emotion recognition and personality on transformational leadership behavior ［J］. Academy of Management Journal, 2005, 48 (5): 845-858.

［332］HAMMER L B, KOSSEK E E, ANGER W K, et al. Clarifying work-family intervention processes: the roles of work - family conflict and family - supportive supervisor behaviors ［J］. Journal of Applied Psychology, 2011, 96 (1): 134-150.

［333］SHANOCK L R, EISENBERGER R. When supervisors feel supported: relationships with subordinates' perceived supervisor support, perceived organizational support, and performance ［J］. Journal of Applied psychology, 2006, 91 (3): 689-695.

［334］MISCENKO D, GUENTER H, DAY D V. Am I a leader? Examining leader identity development over time［J］. The Leadership Quarterly, 2017, 28 (5): 605-620.

［335］RYAN K D, KILMER R P, CAUCE A M, et al. Psychological consequences of child maltreatment in homeless adolescents: untangling the unique effects of maltreatment and family environment［J］. Child Abuse & Neglect, 2000, 24 (3): 333-352.

［336］CHEN Y W, STIFFMAN A R, CHENG L C, et al. Mental health, social environment and sexual risk behaviors of adolescent service users: a gender comparison［J］. Journal of Child and Family Studies, 1997, 6 (1): 9-25.

［337］FLANNERY D J, WESTER K L, SINGER M I. Impact of exposure to violence in school on child and adolescent mental health and behavior［J］. Journal of Community Psychology, 2004, 32 (5): 559-573.

［338］SOMERS C L, GIZZI T J. Predicting adolescents' risky behaviours: the influence of future orientation, school involvement, and school attachment［J］. Adolescent & Family Health, 2001, 2 (1): 3-11.

［339］RINDFLEISCH A, MALTER A J, GANESAN S, et al. Cross-sectional versus longitudinal survey research: concepts, findings, and guidelines［J］. Journal of Marketing Research, 2008, 45 (3): 261-279.

［340］HOFSTEDE G, BOND M H. Hofstede's culture dimensions: an independent validation using Rokeach's value survey［J］. Journal of Cross-cultural Psychology, 1984, 15 (4): 417-433.

［341］CHANG L, MCBRIDE - CHANG C, STEWART S M, et al. Life satisfaction, self-concept, and family relations in Chinese adolescents and children［J］. International Journal of Behavioral Development, 2003, 27 (2): 182-189.

[342] GARDNER W L, AVOLIO B J, LUTHANS F, et al. "Can you see the real me?" A self-based model of authentic leader and follower development [J]. The Leadership Quarterly, 2005, 16 (3): 343-372.

[343] COLEMAN J S. Social capital in the creation of human capital [J]. American Journal of Sociology, 1988, 94: 95-120.

[344] JUDGE T A, BONO J E, ILIES R, et al. Personality and leadership: a qualitative and quantitative review [J]. Journal of Applied Psychology, 2002, 87 (4): 765-780.

[345] 林朝湃, 叶平枝. 家长教养方式对小班幼儿学习品质的影响: 自我效能感的中介和家长参与的调节 [J]. 学前教育研究, 2020 (1): 30-41.

[346] 苏永荣. 权威民主型教养方式: 学理分析、价值探赜及实践策略 [J]. 平顶山学院学报, 2016, 31 (4): 108-111.

[347] BAUMRIND D. The influence of parenting style on adolescent competence and substance use [J]. The Journal of Early Adolescence, 1991, 11 (1): 56-95.

[348] DAY D V. The difficulties of learning from experience and the need for deliberate practice [J]. Industrial and Organizational Psychology, 2010, 3 (1): 41-44.

[349] RIGGIO R E. Leadership development: the current state and future expectations [J]. Consulting Psychology Journal: Practice and Research, 2008, 60 (4): 383-392.

[350] MIRDERIKVAND F, SAMI A, MOHAMMADI A A, et al. Predicting the parenting styles based on attachment styles and emotional intelligence [J]. Journal of Health and Care, 2016, 18 (2): 120-130.

[351] KLEIN H A, BALLANTINE J. For parents particularly: raising competent

kids: the authoritative parenting style [J]. Childhood Education, 2001, 78 (1): 46-47.

[352] ATWATER L E, YAMMARINO F J. Does self-other agreement on leadership perceptions moderate the validity of leadership and performance predictions? [J]. Personnel Psychology, 1992, 45 (1): 141-164.

[353] FRANZOI S L, DAVIS M H. Adolescent self-disclosure and loneliness: private self-consciousness and parental influences [J]. Journal of Personality and Social Psychology, 1985, 48 (3): 768-780.

[354] OLIVER P H, GOTTFRIED A W, GUERIN D W, et al. Adolescent family environmental antecedents to transformational leadership potential: a longitudinal mediational analysis [J]. The Leadership Quarterly, 2011, 22 (3): 535-544.

[355] ABAR B, CARTER K L, WINSLER A. The effects of maternal parenting style and religious commitment on self-regulation, academic achievement, and risk behavior among African-American parochial college students [J]. Journal of Adolescence, 2009, 32 (2): 259-273.

[356] SOSIK J J, POTOSKY D, JUNG D I. Adaptive self-regulation: meeting others' expectations of leadership and performance [J]. The Journal of Social Psychology, 2002, 142 (2): 211-232.

[357] GROLNICK W S, RYAN R M. Parent styles associated with children's self-regulation and competence in school [J]. Journal of Educational Psychology, 1989, 81 (2): 143-154.

[358] SUN S, VAN EMMERIK H I J. Are proactive personalities always beneficial? Political skill as a moderator [J]. Journal of Applied Psychology, 2015, 100 (3): 966-975.

［359］ BRISLIN R W. Back－translation for cross－cultural research ［J］. Journal of Cross-Cultural Psychology, 1970, 1（3）: 185-216.

［360］ WU P, ROBINSON C C, YANG C, et al. Similarities and differences in mothers' parenting of preschoolers in China and the united states ［J］. International Journal of Behavioral Development, 2002, 26（6）: 481-491.

［361］ FENIGSTEIN A, SCHEIER M F, BUSS A H. Public and private self-consciousness: assessment and theory ［J］. Journal of Consulting and Clinical Psychology, 1975, 43（4）: 522-527.

［362］ HU L T, BENTLER P M. Cutoff criteria for fit indexes in covariance structure analysis: conventional criteria versus new alternatives ［J］. Structural Equation Modeling, 1999, 6（1）: 1-55.

［363］ 马永强, 邱煜, 金智. CEO 贫困出身与企业创新: 人穷志短抑或穷则思变? ［J］. 经济管理, 2019, 41（12）: 88-104.

［364］ KELLER T. Images of the familiar: individual differences and implicit leadership theories ［J］. The Leadership Quarterly, 1999, 10（4）: 589-607.

［365］ HESLIN P A, VANDEWALLE D, LATHAM G P. Keen to help? Managers' implicit person theories and their subsequent employee coaching ［J］. Personnel Psychology, 2006, 59（4）: 871-902.

［366］ HILLER N J, DAY D V, VANCE R J. Collective enactment of leadership roles and team effectiveness: a field study ［J］. The Leadership Quarterly, 2006, 17（4）: 387-397.

［367］ LIDEN R C, WAYNE S J, ZHAO H, et al. Servant leadership: development of a multidimensional measure and multi－level assessment ［J］. The Leadership Quarterly, 2008, 19（2）: 161-177.

［368］ SHAW J B, ERICKSON A, HARVEY M. A method for measuring destructive leadership and identifying types of destructive leaders in organizations [J]. The Leadership Quarterly, 2011, 22 (4): 575-590.

[369] TEPPER B J. Consequences of abusive supervision [J]. Academy of Management Journal, 2000, 43 (2): 178-190.

[370] BAI S, REPETTI R L. Short-term resilience processes in the family [J]. Family Relations, 2015, 64 (1): 108-119.

[371] CROSSMAN M K, PARISH S L, HAUSER-CRAM P, et al. The influence of early intervention, informal support and the family environment on trajectories of competence for fathers raising children with developmental disabilities [J]. Research in Developmental Disabilities, 2018, 81 (10): 122-133.

[372] MATTHEWS K A, WOODALL K L, KENYON K, et al. Negative family environment as a predictor of boy's future status on measures of hostile attitudes, interview behavior, and anger expression [J]. Health Psychology, 1996, 15 (1): 30-37.

[373] ALFES K, SHANTZ A, VAN BAALEN S. Reducing perceptions of overqualification and its impact on job satisfaction: the dual roles of interpersonal relationships at work [J]. Human Resource Management Journal, 2016, 26 (1): 84-101.

[374] TEPPER B J, MOSS S E, DUFFY M K. Predictors of abusive supervision: supervisor perceptions of deep-level dissimilarity, relationship conflict, and subordinate performance [J]. Academy of Management Journal, 2011, 54 (2): 279-294.

[375] ZHANG Y, HUAI M, XIE Y. Paternalistic leadership and employee voice in China: a dual process model [J]. The Leadership Quarterly, 2015, 26 (1): 25-36.

［376］EISENBERGER R, KARAGONLAR G, STINGLHAMBER F, et al. Leader-member exchange and affective organizational commitment: the contribution of supervisor's organizational embodiment ［J］. Journal of Applied Psychology, 2010, 95 (6): 1085-1103.

［377］DAVIS-KEAN P E. The influence of parent education and family income on child achievement: the indirect role of parental expectations and the home environment ［J］. Journal of Family Psychology, 2005, 19 (2): 294-304.

［378］MILEVSKY A, SCHLECHTER M, NETTER S, et al. Maternal and paternal parenting styles in adolescents: associations with self-esteem, depression and life-satisfaction ［J］. Journal of Child and Family Studies, 2007, 16 (1): 39-47.

［379］BOWLBY J. Attachment and loss. Vol. 2. separation: anxiety and anger ［M］. New York: Basic books, 1978.

［380］BOWLBY J. Attachment and loss. Vol. 3. sadness and depression ［M］. New York: Basic books, 1980.

［381］BOWLBY J. Attachment and loss. Vol. 1. attachment ［M］. 2nd ed. New York: Basic books, 1982.

［382］HAZAN C, SHAVER P. Romantic love conceptualized as an attachment process ［J］. Journal of Personality and Social Psychology, 1987, 52 (3): 511-524.

［383］GELLER D, BAMBERGER P. Bringing avoidance and anxiety to the job: attachment style and instrumental helping behavior among co-workers ［J］. Human Relations, 2009, 62 (12): 1803-1827.

［384］SUMER H C, KNIGHT P A. How do people with different attachment styles balance work and family? A personality perspective on work-family linkage

［J］．Journal of Applied Psychology，2001，86（4）：653-663.

［385］BERSON Y，DAN O，YAMMARINO F J. Attachment style and individual differences in leadership perceptions and emergence［J］．The Journal of Social Psychology，2006，146（2）：165-182.

［386］RICHARDS D A，HACKETT R D. Attachment and emotion regulation：compensatory interactions and leader－member exchange［J］．The Leadership Quarterly，2012，23（4）：686-701.

［387］COLLINS N L. Working models of attachment：implications for explanation，emotion，and behavior［J］．Journal of Personality and Social Psychology，1996，71（4）：810-832.

［388］MCCARTHY G，MAUGHAN B. Negative childhood experiences and adult love relationships：the role of internal working models of attachment［J］．Attachment & Human Development，2010，12（5）：445-461.

［389］BARTHOLOMEW K，HOROWITZ L M. Attachment styles among young adults：a test of a four-category model［J］．Journal of Personality and Social Psychology，1991，61（2）：226-244.

［390］BOWLBY J. A secure base：clinical applications of attachment theory［M］．London：Routledge，1988.

［391］AINSWORTH M D S. Attachments and other affectional bonds across the life cycle［M］//Attachment across the life cycle. New York：Routledge，2006：41-59.

［392］DALY M，EGAN M，O'REILLY F. Childhood general cognitive ability predicts leadership role occupancy across life：evidence from 17，000 cohort study participants［J］．The Leadership Quarterly，2015，26（3）：323-341.

［393］DOYLE C，CICCHETTI D. From the cradle to the grave：the effect of adverse caregiving environments on attachment and relationships throughout the lifespan [J]. Clinical Psychology: Science and Practice, 2017, 24 (2): 203-217.

[394] FIVUSH R. Scripting attachment: generalized event representations and internal working models [J]. Attachment & Human Development, 2006, 8 (3): 283-289.

[395] PIETROMONACO P R, BARRETT L F. The internal working models concept: what do we really know about the self in relation to others? [J]. Review of General Psychology, 2000, 4 (2): 155-175.

[396] FURMAN W, SIMON V A, SHAFFER L, et al. Adolescents' working models and styles for relationships with parents, friends, and romantic partners [J]. Child Development, 2002, 73 (1): 241-255.

[397] BARBER B L, LYONS J M. Family processes and adolescent adjustment in intact and remarried families [J]. Journal of Youth and Adolescence, 1994, 23 (4): 421-436.

[398] ELLIS B J, MCFADYEN-KETCHUM S, DODGE K A, et al. Quality of early family relationships and individual differences in the timing of pubertal maturation in girls: a longitudinal test of an evolutionary model [J]. Journal of Personality and Social Psychology, 1999, 77 (2): 387-401.

[399] ZHOU Q, KING K M, CHASSIN L. The roles of familial alcoholism and adolescent family harmony in young adults' substance dependence disorders.

[400] MORRIS A S, SILK J S, STEINBERG L, et al. The role of the family context in the development of emotion regulation [J]. Social Development, 2007, 16 (2): 361-388.

[401] DARLOW V, NORVILITIS J M, SCHUETZE P. The relationship

between helicopter parenting and adjustment to college [J]. Journal of Child and Family Studies, 2017, 26 (8): 2291-2298.

[402] BRETHERTON I, MUNHOLLAND K A. Internal working models in attachment relationships: a construct revisited [M]//Handbook of attachment: theory, research, and clinical applications. New York: Guilford press, 1999: 89-111.

[403] BRETHERTON I. Communication patterns, internal working models, and the intergenerational transmission of attachment relationships [J]. Infant Mental Health Journal, 1990, 11 (3): 237-252.

[404] AMMANITI M, VAN IJZENDOORN M H, SPERANZA A M, et al. Internal working models of attachment during late childhood and early adolescence: an exploration of stability and change [J]. Attachment & Human Development, 2000, 2 (3): 328-346.

[405] PICKARD J A, CAPUTI P, GRENYER B F S. Mindfulness and emotional regulation as sequential mediators in the relationship between attachment security and depression [J]. Personality and Individual Differences, 2016, 99 (12): 179-183.

[406] HARRIS K J, KACMAR K M, ZIVNUSKA S, et al. The impact of political skill on impression management effectiveness [J]. Journal of Applied psychology, 2007, 92 (1): 278-285.

[407] ZACCARO S J, GREEN J P, DUBROW S, et al. Leader individual differences, situational parameters, and leadership outcomes: a comprehensive review and integration [J]. The Leadership Quarterly, 2018, 29 (1): 2-43.

[408] MAYSELESS O, POPPER M. Reliance on leaders and social institutions: an attachment perspective [J]. Attachment & Human Development, 2007, 9

（1）：73-93.

［409］DU Y, XU L, XI Y M, et al. Chinese leader - follower flexible interactions at varying leader distances: an exploration of the effects of followers in school cases ［J］. Chinese Management Studies, 2018, 13（1）：191-213.

［410］HUANG G, WELLMAN N, ASHFORD S J, et al. Deviance and exit: the organizational costs of job insecurity and moral disengagement ［J］. Journal of Applied Psychology, 2017, 102（1）：26-42.

［411］NIFADKAR S, TSUI A S, ASHFORTH B E. The way you make me feel and behave: supervisor - triggered newcomer affect and approach - avoidance behavior ［J］. Academy of Management Journal, 2012, 55（5）：1146-1168.

［412］LIU P, SHI J. Trust in the subordinate and deference to supervisor in China: a moderated mediation model of supervisor-subordinate guanxi and political mentoring ［J］. Chinese Management Studies, 2017, 11（4）：599-616.

［413］WU C H, PARKER S K. The role of leader support in facilitating proactive work behavior: a perspective from attachment theory ［J］. Journal of Management, 2017, 43（4）：1025-1049.

［414］NIFADKAR S S, WU W, GU Q. Supervisors' work - related and nonwork information sharing: integrating research on information sharing, information seeking, and trust using self-disclosure theory ［J］. Personnel Psychology, 2019, 72（2）：241-269.

［415］WATTOO M A, ZHAO S, XI M. Perceived organizational support and employee well-being: testing the mediatory role of work-family facilitation and work-family conflict ［J］. Chinese Management Studies, 2018, 12（2）：469-484.

［416］THOMPSON M J, CARLSON D S, KACMAR K M, et al. The cost of being ignored: emotional exhaustion in the work and family domains ［J］. Journal of

Applied Psychology, 2020, 105 (2): 186-195.

[417] GRUIJTERS R J. Intergenerational contact in Chinese families: structural and cultural explanations [J]. Journal of Marriage and Family, 2017, 79 (3): 758-768.

[418] BRISLIN R. Translation and content analysis of oral and written material [M]//Handbook of cross-cultural psychology. Boston: Allyn and bacon, 1980: 349-444.

[419] FOK C C T, ALLEN J, HENRY D, et al. The brief family relationship scale: a brief measure of the relationship dimension in family functioning [J]. Assessment, 2014, 21 (1): 67-72.

[420] CHURCHILL JR G A. A paradigm for developing better measures of marketing constructs [J]. Journal of Marketing Research, 1979, 16 (1): 64-73.

[421] SAPUTRA F, YUNIBHAND J, SUKRATUL S. Relationship between personal, maternal, and familial factors with mental health problems in school-aged children in Aceh province, Indonesia [J]. Asian Journal of Psychiatry, 2017, 25 (1): 207-212.

[422] HUANG J, ZHANG J, YU N X. Close relationships, individual resilience resources, and well-being among people living with HIV/AIDS in rural China [J]. AIDS Care, 2018, 30 (5): 49-57.

[423] PHILIP J, FORD T, HENRY D, et al. Relationship of social network to protective factors in suicide and alcohol use disorder intervention for rural Yup'ik Alaska Native youth [J]. Psychosocial Intervention, 2016, 25 (1): 45-54.

[424] DICKSON J M, MOBERLY N J, MARSHALL Y, et al. Attachment style and its relationship to working alliance in the supervision of british clinical psychology trainees [J]. Clinical Psychology & Psychotherapy, 2011, 18 (4):

322-330.

[425] ARNOLD J A, ARAD S, RHOADES J A, et al. The empowering leadership questionnaire: the construction and validation of a new scale for measuring leader behaviors [J]. Journal of Organizational Behavior, 2000, 21 (3): 249-269.

[426] STEWART S M, BING M N, DAVISON H K, et al. In the eyes of the beholder: a non-self-report measure of workplace deviance [J]. Journal of Applied Psychology, 2009, 94 (1): 207-215.

[427] JUDGE T A, LOCKE E A, DURHAM C C, et al. Dispositional effects on job and life satisfaction: the role of core evaluations [J]. Journal of Applied Psychology, 1998, 83 (1): 17-34.

[428] ION A, MINDU A, GORBĂNESCU A. Grit in the workplace: hype or ripe? [J]. Personality and Individual Differences, 2017, 111 (8): 163-168.

[429] KIM S Y, FOUAD N, LEE J. The roles of work and family in men's lives: testing the social cognitive model of career self-management [J]. Journal of Vocational Behavior, 2018, 106 (3): 153-164.

[430] CARLSON D S, KACMAR K M, WAYNE J H, et al. Measuring the positive side of the work-family interface: development and validation of a work-family enrichment scale [J]. Journal of Vocational Behavior, 2006, 68 (1): 131-164.

[431] HUNTER E M, PERRY S J, CARLSON D S, et al. Linking team resources to work-family enrichment and satisfaction [J]. Journal of Vocational Behavior, 2010, 77 (2): 304-312.

[432] TSUI A S, PEARCE J L, PORTER L W, et al. Alternative approaches to the employee-organization relationship: does investment in employees pay off? [J].

Academy of Management Journal, 1997, 40 (5): 1089-1121.

[433] NIFADKAR S S, BAUER T N. Breach of belongingness: newcomer relationship conflict, information, and task-related outcomes during organizational socialization [J]. Journal of Applied Psychology, 2016, 101 (1): 1-13.

[434] GRAEN G B, UHL - BIEN M. Relationship - based approach to leadership: development of leader-member exchange (LMX) theory of leadership over 25 years: applying a multi - level multi - domain perspective [J]. The Leadership Quarterly, 1995, 6 (2): 219-247.

[435] SCANDURA T A, GRAEN G B. Moderating effects of initial leader-member exchange status on the effects of a leadership intervention [J]. Journal of Applied Psychology, 1984, 69 (3): 428-436.

[436] GOH Z, ILIES R, WILSON K S. Supportive supervisors improve employees' daily lives: the role supervisors play in the impact of daily workload on life satisfaction via work-family conflict [J]. Journal of Vocational Behavior, 2015, 89 (4): 65-73.

[437] HOLAHAN C J, MOOS R H. Life stress and health: personality, coping, and family support in stress resistance [J]. Journal of Personality and Social Psychology, 1985, 49 (3): 739-747.

[438] MULLER D, JUDD C M, YZERBYT V Y. When moderation is mediated and mediation is moderated [J]. Journal of Personality and Social Psychology, 2005, 89 (6): 852-863.

[439] HANSBROUGH T K. The construction of a transformational leader: follower attachment and leadership perceptions [J]. Journal of Applied Social Psychology, 2012, 42 (6): 1533-1549.

[440] ČERNE M, BATISTIČ S, KENDA R. HR systems, attachment styles

with leaders, and the creativity-innovation nexus ［J］. Human Resource Management Review, 2018, 28 (3): 271-288.

［441］ HOFSTEDE G. Culture's consequences: international differences in work-related values ［M］. Newbury Park: Sage, 1984.

后　记

在此书最终出版之际，笔者感慨良多。回首过往，自从踏入管理学殿堂，作为一介书生在书海独行，品管理大师们的思想盛宴，曾是那样快乐。其实，在我的内心深处有一个管理学梦，想将管理学体系融会贯通，不过感觉自己的心是浮躁的。管理学，这是一门深奥的学科，花费数年时光，自己或许还是仅留在"水面"，并没有沉入"水底"。在学习过程中，我向恩师张明玉教授请教过这个问题。张老师告诉我，要想真正学进去、学深入，必须静下心来研读，有一种坐冷板凳的精神，有一种耐得住寂寞的心境。按照张老师的说法，在管理学术研习过程中，我深感自己做得仍有不足。

"路漫漫其修远兮，吾将上下而求索。"学无止境，在新的大学里，我将继续满怀信心，不懈追求，去为管理学科添砖加瓦。

感谢北京物资学院商学院的领导和同事，魏国辰书记、吕波院长、李玉珠副教授、陈晓春博士、都梦蝶博士……十分有幸跟大家在一起共事，期待我们共同创造更大的辉煌。

感谢北京交通大学张明玉教授、邬文兵教授、武文副教授……很多教授都给了我很大的启示，感谢他们。

感谢我的家人和女朋友，还有很多同学。和他们在一起的时光，我真的很快乐。